戸田山和久・唐沢かおり 編

〈概念工学〉宣言！

哲学×心理学による知のエンジニアリング

Conceptual
Engineering
Manifesto

名古屋大学出版会

本書は，一般財団法人名古屋大学出版会
学術図書刊行助成により出版された．

はじめに

　本書のタイトルにある「概念工学」という耳慣れない言葉は何であろうか．概念工学とは，われわれの生にとって，あるいは人類の生存にとって重要な諸概念を，よりよい社会の実現やよりよい個人の生き方に貢献することが可能となるように，設計ないし改定，つまりエンジニアリングすることを目指す，今のところまだ存在しない研究領域である．とは言うものの，これは哲学の自己理解としてそれほど奇異なものではない．哲学は概念を創造するとはよく言われることだ．また，これはプラグマティズム風に響くかもしれない．まったくその通りであって，哲学史的に述べるならば，概念工学とは，自然主義という形で現代哲学に流れ込んでいるプラグマティズムの流れが，フレーゲ以来のもう一つの伝統，つまり概念分析としての哲学を飲み込む形で成立する，哲学の理念であると言える．

　哲学と心理学（とりわけ社会心理学）とは，共通の対象を探究してきた．それらはともに，自由意志，意図，自己，行為者性，責任，公平さ，因果等々，個人や社会の在り方にとって重要な概念を探究する．そして，両者は探究のレベルないしアプローチも共有しているように思われる．それらはともに，これらの概念の本性に関心をもつと同時に，人々がそれらの概念をどう捉えているかをも問題にしようとしているからだ．

　哲学と社会心理学の実り豊かなコラボレーションが来るべき概念工学の基盤となる，というのが本書の基本的立場である．ところが，これまでのところ両者の関係は「実り豊かなコラボレーション」と言うには程遠い状況にあった．両者はとても似通ったところのある探究活動であるにもかかわらず．しかしながら，双方の分野に属する若手研究者たちの努力により，共同研究の試みがなされつつあるのは心強い．本書のねらいは，そうした萌芽的とりくみをさらに次のステージへと高めることにある．

本書では二つのことが目指される．第一に，両者のコラボレーションの前提となる，哲学と社会心理学の探究目的・探究方法・基本的前提にある共通性と差異をより明確な認識へともたらすことだ．これは，心の概念・自由意志概念・自己の概念等々の具体的な共通トピックについて，双方がどのようにアプローチしようとし，それぞれが互いにどのようにして相手の助けを必要とすることになるのかを，明晰な言葉で語り直すことによってなされるだろう．

　本書の第二の目的は，上記の作業を踏まえて，両者のコラボレーションの具体的なあり方を展望・構築し，概念工学のスタートを切ることだ．本書では，概念工学はいかにあるべきか，それは果たして可能なのかという問いに必要以上に拘泥することは避け，「やってみてから反省する」という方針にしたがうことにする．つまり，三つの共通トピックについてまずは哲学者と心理学者の共同作業を遂行してみる．その結果を踏まえて，より野心的な概念工学の構築に向けた方針と検討課題を抽出しよう．

　というわけで，本書は以下のような3部構成をとる．

　第I部の原理編では，概念工学とはいかなるものであるかについて，編者二人が哲学・社会心理学それぞれの立場から，理論的・暫定的な概説を行う．

　第II部の実践編では，心・自由意志・自己の三つの概念に対して実際に概念工学的手法を適用してみる．各概念について，哲学側・社会心理学側の著者がペアになり，まず社会心理学側の著者が，その概念に関する心理学的知見をまとめる．とりわけ，当該の概念の主観的な表象のされ方，また操作・測定の方法が，心的過程，判断，行動にどのような影響を及ぼすのか，さらにはそれが社会のあり方にたいして持つ含意が議論される．続いて哲学側の著者が心理学的知見を受ける形で，その知見をどう概念工学に活かすことができるかを議論する．

　第III部の展望編では，編者二人が実践編での成果を踏まえて，概念工学のより具体的なリサーチプログラムを展開し，社会心理学・哲学が概念工学にどう貢献できるのかを再度検討する．

　これらの議論は，もとより概念工学の完成形を示すものではない．ここで目指すことは，概念工学という領域の基盤，必要性，課題，可能性を提示するこ

とだ．概念工学はまだない．だからこそ，われわれは本書を「概念工学宣言」と銘打ったのだ．この呼びかけに呼応して，共感であれ批判であれ，概念工学という新しいリサーチプログラムをめぐる議論が活性化することを願っている．

戸田山和久
唐沢かおり

目　次

はじめに　i

I　原理編

第1章　哲学の側から Let's 概念工学！ ……… 3

1　概念工学とは何か　3
2　カッペレンの「概念工学」と本書の「概念工学」　5
3　哲学と概念分析――いつの間にか始まってしまう概念工学　8
4　概念工学の実践的重要性――工学とのアナロジーをさらに深める　21
5　われわれの目指す概念工学はどのように進められるべきか　29

第2章　心理学の側から Let's 概念工学！ ……… 37

1　概念工学への協同のお誘いを受けて……　37
2　心理学と概念　38
3　概念と測定の関係　45
4　素朴理解への依存がもたらすもの　50
5　あらためて概念工学に向けて　57

II　実践編

第3章　心の概念を工学する ……… 65

3-1　心理学の側からの問題提起

1　社会心理学と「心の知覚」　65

2　心の知覚に関する基本的なモデル——「する心」と「感じる心」　67
　　　3　心を知覚するとき・しないとき　71
　　　4　心の知覚と道徳性の関わり　77
　　　5　おわりに　84

3-2　哲学の側からの応答
　　　1　心の知覚に関する社会心理学研究——成果と課題　88
　　　2　心概念に関する概念工学の必要性　93
　　　3　記述的な概念工学と実践的な概念工学　97
　　　4　概念工学を実現する二つの方法　100
　　　5　概念工学的介入の有効性　102
　　　6　おわりに　105

第4章　自由意志の概念を工学する　　107

4-1　心理学の側からの問題提起
　　　1　はじめに　107
　　　2　人々の自由意志概念を捉える　109
　　　3　哲学者の議論との接点　114
　　　4　「自由意志が存在する」という信念の影響　116
　　　5　人々の自由意志概念に関するモデル化　121
　　　6　新たな自由意志概念に向けて　123

4-2　哲学の側からの応答
　　　1　自由意志論の係争点——「求めるに値する自由」　127
　　　2　「求めるに値する自由」の心理学的記述　130
　　　3　記述から指令へ——四つのプロジェクト　132
　　　4　自由意志論の概念工学的性格　135
　　　5　自由意志の概念工学——超越論 vs 自然主義　140
　　　6　おわりに　145

第5章　自己の概念を工学する ……………………………… 149

5-1　心理学の側からの問題提起

1. 「自己」をめぐる二つの現実　149
2. 心理学黎明期の自己研究　152
3. 自己の実証的心理学研究——内観から定量的測定へ　154
4. 自己という概念を構築すること　166
5. おわりに　171

5-2　哲学の側からの応答

1. 自己の概念工学を始めるために　176
2. 自己という概念を調べる　186
3. 自己という概念をいじってみる　193
4. 自己という概念のポイントを特定する　197
5. 自己という概念のエンジニアリングに向けて　205

III　展　望　編

第6章　心理学者によるまとめと今後に向けて ……………… 217

1. はじめに　217
2. 生活実践と概念工学——心の議論から　219
3. 求めるに値する概念——自由意志の議論から　226
4. 認知対象としての概念と機能を果たす概念——自己の議論から　232
5. 概念工学と心理学，残された課題　239

第7章　哲学者によるまとめと今後に向けて ………………… 243

1. はじめに　243
2. 「心あるもの」の概念をめぐって　244
3. 自由意志および責任の概念をめぐって　254
4. 自己の概念が概念工学に投げかける問題　264

viii 目　次

　　　5　「概念」概念の概念工学の必要性（何のこっちゃ？）　271
　　　6　おわりに　274

あとがき　277
索　引　279

I

原理編

第1章
哲学の側から Let's 概念工学！

戸田山和久

1 概念工学とは何か

　哲学から見た場合，「概念工学（concept engineering）」とは，まず第一に哲学の新しい自己イメージの提案である．実のところ，それは「哲学の全く新しいやり方」というわけではない．以下に述べるように，概念工学的な活動は，つねに哲学のコアにあった．概念工学は，その種の活動を明確に定式化した上で自覚的に進めようとする．したがって，哲学とは何をする活動なのかについての新しいイメージ，新しい語り方が「概念工学」である．

　ただ，新しい自己像のもとで自覚的に進めるのにともない，哲学のやり方もちょっとした変化を被ることになる．そういう意味では，概念工学は，「自分たちが伝統的に果たしてきた任務を自覚し直すことによってバージョンアップした哲学の進め方」でもある．

　それでは，概念工学とは何か．字面から容易に推測できるように，哲学を工学の一種として位置づけようとする哲学観だ．工学ないしエンジニアリングは，有益な人工物（artifacts）を設計することを通じて人類の幸福に貢献しようとする．しかし，ここで「人々の幸福に資するところの人工物」とは何かを反省する必要がある．言うまでもなく，医薬品や様々な医療技術（CTやMRIなど），自動車・船舶などの輸送手段，発電機・蓄電池などのエネルギー技術，これらを支える工作技術や材料技術などが，人々の幸福な生存にじかに資することを意図されていることは論を俟たない．

しかしながら、われわれの幸福を左右する人工物は技術産品に限らない．概念もまた、目に見えないが幸福に大きく関係する人工物である．典型例として、「人権」という概念をとりあげよう．幸いなことに、筆者を含め、現代の日本人の多くは自分の人生にそれほど理不尽なことは起こりそうにないと思って生きていられる．理由もないのに牢獄に閉じ込められる．同意なしに臓器を抜きとられて売り飛ばされる．生まれながらにして誰かの奴隷として労働を強制される．生意気だというだけの理由でリンチされる．こういうことは、まず自分の身に起きそうにないと思っている．万が一そのような目に遭わされたら、裁判にでも訴えて戦うことができると思っている．そして、これが決定的に重要なことだが、「自分はそんな目に遭ういわれはない」という考えそのものを抱くことができる．これらはすべて、「人権」という概念があり、われわれがそれを知っているからだ．このような意味で、人権概念は人々の幸せな生存を可能にしてくれている．

　人類はこうした概念を最初からもっていたわけではない．歴史のどこかで、特定の製作者によって生み出され、それに意義を見出した人々によって、たまたまわれわれの手元までリレーされてきた．重要なことだが、われわれ自身もそのリレーに参加している．

　もし、このリレーの先行走者たちが、この概念を生み出し洗練・改定するための思想的苦闘を中途で放棄してしまっていたら、あるいはこのリレーが途絶えていたら、われわれはどうなっていただろうか．これは、空想するまでもない．「人権」概念が十分に届いていないところは、現に地球のあちこちにいまも残っており、先に述べたような悲惨な出来事が頻繁に起きている．

　つまり、われわれのそれなりに幸福な生存を支えてくれている「人工物」は技術産品のようなモノに限らない．概念や理念、そしてそれが織りなす概念システムといった抽象的なものも、《ヒトの幸福な生存に不可欠な人工物》なのである．だから、概念を生み出し、それに磨きをかけて修正し、ときにはそれを骨抜きにしようとする者たちと闘いながら、次世代に手渡していく活動は、人類の生存にとってきわめて大切だ．

　そして、伝統的に哲学は概念の創造と改定を生業としてきた．少なくとも、

哲学はまずもって概念を対象とする，と自己規定してきた．例えば，生物学が生物そのものを対象とするのに対して，生物学の哲学は「適応度」「機能」「種」などの生物学的概念を対象とする，としばしば言われる．そこで，哲学を，概念システムの創造や改定を通じて人類の幸福に貢献する「概念工学」として捉えてみたらどうだろう．さらに一歩進めて言えば，哲学は，有用な人工物の設計を通じて人々の幸福に貢献しようとする，工学の「もう一つのやり方」と言っても良い．

こうした自己像に意識的にコミットして，これまで「哲学」と呼ばれてきた活動に再び命を吹き込もうとする活動をここでは「概念工学」と呼ぶ．

2　カッペレンの「概念工学」と本書の「概念工学」

2014 年に『哲学入門』を上梓した際に，その「あとがき」で，筆者は「概念工学」という言葉を使った（戸田山，2014）．哲学の特徴を一言で表すためである．実のところこれは，筆者の生活上の必要に駆られてたどり着いた言葉だ．技術者倫理とその教育に関心のある筆者は，技術者との共同作業に長く関わってきた．また現在，情報学研究科に在籍しており，情報工学者に文字通り囲まれて過ごしている．そのような次第で，哲学とは何か，哲学にどんな意義があるかを工学関係者にうまく説明するのは，共同作業の成り行きと，自分の組織内でのサバイバルのために重要な実践的課題なのである．その結果見出したのが「概念工学」だ．「あなた方と同じことをやっています．ただし対象が概念というところが違います」という説明は，筆者の経験では，これまでのところ最も技術者・工学者に受け入れられやすい哲学の「定義」である．というわけで，筆者は実生活上の必要のために「概念工学」という概念を手作り（工学）したことになる．

ところが「概念工学」という名称は筆者のオリジナルではなかった（当然のことながら，しかしちょっと残念）．このことを知ったのは本書の準備作業の最終段階である．2018 年に，オスロ大学とセント・アンドリューズ大学で教鞭

をとる言語哲学者ハーマン・カッペレンが『言語を修理する——概念工学に関する試論』を出版した（Cappelen, 2018）[1]．そこでは概念工学は「われわれの表象手段を評価し改良する批判的かつ構成的な試み」と定義されている．カッペレンによると，「概念工学」という語は，さらにサイモン・ブラックバーンの哲学入門書『考える』（Blackburn, 1999），マッティ・エクルンドの（言語）哲学方法論に関する一連の論文（Ecklund, 2014, 2015）でも用いられている．

　『言語を修理する』において，カッペレンはまず「われわれの概念を評価し改良することがいかにして可能か」という問いを掲げ，これに答えるためには，われわれの概念は欠陥をもっているのかという問いにまず答えねばならないとする．彼の答えはもちろん「イエス」だ．だとすると，次のような一連の問いが生まれる．

- どんな種類の欠陥があるのか
- われわれの概念の適切さを評価することがいかにして可能か
- 欠陥がはっきりしたら，それを改善するのにどんな方策がありうるか
- この種の評価と改善の作業は，哲学とその他の学問分野においてどんな役割をもつか
- この種の評価と改善の作業は，政治的社会的生活においてどんな役割をもつか
- この種の評価と改善の作業は，個人の人生においてどんな役割をもつか

これらの問いは，まさしく本書でわれわれが取り組もうとする問いである．しかし，『言語を修理する』の姿勢と本書の姿勢との間には，以下に示すようにいくつか重要な違いもある．本書に価値があるとすれば，その違いの中にあることになるだろう．

　まず第一に本書は，概念工学という新しい分野をつくりましょう，やりましょう，という呼びかけの書である．そこでの「概念工学」は，これまでの哲学の営みと連続するが未だ十分には実現されていない何か，「かつて哲学と呼

---

[1] カッペレンの著作の存在は，笠木雅史氏に教示を受けた．

ばれていた課題の相続人」を指すための語だ．それは哲学内部に閉じこもった営みではない．

　これに対し，『言語を修理する』は未だ見ぬ概念工学への誘いのための本ではない．カッペレンは序文で，概念工学は「哲学の中心テーマの一つ，あるいは哲学の唯一の中心テーマ（the central topic）」とみなすべきだと述べている．形而上学，心の哲学，認識論，論理学，人種・ジェンダー・その他の社会的カテゴリーの理論のいずれにおいても，既存の概念を批判し改善すると称する修正主義（revisionism）のプロジェクトが現に遂行されてきた．「概念工学」は，これら「もうすでに行われてきた哲学内部での修正主義的プロジェクト」を総称し，共通のコアを抽出するための語として用いられる．カッペレンの目的は，そうした修正主義的プロジェクトの可能性と限界を見極めることだ．概念工学をつくる，のではなく，すでに概念工学が行われているという現象について，それを説明する包括的理論（a theory of conceptual engineering）をつくりあげることが目的だ．概念改定が哲学の唯一の中心テーマだとする彼の見立てが正しいなら（正しいと思う），これは哲学の可能性の条件と限界の画定作業であり，カントがニュートン力学に対して行ったことを哲学自身に対して行う「メタ哲学」的作業だと言える．

　というわけで，カッペレンにとって「概念工学」という名称はあくまでも便宜的に選ばれたものである．「改良プロジェクト（ameliorative project）」，「改定プロジェクト（revisionary project）」，カルナップの「解明（explication）」，「概念倫理（conceptual ethics）」などの候補を挙げたのち，彼は次のように述べている．

> 結局「概念工学」に落ち着いた．これは理想的な名前というには程遠いが．だから，読者はこの名称を記述として受け取らないことが大切だ．私が本書で擁護する見解によれば，こうしたプロジェクトは概念についてのものではないし，実際はそこにはいかなる工学も存在していないからだ（Cappelen, 2018：4）．

　これに対し，本書では「概念工学」をもっと文字通りに理解した上で，それにコミットする．つまり，哲学の概念改定すなわち「概念づくり」と工学の「モ

ノづくり」は，その目的においても手法においても，より深いアナロジーをもつ（あるいはもつべきだ）と主張する．そればかりか，より幸せな社会の設計という場面では，両者は車の両輪であり，連続した営みとなるべきだと主張する．

というわけで，『言語を修理する』と本書では，その目的も，その目的に対して「概念工学」という語が果たす役割もかなり異なっている．しかし，《われわれの概念》（＝表象手段）を評価し改良する批判的かつ構成的な試みという，概念工学の大雑把な特徴づけは共有されているし，概念工学の可能性について考えておくべき問いのリストも共有可能だ．したがって，カッペレンの著書は，われわれのプロジェクトがたえずそこに立ち戻り参照すべき重要著作になることは間違いない．とりわけ，われわれのプロジェクトの実行可能性について反省するとき，カッペレンが主張する「概念工学の限界」は，それに同意するにせよ批判するにせよ，重要問題として浮上することになるだろう．

とはいえ本書は，あらかじめ概念工学の可能性の条件と限界画定の作業を済ませておくというスタンスはとらない．まずは，自分たちの考える概念工学らしき作業をやってみる．その上で，概念工学の理念の可能性，問題点，限界を見出す，というやり方を取りたい．

3　哲学と概念分析――いつの間にか始まってしまう概念工学

3.1　始まりは概念分析――知識の古典的定義

カッペレンも筆者も，概念工学的な活動はつねに哲学のコアにあったとみなしている．この哲学観についてはもう少し言っておくべきことがある．「哲学は概念を研究対象とする」ということと「哲学は概念の創造と改定に携わる」ということの間には，微妙なズレがあって，そのズレに注意を払うことが概念工学を正確に特徴づける際には重要になってくるからだ．

そこで，哲学の一分野である現代認識論において知識という概念がどのように扱われてきたかを一例として，この「ズレ」を明確化しておこう．認識論の

目的は二つある．一つは，知識，信念，証拠，正当化，説明，理解などの「知ること」に関連する様々な概念に定義を与えること，つまり，「知識とは何か」といった形式の問いに答えることだ．第二は，それを踏まえて，よりよい知識，よりよい信念体系，よりよい証拠等々を手に入れるための組織だった方法を提案すること，つまり「知性改善」である．

　第一の課題を果たそうとすると，哲学者は概念分析と呼ばれ，また，そう呼ばれるのがふさわしく思われるような活動に従事することになる（ずいぶんもってまわった言い方だが，このような言い方をする真意はのちに明らかになる）．具体的には，知識の必要十分条件を与えようとする．つまり，

　Sはpということを知っている　⇔　〜〜〜〜

の右辺を埋めよ，というのが知識の概念分析だ．

　最も長く広く受け入れられてきた知識の定義は次のようなものだった．これを知識の古典的定義と呼んでおこう．

　Sはpということを知っている　⇔　Sはpと信じている（思っている）
　　　　　　　　　　　　　　　　&　pは真である
　　　　　　　　　　　　　　　　&　Sはpと信じるに足る証拠を有する

右辺の第3条件は「Sのpという信念は正当化されている」とも言い換えられる．したがって，この古典的定義は，知識を「正当化された真なる信念（justified true belief）」と定義している，とされる．

　では，この分析が妥当であることの根拠は何か．多くの場合，哲学者あるいは「われわれ（一般の人々）」の概念的直観が引き合いに出される．筆者も，認識論の授業をするときに，学生にまずは知識の古典的定義を受け入れてもらわなくてはならない（議論の出発点として）．そこで，次のようなアンケートをとることで，学生があらかじめもっている概念的直観に訴えて，古典的定義を根拠づけている．

　そのアンケートは二つの問いからなる．第一の問いは次の通り．

【問1】次のいくつかの文のそれぞれについて，それがあなたの直感（ここは敢えて「直観」と書かないようにしている）に照らして自然な言い方であると判断したなら○，どこか不自然な言い方である，あるいは間違った言い方であると判断したなら×，どちらともつかないなら△を回答欄に記入せよ．

1) 彼は今日情報科学入門の試験があることを知っているが，彼はそう思ってはいない
2) 彼は今日情報科学入門の試験があると思っているが，じつは試験は来週だ
3) 彼は今日情報科学入門の試験があることを知っているが，じつは試験は来週だ

ちなみに，対象は哲学を履修したことのない情報学の修士課程学生である．興味深いことに，回答はほとんど同意見になる．ある年度のデータによると，1) では，28名中23名が×を記入し，4名が△．○を記入した者はわずか1名だった．△と答えた4名に理由を尋ねてみると，前節の「彼」と後節の「彼」が同一人物なのか判断できなかったから，と答えた．つまり，ほとんどの人が，知っているならそのことを信じて（そう思って）いなければならない（信念は知識の必要条件である）と判断していることになる．

2) に関しては，全員が○と回答した．思うだけだったら，間違ったことでも構わないというわけだ．これに対し，3) では，24名が×を記入し，△は1名，○は3名だった．大多数が文3) はどこか不自然あるいは間違った言い回しであると判断している．2) との対比により，「知っている」と言う以上，その知られていることがらは正しくなくてはならない，と判断されていることがわかる．あからさまに間違ったことがらについては，それを「知っている」と言うことはきわめて不自然であると考えられている．言い換えれば，真理は知識の必要条件である．

以上で，知識であるためには真なる信念でなくてはならないということを学生は理解する．残るのは，第三条件の「証拠・正当化」である．そこで，次のような問いを用意する[2]．

【問2】姉と兄と弟が学校から帰ってくると，テーブルの上にケーキ屋の紙袋が置いてあった．3人は同時に「きっとシュークリームだよ」と声を上げた．袋を開けるとシュークリームが出てきた．そこで3人に聞いた．

　　私：どうしてシュークリームが入っていると思ったの？
　　兄：だって，今朝お母さんが，シュークリームを買っておくから学校から
　　　　帰ったら食べなさいと言ってたもん
　　弟：だって，ゆうべ夢にピカチューが出てきて，明日のおやつはシューク
　　　　リームだよって教えてくれたんだもん
　　姉：シュークリームを食べたい気分だったんだもん
さて，次の問いにそれぞれyes, noで答えてください．
　　①兄は袋の中身がシュークリームだと知っていたか
　　②弟は袋の中身がシュークリームだと知っていたか
　　③姉は袋の中身がシュークリームだと知っていたか

この調査の結果も興味深い．
1) ①②③の順に no no no　2名
2) ①②③の順に yes no no　21名
3) ①②③の順に yes yes no　4名
4) それ以外の組み合わせ　0名
5) 無回答　1名

特徴的なのは，姉について「知っていた」と回答する学生はいない，ということだ．姉は袋の中身がシュークリームだと思っており，しかもそれは正しい．だが，それは希望的観測がたまたま当たっていただけで「まぐれ当たり」にすぎない．真なる信念だけでは知識にはならず，さらになんらかの条件を満たしていなければならない．それが「証拠」である．25名が兄は「知っていた」と言って良いと判断している．母親の発言は，袋の中にシュークリームがあると考えるよい理由・証拠になっているというわけだ．

---

　2) 以下のシュークリームの例は戸田山（2002）で用いたものである．

興味深いのは，この証拠の強さが，兄，弟，姉の順に弱まっていくという判断に関して，回答した全員が一致しているという点だ．ピカチューのお告げは，母親の発言より証拠として弱い．食べたい気分はまったく証拠にならない．ほぼ全員がこのように判断している．1) は知識であるための証拠の強さについて，かなり厳しい基準をもった人たちだ．母親の発言があっても十分な証拠にならないと考えている．

というわけで，（十分な）証拠があることは知識であることの必要条件である．こうして，知識の必要条件として，信念であること，信じられていることがらが真であること，証拠をもってそう信じられていることの三つが取り出されてくる．この三条件が，知識の十分条件でもあるとするのが，知識の古典的定義である．

こんな具合にして筆者の認識論の授業は始まる．これはもちろん，授業の前提である知識の古典的定義を納得してもらうためにやっているのだが，見方を変えれば，学生たちが何となく理解している知識概念を分析し明晰に言語化したようにも見える．自分たちはすでに知識とは何かをわかっていた（だからこそ，三人兄弟の誰が知っていたのかという問いにほぼ一致した答えをすることができる）のだが，それを明確に言葉で述べることはできなかった．哲学はそれを分析し，必要十分条件の形で明晰に定式化してくれた，というわけだ．

3.2 《われわれの概念的直観》に基づく反論——ゲティアの反例

こうして，哲学は概念を研究対象とする営みであり，《われわれの概念を分析し明晰化する》ことを目的とするかのように思えてくる．もちろん，哲学がそうしたことをしないわけではない．しかし，これは話の半分なのである．もう少し認識論の展開を追いかけてみよう．1963 年にエドマンド・ゲティアは，知識の古典的定義には反例があるということを示した (Gettier, 1963)．三つの条件を満たしていても，知識ではないケースが考えられる．つまり，三条件は知識の必要条件であるかもしれないが，十分条件ではない．

ゲティアの反例を理解するには，二つの付加的な前提を飲み込んでもらわなくてはならない．まず，①真であるという条件と正当化されているという条件

は独立である．つまり，あることを信じるに足る十分な理由ないし証拠があっても，そのことが正しいとは限らない．正当化されたからには必ず真であることが保証される，それほど強い正当化を条件として課すことはしないということだ．問 2 で，母親の発言を証拠と認め，兄は知っていたと言って良いと判断した人でも，たまたまシュークリームが売り切れだったために母親が別のケーキを買ってきてあったということは絶対に起こりえないとは考えないだろう．

　第二は，②S が p という正当化された信念を持っているとする．このとき，S が p から q を演繹してそれを信じるようになったなら，S の q という信念も正当化されている，という前提である．これを認めないと，論理的推論によって知識を増やすということがありえないことになるから，これも妥当な前提だろう．

　ゲティアの反例とは次のようなものである．

【ゲティアの反例】スミスが覚えている限り，これまでずっとジョーンズは車を所有していて，しかもそれはいつもフォードだった．先ほどドライブに誘われたときもジョーンズはフォードに乗っていた．したがって，スミスには次の命題を信じる十分な理由がある．

　(a) ジョーンズはフォード車を所有している．

ところで，スミスは，ジョーンズとは別の人物ブラウンの居場所を知らない．しかし，スミスは何となくブラウンがバルセロナにいるような気がして，

　(b) ジョーンズはフォード車を所有している，または，ブラウンはバルセ
　　　ロナにいる．

なる命題を考えた．そして (b) は (a) から演繹できる（論理的に出てくる）ので，(a) を根拠にして (b) を信じるようになった．

　ところがジョーンズは現在フォード車を所有しているのではなかった（ジョーンズが乗っているのをスミスが見たのはレンタカーだった）．そしてまったくの偶然だが，ブラウンはバルセロナにいたのだった．

　どうしてこれらが反例なのかを確認しよう．まず，この反例は知識の古典的定義を満たしている．まず，スミスは (b) を信じている．そして (b) は真であ

る．なぜなら，ブラウンはバルセロナにいるので，(b) の後半部分は真であり，「p または c」なる命題は，p と q のどちらかが真であれば真だからである．そして，スミスの (b) という信念は正当化されている．スミスは十分な証拠があって (a) と信じ，(a) から (b) を演繹して，(b) を信じるようになったからである（前提の②を使っている）．しかし，スミスは「ジョーンズはフォード車を所有している，または，ブラウンはバルセロナにいる」ということを知っている，とわれわれは決して言いたくないだろう．

　概念分析によって得られた概念の定義に巧みな反例を案出するというのは，分析哲学の得意技のひとつである．しかし，その反例の構成においても，《われわれの概念的直観》が使われていることに注意しよう．スミスは (b) を知っているとは言えない，と哲学者が判断するとき，われわれの絶対的多数派はスミスが (b) を知っているという直観的判断を決して下さないはずだということを根拠にしているのである．

3.3　概念分析から一歩踏み出す──知識の因果説

　ゲティアの反例は，プラトン以来 2000 年以上の長きにわたって通用してきた知識の古典的定義に根本的な欠陥があることを示すものとして受け取られた．少なくとも，そう受け止めた方が面白いことになるぞと思った哲学者は多かった．それでは知識の正しい定義を手にいれるためにはどうしたらよいのだろう．ゲティアの反例を知識の事例にしたくないのだから，知識の条件を厳しくして（つまりさらに条件を加えて）それを排除すればよい．同じことだが，反例は古典的定義が知識の十分条件ではないことを示す反例なのだから，十分条件を得るためには，古典的定義にさらなる条件を加えればよい．では，どのような条件だろうか．

　ゲティアの反例をよく観察すると，情報量を薄める演繹が使われていることがわかる．スミスが (a) を証拠付きで信じ，それから (b) を演繹して (b) を信じるようになるところで，「ジョーンズはフォード車を所有している」から「ジョーンズはフォード車を所有している，または，ブラウンはバルセロナにいる」を演繹している．一般に，「p」から「p または q」を導くのは，正しい

演繹だが，情報量を減らす演繹である．前者が排除している可能性より，後者が排除している可能性が少なくなっているからだ．言い換えれば，「pまたはq」は「p」に比べ，それが真になる場合が水増しされている．そして，その水増しされた部分「ブラウンはバルセロナにいる」が真であるために全体が真になっている．

これを言い換えると，スミスの信念 (b) に関しては，その真理の供給源（truthmaker）と正当化の供給源（justifier）がズレていることが問題だと言えるだろう．この場合，真理の供給源は《ブラウンがバルセロナにいること》であり，正当化の供給源は《ジョーンズがフォード車を乗り回していた／いること》である．情報量を減らす演繹を介することで，この両者がズレる余地を生み出しているというのがゲティア反例のポイントである．

そうすると，ゲティア反例を排除するために付け加えるべき条件は，何らかの仕方で，真理の供給源と正当化の供給源が一致していることを求める条件であればよさそうだ．そして実際，こうした方向で反例への対処が試みられた．その一つの典型例がアルヴィン・ゴールドマンの知識の因果説である（Goldman, 1967）．これは，知識の古典的定義の三条件に，さらに第四の条件として次を加えたものである．

【因果条件】Sのpという信念は，pという事態が原因となって引き起こされた

この条件はまさに，真理の供給源と正当化の供給源（これは信念形成の原因と言ってもよい）が一致することを求める条件として理解できるだろう．ここで紹介したオリジナルなゲティア反例にゴールドマンの定義がうまく対処できることを示すのは厄介である（ゲティア反例が「または」を含んでいるため）．しかし，知識の因果説は，他のゲティア型の反例の多くにうまく対処できた．

ここでの文脈で重要なのは，むしろ次のことである．知識の古典的定義は，アンケート結果からうかがい知れるように，《われわれの知識概念》にかなりうまく合致しており，その限りにおいてわれわれの概念の分析とみなすことができる．そして知識についての哲学的分析の目的は，《われわれの知識概念》

を明晰に定式化することにある，と言えなくもない．そして，知識の古典的定義への反例が反例たりうるのも，それがわれわれの概念的直観に照らして，とても知識とは呼べないという「事実」に依拠している．ここまではよい．

しかし，ゲティア反例への対応策として現れた様々な「知識の定義」が《われわれの知識概念》の分析なのかと言われると，次第に自信がなくなってくる．ゴールドマンの因果条件が，《われわれの知識概念》に暗黙裡に含まれていた要素を取り出して明示したものとみなせるかどうかは，微妙な問題だ．この点は，さらにその後の認識論の展開を見てみることにより，より明らかになる．

3.4　改定される概念──知識の外在主義的定義

ゴールドマンの因果条件にはある重要な特徴がある．それは，pという信念の原因がpという事態であることを求めているが，この条件は事実成り立っていさえすればよいのであって，Sがそのことに気づいている（あるいは何らかの認知的アクセスを持っている）ことを要求していないという点だ．つまり，Sの何らあずかり知らぬところで成り立っていても，因果条件は満たされるのである．その意味で，ゴールドマンの定義は「外在主義的」と呼ばれる．

同じことを古典的定義の第三条件に当てはめてみることもできる．第三条件は，証拠（正当化）を持って信じていることを求めているが，ここで注目すべきなのは，証拠や正当化の「持ち方」である．証拠を持っているというのはどういうことか．問2の兄は証拠を持っているとみなされたが，それはとりあえず「母がシュークリームを買っておくと言っていた」と兄が信じているということである．証拠・正当化は信じられることによって，主体に帰属する．しかし，単に証拠は信じられればよいわけではない．母がそのように言ったと錯覚していたり，そのような希望的観測を持っているのでは証拠にならない．したがって，証拠じたいが正当化された（証拠を持った）信念である必要がある．

そうすると，困ったことになる．知識を持つためには，その正当化を持たねばならない．そして正当化を持つということが，その知識のための証拠を正当化された信念として持つということだとすると，その証拠信念のための正当化も持たねばならない．そのためには，その証拠の証拠を正当化された信念とし

て持つ必要がある．こうして，無限遡行か循環に陥る．

　無限遡行も循環も避けたいなら，「そのための証拠を正当化された信念として信じる」以外の仕方で《正当化を持つ》ことが可能でなければならない．こうして，正当化条件に関する外在主義に誘われることになる．たとえば，そうした外在主義的立場の一つである信頼性主義（reliabilism）は，古典的定義の第三条件を次の条件に置き換えることを提案する．

　【信頼性条件】Sの信念pは<u>信頼の置けるプロセス</u>によって形成された

「信頼の置けるプロセス」の一例は，われわれの知覚である．知覚は信頼性の高い信念形成システムだ．おそらく自然選択の結果として，目の前にヘビが見えれば，たいていの場合，実際にヘビがいる．つまり，pが成り立っているとき，そしてそのときに限って信念pを生み出すことが，おおむね期待できるという意味で信頼の置けるプロセスなのだ．信念が，現にこういう信頼の置けるプロセスで形成されたなら，正当化されているとみなしてよい，というのが信頼性主義の提案である．

　これが外在主義的な条件であるのは明らかだろう．現に自分の信念が信頼の置けるプロセスで形成されたという事実が成り立っていさえすればよく，その事実をS本人が知っている必要はないからだ．実際，われわれの多くは自分の知覚が信頼の置ける信念形成システムであることを，正当化された信念の形で信じているわけではない．そのための証拠が欲しければ，科学的研究の成果をまたねばならない．事実，われわれの視覚知覚のシステムがどの程度の信頼性を持つかは，心理学・神経科学の成果によってはじめてカタのつく問題だ．しかし，これらの科学の素人であっても，知覚を通して知識を得ているのである．

　ここで重要なのは，外在主義が正しいかどうかではない．こうした外在主義的立場を採用すると，哲学は《われわれの概念》を研究対象とするということの意味合いが微妙に変化してくるということが重要なのである．というのも，自分の信念が正当化されているかどうかに，その信念主体の認知的アクセスを求めない外在主義的な知識の定義は，《われわれの知識概念》と幾つかの点で

衝突し始めるからである．

　キース・レーラーが案出した人間温度計くん（Mr. Truetemp）の思考実験は，外在主義的定義と《われわれの知識概念》とのズレを明らかにしてくれる (Lehrer, 1990)．人間温度計くんは，信頼性の高い温度センサーを埋め込まれたサイボーグである．このセンサーは彼の信念形成メカニズムに接続されており，そのため，彼の心にはときどき「今の気温は摂氏 26.0 度だ」といった内容の信念が浮かんでくる．そして，その信念はいつも正しい．つまり彼が思い浮かべる気温の数字は，正確にそのときの周囲の気温と一致している．しかし彼は，自分がサイボーグであって温度センサーを埋め込まれていることを知らないので，自分の気温信念に証拠を与えることはできない．にもかかわらず，この信念は信頼できるプロセスで形成されたものであるから，信頼性条件を満たしており，外在主義の立場に立つ限り，人間温度計くんは周囲の気温を知っているのである．

　しかし，われわれの概念的直観に照らして判断すると，人間温度計くんに知識を帰属させるのは難しい．とくに人間温度計くんの視点に立つと，その思いは強くなる．「ときどきふと温度について考えてしまうのだけども，なぜだかわからない．ぼくはどこかおかしいんじゃないだろうか」．レーラーはそう考えたからこそ，これを外在主義に対する反例として提案したわけだ．ここで注目すべきは，この種の反例に対する外在主義者の対応である．外在主義者は，人間温度計くんも周囲の温度を知っている，と言うべきだと答える．「その方がよい」，「そうすべきだ」と．

　二つのことが重要だ．外在主義者はここで，あるがままの《われわれの知識概念》の分析・明晰化とは別の作業を始めているということだ．むしろ外在主義者は，自分たちの定義に合わせて《われわれの知識概念》の方を変えることを提案している．「その方がよい」「そうすべきだ」は，概念改定の提案をしているのである．

　そして，この提案を採用すべきとする根拠は，もはや《われわれの知識概念》との合致ではない．われわれの素朴で日常的な概念直観のどれだけ多くを掬いとれるかが採用基準なのではない．外在主義者が挙げる根拠は，むしろ改

定された知識概念の方が「役に立つ」から，といったプラグマティックなものである．何の役に立つとするのかは，論者によって異なる．動物にも文字通り知識を帰属させることができる外在主義は，認識論を認知動物行動学に接続させるのに都合がよい，といった理論的利点を指摘する論者もいる（Kornblith, 2005）．

『知識と情報の流れ』の著者であるフレッド・ドレツキは，知識に次のような外在主義的定義を与えている（Dretske, 1981）．

【ドレツキの定義】S が p ということを知っている ⇔ S の信念 p が p という情報によって因果的に引き起こされた

この定義に《われわれの知識概念》の分析的明晰化の痕跡をじかに見出すことは，もはや不可能だ．少なくとも，日常生活において，この定義を適用して「知っている」とか「知らない」と発話することはまず考えられない．この定義は，日常的な「勢い」の概念に対する，「運動エネルギー」概念に喩えることができるような，理論語の定義とみなすことができる．日常的概念と連続し，その特質のいくつかを保存しようとしてはいるが，あくまで，「別の概念で置き換えよう」という提案なのである．

ドレツキが知識概念をこの定義のように改定すべきだと考えるのは，これによって，《情報の流れ》として世界を理解する統合的な世界像に知識現象を埋め込むことができる，という理論的利点のためである．このように，知識の定義の良さを評価する基準は，認知動物行動学との調和だったり，情報的世界観への展開の可能性であったりする．もはや，われわれの直観と合致することはそれほど重要ではない．

3.5 いつの間にか始まっている概念工学

ここまで，現代認識論における知識の概念の扱い方の変化を辿ってきた．当初，哲学者は《われわれの知識概念》の概念分析をしているように見えたが，次第に知識概念の改定，もしくは新しい知識概念の創造に携わっていると描写するのが適切になってくる．このようにして，概念工学はいつの間にか始まっ

てしまうのである．

　しかし，さらに一歩進めて考えることもできる．直観的に把握されている《われわれの概念》を分析し，明確に定式化すること（概念分析）だって，概念改定の一種ではないのか．とりあえず，《われわれの概念》は最初から必要十分条件を明示した形で存在しているわけではない．それを，必要十分条件の形で定式化するということ自体，概念を論理的に分析可能なかたちの概念へと改定しているとみなすこともできる．そうすると，分析は改定の一つのやり方と捉えることも可能になる．ならば，哲学はそもそものはじめから概念工学だったことになるだろう．

　概念改定の方向性を選択するとき，われわれの概念的直観を救うことと，その他の理論的目標とは，しばしばトレードオフの関係にある．前者がより重要になる探究の局面もあるし，後者を優先すべきときもある．後者を優先すると，その理論的目標が要求する仕方で改定された概念が，われわれの直観とずれることがあり，直観の方を修正することもありうる．

　以上で試みたのは，現代認識論の展開を概念工学の営みとして記述し直すことである．概念の創造・改定の作業として哲学を描き出す方が，哲学のダイナミクスを正確に捉えることになるだろうというのが，ここでの作業仮説だ．哲学の問いは，しばしば「〜〜とは何か」という具合に，きわめて大雑把な仕方で述べられる．例えば，認識論の課題は「知識とは何か」を明らかにすることだ，という具合に．その上で，哲学的認識論は知識概念を分析することでこの問いに答えようとしているのだ，とりわけ《われわれの知識概念》を分析することで，と述べることはたいへん危険だと思う．こうした哲学像は，知識の定義という作業を《われわれの知識概念》を正確に反映した定義，すなわち「正解」を求める作業として描き出す．そうすると，いつまでたっても哲学者たちによる定義が収束せず，次々と新たな定義が生み出されているという実態は，哲学が自分の立てた課題をうまく遂行できていないことを示すものとして受け取られてしまう．

　そうではない，というのが筆者の立場である．「よい輸送手段とは何か」という工学的問いに唯一の正解がないのと同様に，唯一の正しい知識の定義（正

解）があるわけではない．認識論が概念工学の一種で，役に立つ知識概念の創造・改定に携わるものだと考えるなら，異なる目的には異なる知識の定義が役立つのであり，したがって知識に唯一の「正しい」定義を与えるのが認識論の課題だと考える必要もなくなる．何よりも，このように理解しないと，認識論が意味のある活動に思えなくなってしまう．

4 概念工学の実践的重要性——工学とのアナロジーをさらに深める

4.1 概念工学とモノづくりとのアナロジーを深める

われわれの概念工学の理念はモノづくり工学（すなわち通常の工学）とのアナロジーにもとづく．両者はある目的に資する人工物を設計するという点で似ている．前節では，事例として知識概念を工学する営みである認識論を取り上げたため，概念の創造・改定が直接に資する目的は理論構築に限定されていた嫌いがある．しかし，通常の工学と概念工学との関係は「意外によく似た二つの独立した営み」にとどまるわけではない．両者は，目的を共有する一つの営みとして統合される可能性もありうる．ここでは，両者のアナロジーをさらに深めて，こうした統合の可能性を探ることにする．

ヒントはアクターネットワーク理論である[3]．様々な人が多様な欲求をもっているのに社会が安定した秩序を有するのはなぜかという問いに対し，この理論は人工物の果たす役割に注目して答えようとする．例えば，高速道路では左側通行がきわめてよく守られており，秩序だったトラフィックが実現できている．これは，左側通行を定めた交通法規があるからだけではない．むしろ重要なのは，一般道から高速道路に入ろうとすると自然に車を左側車線に導くような構造のインターチェンジが作られているからである．そこで，アクターネットワーク理論では，人間や規則・慣習・制度だけでなく，人工物や物質も社会を構成する作用者（actor）と考え，社会をこれらの多様な作用者の織りなす

---

[3] 包括的な入門書としては，Latour (2005) がある．

ネットワークとして捉える．言い換えれば，人工物は社会という舞台を構成するアクター（役者）なのである．

　この考え方を逆転させると，ある技術アイテムが社会で成功する（社会で広く受容され，長く使用される）には何が必要かを明らかにすることができる．筆者がフィールドワークした経験のある，二酸化炭素を冷媒に用いたカーエアコンを例にとろう．この技術がうまくいくためには，まず，二酸化炭素という物質が冷媒として意図通りのふるまいをしてくれなくてはいけない．さらに，エアコンを構成し，それを取り巻くコンプレッサ，配管が二酸化炭素とうまく調和して，意図通りにふるまってくれる必要もある．それだけではなく，廃棄後の様々な物質が環境を破壊してはならない．収益性が高く，経営者が満足しなければならない．ユーザーが製品に理解を示してくれなくてはならない．そのエアコンが，自動車に搭載してよい高圧ガスの圧力の限度を定める高圧ガス規制法をクリアしなければならない……等々．技術製品が成功するには，様々な物質・装置・環境・社会的セクター・制度などと，開発された人工物との間に長期にわたって安定的な関係が築かれなくてはならない．言い換えれば，アクターネットワークが強固である必要がある．技術者の仕事は物質と装置にだけ関わっているように見えるかもしれないが，じつは，これらの多様なアクター間の関係を調整することにある[4]．

　このネットワークに，別種のアクターとして概念を加えようというのが，概念工学の提案である．おそらく，技術の仕事には概念工学も含まれる．このような考えに至ったのは，自動運転車の社会的受容について現場の技術者・法律家と議論したことがきっかけだ．

4.2　自動運転をめぐる概念工学

　自動運転車には様々なレベルがある．ドライバーが常時運転することを前提として，自動ブレーキのようにシステムが加速・操舵・制動のいずれかを支援する「レベル1」にはじまって，ドライバーの乗車なしに，すべての状況下で

---

[4] こうした技術者像については黒田・戸田山・伊勢田（2012）で展開した．

システムが運転を行う「レベル5」まで，五つの段階が区別され議論されている．

自動運転車の社会的受容のために考えるべき問題は，それぞれのレベルに応じて異なる．重要なのは，どのレベルにおいても事故をゼロにすることはできないということと，レベルが上がるにつれて，自動運転車は人間だったら起こさないような事故を起こすだろうということ，そしてこれが最も重要であるが，自動運転車の中核技術が深層学習によってトレーニングされた人工知能であるかぎり，事故が起きたときに，その原因を完全に解明することはできないということである．技術者は学習アルゴリズムの設計はできるが，学習過程を完全にコントロールすることはできないし，学習の過程で何が起きているかはブラックボックスになる．まして，可能な事故を予測して，それにあらかじめ対処しておくことはなおさらできない．

だとすると，自動運転のレベルが上がっていくにつれ，誰の責任だかわからない事故，それどころか原理的に誰の責任も問えない事故の割合が（事故の総数は減るにせよ）増えていくことが予想される．そしてこれは自動運転車に限った話ではない．人工知能を用いて自律的に判断・行為する多種多様なシステム（ロボット）が開発されつつある．自動診断システム，介護ロボット，ソーシャルロボット等々．われわれがこれらの自律的知的システムと共存していくことは避けがたい．そうなったときに，責任という概念と，社会のその他のアクター，とりわけ人工知能やロボットとのコンフリクトが生じ，アクターのネットワークが不安定化・脆弱化するおそれがある．

もちろん，われわれの抱える問題の解決は，様々なレベルで考えることができる．技術的解決がありうるし，それは望ましい．例えば，レベル5の自動運転車を社会に解き放つ前に，道路の方をスマート化したり，歩行者と自動車を隔離するような交通網を整備することによって，事故をさらに減らすことはできるだろう．しかし，それでも事故は残る．だとすると，この問題に対する概念的解決として，責任概念を工学するという選択肢もありうる．責任の概念を弱める，あるいはよりラディカルな方向性として，責任の概念を消去する（「なしですます」というのは最も極端な概念の改定だ）ことが可能かを考えてみ

る必要がある．具体的には，責任概念を取り除いた倫理システムを構築することができるかを探究することだ．

　ここで「責任」と呼んでいるのは，道徳的責任（moral responsibility）に限られる．「責任」は多義的であり，とくに，ある立場を引き受けた以上ついてまわる役割上の責任（役割責任）は，道徳的責任とは区別しておく必要がある．後者を消去しても前者は残しておくべきかもしれない．

　道徳的責任の暫定的な定義は次のようなものである．すなわち，道徳的責任とは，「行為の道徳的良し悪しに応じてその行為主体へ褒賞と罰（ないし賞賛と非難）を与えることを正当化すると考えられている，行為主体のもつ属性」である．悪いことをしたがゆえに，その行為の主を非難したり罰したりするとき，われわれは，その行いの責任は彼にあるから，と言ってそれを正当化している．逆に，悪い行為をしたとしても，意識朦朧としていた，精神障害で善悪の区別がわからない，まだ幼いなどの理由で道徳的責任を免除されたなら，その者に罰を与えたり非難したりすることは正当ではない．

　われわれの現行の倫理システムや法システムが，この意味での道徳的責任の概念を中核にしていることは確かだ．それゆえ，次の問いがわれわれの課題となる．道徳的責任の概念をなしですませて，それゆえ行為の道徳的良し悪しによって，行為者に褒賞・処罰（賞賛・非難）を与えるという実践をなくしたとしてみよう．このときでも，道徳的に妥当で，人々を幸せにし，社会を安定させる倫理システムや法システムを構築することが果たして可能か．この問いに答えるのはかなり大掛かりな作業になる．というのも，道徳的責任の概念は，他の重要概念，例えば本書第 II 部で取り上げるような自由意志，行為者性，自己等々と密接に結びついてきたからだ．そうすると，道徳的責任概念の消去は，こうした諸概念の織りなすシステムを根こそぎ工学することを伴う．

　それでもこのような大規模な概念の書き換えが必要だと考える理由は，第一義的には，道徳的責任を帰属させることのできない（あるいはさせても意味のない）ロボットや人工知能のような自律的行為主体と人類が初めて大規模に共存することになったからなのだが，それだけではない．筆者は，いずれにせよ道徳的責任を中核とする倫理システムは消費期限が過ぎており，大規模な概念シ

ステムの再構築は避けられないと考えている．その理由は以下の通りだ．

　第一に，神経科学・心理学・進化学などの発展により，責任を中心概念とする倫理システムが前提していた「自由で反省的で自律的な行為主体としてのわれわれ」という人間像が科学的人間像と不整合になりつつある．かつて自ら想定していたほど，われわれは自分の行為をコントロールできていないし，自由に選択できていないし，自分の心を反省するのも下手だし，それほど合理的に熟慮の末に行為するわけでもない．

　第二に，責任を強調する倫理システムは，間違いながら前進する科学・技術の本質にそぐわない．科学・技術の複雑化と巨大化により，社会的意思決定は専門家ですら責任が負いきれないものになりつつある．しかし，いまだに事故原因の究明は責任追及と並行して行われている．再発防止が目的なら，両者を同時に行うシステムは適していない．

　第三に，これが最も重要なポイントだが，過度に責任を重視する倫理システムが人々を現に苦しめているように思われる．ネオリベラリズムとも相俟って「弱いものがさらに弱いものを叩く」構図を生み出し，自己責任に耐えきれない人々の自罰的傾向を助長している．

　というわけで，責任概念を弱化・消去する方向で概念工学を試みることには，実践的な重要性がある．そして，すでに何人かの哲学者が，責任概念なき倫理システムの設計作業に着手している．もちろん，その方針は多様だ．例えば，『自由意志なしで生きる』の著者ダーク・ペレブームは，自由意志の概念を消去して，その帰結として道徳的責任の概念をなしで済まそうとする（Pereboom, 2001）．一方，『反道徳的責任論』のブルース・ウォーラーは，自由意志概念と道徳的責任概念のつながりを切断した上で，最小限の自由意志は残し，道徳的責任の方は消去するという戦略をとっている（Waller, 2011）[5]．しかし，いずれの論者も，基本的な論拠は同じである．つまり，道徳的責任概念（自由意志概念）を支えている人間観・世界観は自然科学的な人間観・世界観と矛盾する，というものだ．

　5）ウォーラーの著作の存在は，山口尚氏に教示を受けた．

ウォーラーによると，道徳的責任の概念を擁護しようとする様々な議論は，基本的にはルネサンスの思想家，ピコ・デラ・ミランドーラが『人間の尊厳について』で展開した議論の変奏にすぎないという（cf. ピコ・デラ・ミランドラ，1985）．ウォーラーに従って概略を示すならおおよそ次のような議論だ．

> 神が世界を創造した時，最後の仕上げとして人間をつくろうと欲した．空を飛ぶ能力は鳥に，水中を泳ぐ能力は魚にという具合に，特殊能力はすべて他の被造物に与えてしまっていたので，神は人間には「自分で自由にそうありたいと思った存在に自分をつくりあげることのできる能力」だけを与えた．この能力ゆえに，人間は獣に堕することも神に近づくこともできることになった．それゆえ人間は，自らの産物である自分の人格がなしたことがらに対して道徳的責任をもつ．

もし，この見立てが正しいなら，ロボットは道徳的責任の担い手にはなれない．自分自身の設計者ではないからである．一方で，人間も道徳的責任の担い手ではないことになる．神経科学，心理学，認知科学等の明らかにしたところによれば，われわれはゼロから自分自身を思いのままにつくりあげることなどできないからである．確かに，道徳的に見て良い人格と悪い人格の区別はある（善い行為をしがち，悪い行為をしがちという意味で）．しかし，良い性格に生まれたのも，環境や教育のお陰で良い性格に育ったのも究極的には自分ではコントロールできない因果的要因の結果，つまり運である．だとしたら，行動の良し悪しにもとづいて，一方を罰し他方に報いるのは公正でない．

4.3 「無責任倫理」の作り方

道徳的責任を基礎づけようとする哲学的議論はすべて間違いであること，少なくとも科学的世界観と不整合であることを示すのが，概念工学としての「責任なき倫理」構築作業の第一歩となる．しかし，この作業が成功して，道徳的責任の概念が正当化不可能で無根拠な信仰であることが判明したとしても，その概念をまだ残しておくやり方がある．社会を幸福な状態で維持するのに役立つフィクションとみなす，という戦略である．これに対しては，二つのことを

言わねばならない．まず，道徳的責任の概念は，今後それほど役に立たなくなっていくだろう（それがロボットのケース）．それどころか，むしろ弊害の方が目立つ．さらに，科学的知見とあからさまに不整合なフィクションは，長い目で見ると保たれにくい．例えば，かみなりさま信仰は，雷を避けたり，腹を冷やさないように注意を促すという点で，役に立つフィクションだったが，結局は残らなかった．

とはいえ，責任概念を取り除く仕方は一通りではないので，次のステップとして，どのようなポスト責任社会を設計するかという問題が残る．一つのやり方として，次のようなアプローチを提案したい．まず，道徳的責任の概念が現行の倫理システムにおいて何の役割を果たしているかを明らかにする．そのうち，ポジティブな役割に関してその代替物を設計することで，その役割が引き継がれるようにする．

責任を問うことは何の役に立っているだろう．まず，人々の応報感情や報復感情を満足させ社会を安定化させる役に立っているのは間違いない．ウォーラーはこれに関して興味深いことを指摘している．道徳的責任の概念を基礎づけ正当化するための哲学的議論は，百家争鳴状態にあり収束の兆しはない．一方，われわれの道徳的責任への信仰は広範かつ深い．このことが示しているのは，道徳的責任は理性的熟慮の結果として信じられているのではなく，むしろわれわれのかなり原始的な感情に根ざしているということだ．応報感情と報復感情は種を超えて存在が確認されており，おそらく進化の初期段階では適応的だったのだろう．ヒトは進化的に獲得してきたこれらの感情を，社会コントロールの手段として使ってきた．むしろ，哲学的議論は，先行する普遍的な根深い情緒的反応を正当化するためになされてきた．

しかし，ルーツが根深いことと正当であることは別である．女性差別の歴史を見れば明らかだろう．仮にかつては適応的だったとしても，これからもそうとは限らない．むしろ，道徳的責任概念は，進化の歴史の原始的な痕跡器官のようなものかもしれない．そうすると，ロボットという新しい仲間を社会に迎え入れるに当たって，こうした原始的な感情にさよならを言うという選択肢もありうるだろう．

一方，道徳的責任の概念は，これとは別のもっとポジティブな役割も果たしている．被害者へのつぐないを誰がするのかを決める基準を提供するという役割だ．まずは責任ある者がつぐなうべきだとされる．だとすると，次のように考えられる．責任概念の唯一のポジティブな機能が「つぐない」の分配であるならば，「つぐない」概念そのものを責任概念の代わりを果たすものとして，倫理システムを再構築してはどうか．おそらく，この倫理システムは刑罰という制度に替えて，保険という制度を広範に導入することになるだろう．実際，自動運転車の社会実装をめぐる議論では，責任の問えない事故に関しては保険制度でカバーすべきだと考える法律家も多い[6]．

　以上が，概念工学の実践例としての「責任なき倫理」のスケッチである．重要なのは，これはロボットが社会に導入されたあとでなされる哲学者の対応（=解釈）ではないという点だ．むしろ，これはロボットを含むアクターネットワークを調整する作業の一部であり，ロボットの社会実装の一環なのである．その意味で，概念工学とモノづくり工学は連続している．

4.4　善き概念工学と悪しき概念工学

　以上，概念工学の実践的性格とモノづくり工学とのアナロジーと連続性を強調してきたわけだが，このことは概念工学の成果自体が倫理的評価の対象となるということを意味する．工学が生み出す技術産品はつねに「良きもの」であるとは限らない．人々を危険にさらすモノ，環境を破壊するモノ，将来世代に大きな負担を押し付けるモノを工学はときおり生み出してきた．その意味で，実践者が意図したかどうかとは無関係に，工学は「悪しき工学」に陥ることがありうる．同じことが概念工学にも当てはまる．つまり悪しき概念を生み出す「悪しき概念工学」なるものがありうるということだ．

　というより，われわれの周囲を見渡してみると，むしろ悪しき概念の方が目につく．例えば「在日特権」「愛の鞭」「江戸しぐさ」など，そうした悪しき概念は枚挙にいとまがない．そうすると，概念工学の倫理的健全さを担保するた

---

[6] この点に関しては，小林正啓弁護士の教示を受けた．ここに記して感謝したい．

めには，モノづくり工学にオルターナティブ・テクノロジーの提案が含まれるように，流通する悪しき概念を無効化・解体し，代替的な概念体系に置き換えようとする作業も含まれねばならない．「クリティーク」と呼ばれてきた作業がそれだ．モノづくり工学と同様，概念工学はすぐれて政治的な営みであり，実践者はそれに自覚的に取り組む必要がある．

5 われわれの目指す概念工学はどのように進められるべきか

くり返しになるが概念工学は，われわれの生にとって，あるいは人類の生存にとって重要な諸概念を，よりよい社会やよりよい個人の生き方に貢献することが可能となるように，（再）設計ないし改定することを目指す．これは，哲学の自己理解としてそれほど奇異なものではない．これまでも哲学はずっと概念の創造と改定に携わってきた．こうした意味で，カッペレンの場合のように，概念工学の理念は，すでに試みられてきたことをあらためて明示化・定式化したものにすぎないとも言えるのだが，一方，本章冒頭に述べたように，新しい自己像のもとで自覚的に進めることは，哲学の方法に若干の，しかし重要な拡大・変化をもたらす．そこで最後に，われわれの提案する概念工学の方法論的特質について述べておくことにしよう．それは，次の2点にまとめられる．(1)方法論的雑種性，(2)哲学と心理学とのコラボレーション．

5.1 方法論的雑種性

概念工学の理念は，まずもってその目的によって定式化されていることに注意しよう．このことは次のことを意味する．その目的が果たされるならば，どんな方法を用いてもよい．こうした方法論的な雑種性は工学の特徴である．工学は隣接分野から利用可能なありとあらゆる方法を借用する．それは，工学が目的志向的な活動だからだ．

同様のことが，概念工学としての哲学にも当てはまる．現象学的記述であれ，分析哲学的な意味での概念分析であれ，思考実験であれ，哲学史的テキスト読

解であれ役に立つならば何でも用いればよいのである．そして，この方法論的多元主義が許容する「方法」は哲学的方法に限られない．自然科学的方法（実験，調査，測定，統計処理）も必要とあらば導入すべきだ．この点で，概念工学と実験哲学（experimental philosophy）の潮流は，重なる部分が大いにある[7]．鈴木（2011）は，実験哲学を次のように特徴づけている．(1) 実験哲学は，哲学的問題を解くために科学的方法・実験を哲学者自らが行う営みである．そして，この場合の「実験」とは，多くの場合心理学的な質問紙調査である．(2) 主として，人々がもつ概念的直観（intuition）を対象として調査を行う．

　これまで，哲学の概念分析は，ほとんど哲学者自身の概念的直観に依存してきた．分析作業において「これが知識と呼べるか」を判定するのは，当の哲学者に任されていたのである．実験哲学は，哲学的概念分析における「哲学者の直観」の特権性を否定する．こうして，実験哲学の重要な研究テーマには，われわれの（概念的）直観の証拠能力を評価すること，一般の人々がもっている概念的直観の内容を調べること，その直観の産出過程を調べることなどが含まれている．ここで得られる知見は，概念工学が《われわれの概念》を分析・改定しようとする際に，重要な手掛かりとなる．

　しかし，実験哲学と概念工学との間には，重要な違いもある．実験哲学は，伝統的に「哲学的問題」とされてきたものを解くために科学的方法を用いようとする営みだが，概念工学は「哲学的問題」の解決を第一義的な目的としてはいないからだ．人々の幸せに貢献する概念の創造と改定という目的のために，いわゆる「哲学的問題」を解く必要があるかもしれない．例えば，道徳的責任は自由意志を前提するか，知識であるためには正当化への認知的アクセスが必要か，といった「哲学的問題」を解くことは，道徳的責任や知識の概念を望ましい方向に改定する際に必要となりそうだ．しかし，概念工学の観点からは，こうした哲学的問題の解決は，高次の目的のための一つのステップないし手段にすぎない．つまり，実験哲学は概念工学の方法論的レパートリーの一つとして位置づけられる．

---

[7] 実験哲学の主要な成果については，Knobe and Nichols (2008, 2013) を参照．

このように，概念工学はいわゆる「哲学ならではの方法」にこだわりをもたないのだが，そうすると逆に次のように問われるだろう．哲学独自の方法（あるならば）を用いないのであれば，なぜ哲学者が概念工学をする必要があるのか．つまり，概念工学の担い手は誰か，誰であるべきか，という問いである．これについては，二つほど言っておくべきことがある．

まず，概念の創造や改定は哲学の専売特許ではない．20世紀になって，われわれの時間・空間の概念は大きく変容したが，それは物理学者の理論的作業の結果である．哲学者はそれがどのように変容したかを，様々な仕方で語り直したが，変容させたのはアインシュタインを始めとする物理学者たちだった．このことを認めた上でなお，概念工学において哲学者は今後も大きな役割を果たしうると思われる．なぜなら，哲学者は概念をいじる作業に慣れ親しんできたからであり，またそうした作業自体に大きな関心を寄せてきたからである．概念工学は伝統的な哲学の中に潜在していた．こうした歴史的連続性は軽視できない．

第二に，哲学者は，方法論的雑種性を特徴とする概念工学に要求される方法論のすべてに通暁することはできない．これも確かなことである．実験哲学者の行う「実験」にはずさんなものが多いというのは，実験哲学に対する内在的批判としては代表的なものである．だとするなら，概念工学は哲学者をはじめとする多様な分野の研究者によるコラボレーションとして進めていけばよい．実際，技術者倫理の構築や自動運転車の社会受容という局面で，エンジニアから哲学者へのコラボレーションの求めがなされ，哲学者はそれに応じて概念工学的作業に共同で携わってきた．

5.2 哲学と心理学とのコラボレーション

概念工学の始動時において，哲学の最も重要なコラボレーションの相手は心理学，とりわけ社会心理学である．「はじめに」でも少し触れているが，その理由をあらためて以下に述べよう．

第一に，心理学は概念工学の対象である「人々の概念」を研究対象とするほぼ唯一の科学だからである．これまで，（哲学者を含む）人々が抱いている，あ

るいは用いている概念を表すために,《われわれの知識概念》という具合に,カッコつきで表記してきた.それは,「われわれの概念」なるものがいまだ正体不明だからである.カッペレンも,とりあえずの便法として「概念工学」という名称を採用しているが,厳密に話を進めようとするときは「概念」の代わりに「表象デバイスと表現デバイス(representational devices and expressive devices)」という表現を用いている.

哲学は概念を対象とすると言われてきたし,筆者じしんも概念工学は概念の分析・改定・創造に携わると述べてきた.その割には,概念とは何かははっきりしていない.しかし,概念を生み出したり加工したりするためには,その「素材」である概念そのものについての理解が不可欠だ.これは,物理学や化学などの自然科学の知見が工学における人工物の開発に不可欠であるのとパラレルだ.自然科学は,二つの仕方で工学の基礎となっている.第一に,自然科学が明らかにする法則は,工学でなしうることに制約を与える.工学は永久機関を開発しようとはしないが,これは熱力学の法則があるからだ.第二に,自然科学の知見は,工学が開発しようとしている機能する人工物を実現するための,素材と方法を見つける指針を与える.窒化ガリウムがダイオードの有力な材料物質であると目星をつけるためには,窒化ガリウムに関する物理学的・化学的知見が欠かせない.

同様に,有用な概念,すなわち社会においてうまく機能する概念を工学すると言うからには,概念そのものの本性についての知見が不可欠だろう.つまり,概念の正体とは何か,概念の構造とは何か,われわれは概念とどのように関わっているのかについての知識(いわば概念の存在論と認識論)は,概念工学の基礎である.概念について不適切な理解をしているかぎり,概念工学をうまく展開することはできないし,ある極端な概念観を採用すると,概念工学の理念じたいが自家撞着の産物に見えてしまう.

概念はいかなる存在者なのかという問いにはおよそ三つの答え方がある[8].

---

8) 概念についての諸説をサーベイするにあたって,Margolis and Laurence (2011) に依拠した.

第一に，概念は心の中にある対象，つまり心的表象であるとするもの．第二に，概念は能力であるとするもの．カマキリの概念を持っている人は，カマキリが現れたときに再認することができ，カマキリをカマキリでないものから区別できる．これを，その人は頭の中にカマキリの概念を持っているからできるのだと考えるのではなく，そういった再認や区別ができることそのものが概念に他ならないとみなしてしまえ，という考え方だ．第三に，概念は客観的な抽象的対象であるとするもの．心的表象は個人差がありすぎる．例えば，小学生が持っている自然数の表象と，集合論学者が持っている自然数の表象はかなり違う．だからと言って，自然数の概念が人の数だけあるとするのにはためらいが残る．また，自然数の概念は，数学の歴史の中で徐々に全貌が明らかになってきた，まだ誰も自然数の概念を正しく表象したことはない，とも言いたくなる．概念は心的表象に比べるとより公共的で客観的なものであり，同じ概念が人によって異なった仕方で表象されることが可能なサムシングだ，という立場である．

　概念はより要素的な概念から成り立っている．この概念の内部構造はどのような構造だろうか．第一に，複合的な概念は，その必要十分条件を表す要素的概念からなるという説がある（定義的構造説）．「自然数」「約数」「1」などが「素数」という複合概念の構成要素である．しかし，数学的概念のように必要十分条件という形で構成要素を取り出せる概念はじつは少数派である．概念の多くは定義的構造をもたないと考えるのが妥当だろう．そこで第二に，あるものxが概念Cの一例になるのは，Cを構成する要素的概念が記述する性質の束（プロトタイプ）のうち十分な数をxが満たすときであるというプロトタイプ説が提案される（Rosch and Mervis, 1975）．ようするに，それぞれの概念に典型例を与え，その典型例にどれだけ似ているかで，その概念が個々の事例に当てはまるかどうかが決まるという説だ．しかし，「犬をアライグマそっくりに改造したらどちらになるか」と聞かれると，幼児も「犬」と答える．典型例との類似よりは犬の本質が維持されているかによって判断している．そこで，第三の立場，理論説が現れる（Carey, 1985；Gopnik and Meltzoff, 1977）．われわれは，犬であることは，外見の類似性ではなく，犬に共通したなんらかの隠れた性質を持っていることに存するという素朴な理論をすでに持っている．概念の

内容も構造も，その概念がこの種の理論の中で果たす役割によって決まるという考え方である．

　概念の本性と構造の問題が重要なのは，この問題が概念工学とは何をすることであり，どのように進められるべきなのかという問題に直結しているからである．かりに，概念が客観的・抽象的な対象であって，しかもその内部構造が必要十分条件で与えられるのだとしよう．その場合，ある概念の内容がどういうものであるかには正解があって，まだ誰もその真の内容を摑んでいないということがありうる（概念実在論あるいはプラトニズム）．そして，その内容は，概念を必要十分条件によって定義する努力によって明らかにすることができるはずだ．このとき，古典的な概念分析の理念は無傷で残る．その代わり，その概念を改定するということはいったい何をやろうとしているのかがわからなくなる（正解があるのになぜ改定する必要があるのか？）し，一般の人々がその概念をどのように理解しているのかの経験的データは無意味になる（いずれにせよ正解ではないのだから）．

　一方，概念が心的表象に他ならず，それは定義的構造を持たないのなら，現に人々がどのように当の概念を捉えているかを超えた，概念分析の正解は存在しない．だとするなら人々の概念的直観についての心理学的調査が重要になる．そして概念工学は，人々が直観的なかたちで抱いている概念を変化させることを含むだろう．これがどのようにして可能なのかという問いが重要になる．

　概念の本性と構造について，どれか一つの立場が正しくて，それ以外は誤りということはありそうにない．おそらく，概念にはいろいろな種類のものがありひとくくりにできないという多元主義の立場が妥当だろうと思われる．「犬」「道徳的責任」「自然数」「光円錐」といった多様な概念が，同じ存在論的身分と内部構造をもつとは考え難い．生得的な概念もあるだろうし，社会的に構築された概念もある．人々が概念を共有する仕方も様々だ．《われわれの概念》は，人々の心的表象の平均であることもあるだろうし，言語的分業によって特定の専門家による規約に概念内容の決定権が委ねられていることもある．必要十分条件を与えるという形で分析可能なものもあれば，プロトタイプとその比喩的な拡張という形をしているものもある．

このような意味で，概念は本質を共有するひとまとまりのもの，すなわち自然種ではない．もしかしたら，いかなる共通点もない雑多なものの集まりである可能性もある．概念は心理的かつ社会的な存在物であり，自然物でもあり人工物でもある．この意味で，概念は天然資源を素材にして加工された製品になぞらえることができる．

概念という心的・社会的対象の特質を探究する心理学は，概念が何種類あって，それがどのようにしてこの世界にあるのか（社会的相互作用による構築物，言語を内面化した内的表象，しかじかの形式をした心的実在等々）を明らかにしてくれる可能性がある．さらに，概念のどこがどのように可塑的であるかを教えてくれる可能性もある．これにより，概念工学は自分が加工しようとしている概念の正体をよりよく理解した上で作業に取り組むことができる．概念工学が，新概念を人々に使い続けてもらうことを意図するなら，人々がその概念を持つ（持たなくなる）とどうなるかは，改定の方向性を考える上で重要なファクターになる．新概念を人々に受け入れてもらうことを意図するなら，人々が現に持っている概念との連続性は一つの重要なポイントとなる．心理学はこれらのポイントに重要な知見をもたらすはずだ．

最後に，心理学が概念工学における哲学のコラボレーションの相手として最適な第二の理由を明らかにしよう．「はじめに」で述べたように，心理学とりわけ社会心理学と哲学とは，共通の対象を探究してきた，という理由だ．それらはともに，自由意志，意図，自己，行為者性，責任，公平さ，因果等々について探究する．そして，両者は探究のレベルないし方法論も共有しているように思われる．第一に，それらはともに，自由意志，意図，自己，行為者性，責任そのものの本性に関心をもつと同時に，それらについての概念，あるいは《人々がそれらをどう捉えているか》をも問題にしようとしている．しかも，この二つのレベルがうまく分離できないような仕方で探究してきたというところまで似ている（認識論が知識そのものを研究しているのか，知識の概念を研究しているのかはうまく区別できない）．第二に，哲学側が自然化を進め，実験哲学というかたちで心理学実験や質問紙調査を行うようになると，方法論的にも哲学と社会心理学の違いは少なくなっていく．

というわけで，哲学と社会心理学とのコラボレーションによって概念工学をスタートさせるための準備的な考察は以上で十分だと思われる．まずは，やってみよう．そして第 7 章で反省的な考察を行うことにする．

参考文献
Blackburn, S. (1999)：*Think : A Compelling Introduction to Philosophy*. Oxford University Press.
Cappelen, H. (2018)：*Fixing Language : An Essay on Conceptual Engineering*. Oxford University Press.
Carey, S. (1985)：*Conceptual Change in Childhood*. The MIT Press.
Dretske, K. (1981)：*Knowledge and the Flow of Information*. Basil Blackwell.
Ecklund, M. (2014)："Replacing truths?." In A. Burgess and B. Sherman (Eds.), *Metasemantics : New Essays on the Foundations of Meaning*, Oxford University Press, 293–310.
Ecklund, M. (2015)："Intuitions, conceptual enginerering, and conceptual fixed points." In C. Daly (Ed.), *The Palgrave Handbook of Philosophical Methods*, Palgrave Macmillan, 363–385.
Gettier, E. (1963)："Is justified true belief knowledge?," *Analysis*, 23 (6), 121–123.
Goldman, A. (1967)："A causal theory of knowing," *The Journal of Philosophy*, 64 (12), 357–372.
Gopnik, A. and Meltzoff, A. (1997)：*Words, Thoughts, and Theories*. The MIT Press.
Knobe, J. M. and Nichols, S. (Eds.) (2008)：*Experimental Philosophy*. Oxford University Press.
Knobe, J. M. and Nichols, S. (Eds.) (2013)：*Experimental Philosophy Volume 2*. Oxford University Press.
Kornblith, H. (2005)：*Knowledge And Its Place In Nature*. Oxford University Press.
黒田光太郎・戸田山和久・伊勢田哲治（編著）(2012)：『誇り高い技術者になろう——工学倫理ノススメ』第 2 版，名古屋大学出版会．
Latour, B. (2005)：*Reassembling the Social : An Introduction to Actor-Network-Theory*. Oxford University Press.（邦訳：ブリュノ・ラトゥール『社会的なものを組み直す——アクターネットワーク理論入門』伊藤嘉高訳，法政大学出版局，2019 年）
Lehrer, K. (1990)：*Theory of Knowledge*. Westview.
Margolis, E. and Laurence, S. (2011)："Concepts," *Stanford Encyclopedia of Philosophy*.
Pereboom, D. (2001)：*Living without Free Will*. Cambridge University Press.
ピコ・デラ・ミランドラ（大出哲・安部包・伊藤博明訳）(1985)：『人間の尊厳について』国文社．
Rosch, E. and Mervis, C. (1975)："Family resemblances : Studies in the internal structure of categories," *Cognitive Psychology*, 7, 573–605.
鈴木真 (2011)：「実験哲学の展望」，『中部哲学会年報』43, 99–112.
戸田山和久 (2002)：『知識の哲学』産業図書．
戸田山和久 (2014)：『哲学入門』ちくま新書．
Waller, B. N. (2011)：*Against Moral Responsibility*. The MIT Press.

第 2 章
心理学の側から Let's 概念工学！

唐沢かおり

1 概念工学への協同のお誘いを受けて……

　概念工学なるものが立ち上がるらしい．いや，「らしい」などとさめたスタンスは良くない．なにせ，哲学から心理学，とりわけ社会心理学に対して，協同しましょうというラブコールが送られているのだ．これには応えねばなるまいと思う．ただし，応えるためには，こちら側の概念をめぐる現状について整理し，問題点を明らかにした上で，協同のための論点を整理することが必要だ．心理学の研究方法が概念をどう扱ってきたのかを明らかにすることを通して，「心理学における概念とは？」とか，「応えるにあたって問題となることは？」という問いに取り組むことを怠っては，良い協同は望めない．

　もちろん，これらの問いに対する明確な回答がすぐに得られるとは思わない．方法論だの学問のあり方だのに関する問いは，いずれも考えるのが厄介な，いわゆる「Big question」だ．かつ考えたとしても，その学問の方法論や研究の具体的な進め方が，それにより簡単に変わるものではなく，継続的に，粘り強く，繰り返し考えをめぐらすことが求められる．しかし，考えるという作業そのものを開始することが，協同への第一歩であり，それはとりもなおさず，心理学が「何をなしうる学問か」を示す上でも，大きな意味があるだろう．本章では，そのための議論を行いたい．

　心理学は概念について「科学している」と第 1 章で戸田山は述べているが，しかし，心理学者のほとんどは，自分の仕事を記述するに当たって，「概念を

科学的に探究することが私の仕事だ」とは言わないだろう．例えば社会心理学者であるなら，社会的な反応や行動にいたる心的メカニズムを解明したり，社会的な対象への認知や態度の中に見られる構造を解明したり，文化的に特殊なものも含む「社会的現象」の実態を記述し，意味づけることに携わっていると考える．とはいえ，科学哲学，また概念工学の立場からは，「概念を科学している」という側面が重要な意味を持つ．外からみてそうであるなら，かつ，そのことについて心理学者自身が自覚的ではないなら，なおさらのこと，「概念を科学している」という言葉が，実のところ何を意味しているのかを検討し，そのやり方の特徴や問題点は何かを，研究の具体的な方法を踏まえて考察する必要があるだろう．

　具体的に論ずるのは，次のようなことだ．一つ目は，心理学における「概念」の役割，二つ目は実際の研究における概念の取り扱われ方とそこに潜む問題，そして三つ目はそこから浮かび上がる「概念観」（概念に関わる暗黙の想定）である．哲学からのラブコールに応え，概念工学という試みを有意義なものとして実践することに心理学（とくに社会心理学）がなしうる貢献を念頭に，概念をめぐるこれらの考察を進めていく．

2　心理学と概念

2.1　概念を科学している？

　心理学者は「視覚の研究者」とか「社会的推論の研究者」というように，何らかの「行動」を研究する存在として自己定義をする．なお，ここでいう行動は，たいへん幅が広く，目に見える身体動作をともなう行動だけではなく，身体内部における生理的，認知的，感情的反応も含まれる．社会心理学を例に取ると，社会的なエピソードの記憶，社会的な対象に対して抱く認知や感情，他者の特性の推論など「心の中」で起こる反応，攻撃や援助のような外部から観察可能な社会的行動，さらには，集団間の葛藤や集団が保持する文化など社会的な現象とでもいうべきものが対象となる．

しかし，一方で戸田山が述べるように「心理学は，概念を科学している」（しかもほぼ唯一の科学として！）ということが，心理学が概念工学に参画するおおきな理由となる．そうだとするなら，「概念」およびそれを「科学する」ということが研究の中にどう組み込まれているのか，研究の具体的な営みを解きほぐしながら，これらの点を明らかにしておかねばならない．

最初に確認すべきことは，心理学が概念を研究の道具として，どのように用いているのかということだ．研究のターゲットとなる行動や現象，それらの生起過程を説明する個人要因や状況要因，刺激の特性などは，いずれもある定義を持った「概念」である．例えば，「自尊心と他者の存在が，同調行動に与える影響」を研究しようとするとき，個人要因としての自尊心，状況要因としての他者の存在，そしてターゲットとなる行動である同調がどのようなものであるのかが，言葉で示されねばならない．当たり前のことだが，しかしこれがきちんとなされることは「科学としての心理学」にとって不可欠である．何をターゲットにして議論をしているのか，それが曖昧で漠然とした状態では話にならない．

またそれに加えて，実証研究を行うためには，これらの概念をいかに操作，測定するのかも示されねばならない．「他者の存在」を操作するなら，他者と同じ部屋で課題に取りくむなどの実験操作が考えられるだろう．同調行動については，消費税アップなどの話題における「多数派」の意見を示した上で，実験参加者自身の意見が多数派と同じようなものになるかどうか，意見を表明させることで把握できるだろう．そして自尊心についても，個人の自尊心の程度を測定したり操作したりすることが行われる．

さて，ここで問題になるのは，自尊心のような「心の状態」（心の中で起こる反応といってもよいだろう）についての，定義と操作や測定の関係である．他者の目の存在や同調行動は，示した例からもわかるように，物理的な状態であったり，直接目に見える反応であったりする[1]．しかし，心の状態はそうではな

---

1) 同調行動のような観察可能な行動も，その測定は様々な方法でなされ得るし，測定の可能性の多様性がもたらす問題も存在する．この点については後に「3.1　測り方の多様

い．自尊心については「自己に対する肯定的，または否定的態度」[2]であると言葉で定義されうるが，「そのように定義された自尊心」の影響を実証的に検討するためには，その定義に沿った心の状態に対応する操作や測定を考案する必要がある．直接知覚することが不可能な「自尊心」という心の中の状態は，操作や測定する方法を通してのみ，把握可能なものとなるのである．

　このことは，採用する操作や測定の方法に依存して，研究における自尊心の内実が決まるという事態を生む．つまり，「自尊心を測定する」ために考案された尺度により測定された「なにものか」が，その研究における「自尊心」であるということだ．もちろん，どんな尺度であってもよいというわけではない．定義をなるべく正しく反映するような尺度を構築することが研究の基本となるのは言うまでもない．ただ，留意すべきは，そこには尺度により概念がボトムアップ的に決められる過程が含まれることだ．心理学の中で「心の状態」を表す概念は不可欠だが，それは言葉による定義に対応した操作や測定の考案を含み，考案された操作や測定を通して概念が構築されていくという側面を持つのである．

　ここで留意したいのは，このような側面が（後述するようにいくつかの問題を持つが），概念工学から社会心理学に期待されている役割と合致することだ．社会心理学が概念工学で中核的な役割を担うのは，概念の設計，加工に参照されるべき科学的知見を提供するからだ．概念はそもそもどういうものなのか，その概念がどういう具体的な内容や構造を持つのかを知る手段として，尺度の構築作業が役に立つのである．

　さて，問題は，その際の作り方がいかなるものであるのか，概念を科学しているという表現にふさわしいものであるのかということだろう．心的表象や機能を表す概念は，物理的な状態や目に見えるわかりやすい反応として取り出すことが困難なので，わざわざ尺度構築を行い，それを把握しようと試みること

　　さ」で改めて取り上げる．
2) 後に「4.2　心理学の概念観」で述べるように，この定義は Rosenberg (1965) が示したものであるが，このような表現が唯一の自尊心の定義だと考えられているわけではない．

になる．その際にみられる問題は何なのか，これが次に考えるべき事柄である．

2.2 心的表象や機能としての概念と「人に尋ねる」手法

　心理学の特徴の一つは，自尊心のような心の状態を扱うことだが，これらはたいてい，複雑で直接観察が困難な高次の心的機能や表象である[3]．では，これらの概念を構築する際，科学という観点から問題になることは一体なにだろうか．

　この問いについて，本章では「人に尋ねる」という方法から派生する諸問題を検討していきたい．その理由の一つは，心理学，とりわけ社会心理学が概念を構築する際，この方法が頻繁に用いられているからだ．「モノ」のように目に見える形で存在する実体としての何かではなく，心の中に存在すると想定している「表象」，心的機能の一部，または集合であるものについて，概念の内容を定めるにあたって，「どう思うか，どう感じるか」を人々に尋ねることが典型的な手法となっているのである[4]．

　誤解しないでほしいのは，「実体を対象としていないから，概念の扱いがいい加減だという問題がある」ということを述べたいわけではない．むしろ，心理学は，議論で用いる概念をきちんと定義し，その定義に沿った操作や測定を

---

[3] 心理学という名のもとで行われる研究領域は研究対象も手法も多様であり，本書が論ずる概念構築，概念工学に関わる考察が，そのすべてに適用されるわけではない．主たるターゲットとなるのは，比較的高次の反応を対象とし，扱う概念が複雑で，その内容に関する検討自体が研究として成立し得るような領域である．社会心理学は，その意味において議論の中心となる心理学の領域であるし，本書が紹介する知見も，主として社会心理学という領域が積み上げてきたものだ．ただし，概念工学という発想，また，本書が展開するそれに関連する考察は，適用可能な範囲について濃淡があるとしても，もちろん社会心理学に閉じたものではない．

[4] 表象や心的機能ではなく，脳の特定の部位の活動やホルモンの分泌など，物理的に存在する「生理的な過程」の解明は，近年の心理学研究の中で最も盛んに研究が行われている領域であり，高次の行動を説明する要因としても大きな位置を占めている．しかし，それらも，その機能を議論する際には，対象に対する推論，判断や感情状態の報告など，「尋ねることで明らかになる」主観的な状態と結びつけられることが多い．生理的過程の研究が増加しているとはいえ，心的表象，主観などに対する問いから，心理学が解放されているわけではない．

採用し，定義，操作や測定の内容と齟齬のない議論を構築し，またその重要性の教育に熱心であった領域である（Aronson, Brewer and Carlsmith, 1985；Brewer and Crano, 1994）．「人に尋ねる」といっても，そのあたりにいる人たちに「○○についてどう思う？」などと尋ね，それを適当にまとめて概念を定めるようなことをしているわけではない．ちゃんとした研究であれば，定まった手法のもとで「人に尋ね」，データを集めて統計的に分析する手順を踏む．それなりの作法のもとに「尋ねる」ことを行う．

とはいえ，概念の内容を定めたり機能を明らかにする際，「一般の人々に尋ねる」ことをしばしば行うのは，他の多くの科学とは異なる特徴だし，そうであるがゆえに，心理学における概念の位置づけを考察する上で，重要なポイントとなる．他の科学が用いる概念の多くは──例えば「物質量」とか「固定資本」とか「光合成」とかは──人々がどう思うかが概念のありようを定めるものではないし，それらが果たす機能を確認する手段になるわけでもない．一方，心理学は，人々がどう思うのか，どう感じるのかを踏まえなければ，データ収集に基づいた知見の構築が進まない．したがって，議論の中に含まれる諸概念について，その認知のされ方をもとに定義を決めたり，判断や感情など内的な状態の報告を求めることを行うし，さらにはそれを手がかりとして，「概念が指し示すところのなにか」が果たす機能を解明しようとする．概念それ自体の定義を，研究者があらかじめ定めることもなされるが，しかし，実証となれば，それが心の中にいかに存在するかを問題にせざるを得ない．ゆえに，人々に質問紙に回答を求めたりすることで，概念を心の中から外に引き出し，それに基づき概念の内容を論じたり，他の要因を説明するパラメータとしたりする．心理学における概念の構築を再考するにあたって人に尋ねることに焦点を当てる主要な理由は，このような事情にある．

もっとも，それだけではなく，本章がこの手法について考える別の理由がある．それは，実験哲学という新たな領域の出現だ．実験哲学がどのような分野であるかの紹介は前章に詳しいので，そちらに譲るとして，ここでは，実験哲学もまた，概念を構築するにあたって，人に尋ねるという手法に依拠することを指摘した上で，心理学との関わりについて示しておこう．

2.3 心理学と実験哲学

心理学に携わる研究者の多くにとって「実験哲学（experimental philosophy）」という領域はなじみがないかもしれないし，哲学が実験するということに違和感を持つ人もいるかもしれない．心理学のコミュニティに，権威ある雑誌論文の形で，実験哲学の存在がまとまって紹介されたのは，筆者が把握している限りにおいては，Knobe et al. (2011) が "Annual Review of Psychology" に発表した論文ではないだろうか．そこでは実験哲学を，「従来，哲学者が問題としてきた問いを心理学の方法を用いて探究する学際的試み」としたうえで，具体的なトピックの実例として，道徳に関わる概念，自由意志，現象学的意識が挙げられていた．また，そこで行う研究の具体的な手法として，一般の人たちに特定の概念に関わる記述や状況を表現したシナリオを提示し，そこでの反応を測定するというものが紹介されていた．

実験哲学は，対象とする問題や手法において，社会心理学にたいへん近いところがある．一般の人々が概念に対して持つ直感を探究することや，いかに直感が生成されるかを明らかにすることは，実験哲学の課題とされているが (Nadelhoffer and Nahmias, 2007)，意識，心，原因，責任，意図，人格などを対象に，社会心理学も同様の試みを進めてきた．したがって，これらの概念の内容を明確にするという課題は共有可能であり，また共有すべきものである．「人に尋ねる」手法を共有しながら，哲学と心理学それぞれの従来の知見にのっとり，われわれの心に関わる重要な概念の特性を，実証的に探究する試みは，概念工学にも不可欠である．

また，それにとどまらず，「人がどのような存在であるのか」について語る際に，心理学が持ち得る言葉を広げる可能性も指摘しておこう．心理学は科学的な知，応用的・実践的な知であるとともに，人間そのもの，人間観についても論じてきたという点で，人文知でもあるので (cf. 唐沢, 2014)，人間について語る言葉が研ぎ澄まされることは重要だ．「人に尋ねる」という手法と概念構築との関係を再考することは，実験哲学との協同から生まれるこれらのメリットを生かすためにも必要なことだろう．

2.4 概念工学に向けて

さて，話を「人に尋ねる」手法の問題へと戻そう．

「概念工学」は「われわれの生にとって，あるいは人類の生存にとって重要な諸概念を，よりよい社会やよりよい個人の生き方に貢献することが可能となるように，設計ないし改定（つまりエンジニアリング）することを目指す研究領域」だ．設計や改定ということであるなら，心理学は様々な概念を研究に取り入れるべく，そして取り入れることが可能な形へと「設計や改定」（＝工学）をしてきたと言えなくもない．

心理学，とくに社会心理学が用いる概念は，高次の心的機能や表象でありつつ，日常用語と重なるものが多い．例えば，動機，意図，感情，態度などという言葉は，心理学の研究者ではなくても大体なにを意味するか知っており，日常のコミュニケーションの中でごく普通に用いられる．一方，心理学は，これらを学術用語として利用しているのだが，日常用語を学術用語とするためには，理論的・実証的検討を通して概念を加工する，つまり設計や改定をすることが必要だ．したがって，学術的な議論に資するような概念の洗練化という意味での概念工学を実践してきたと言えなくもないのだ．

ただし，そこで採用される手法の典型は，表象や心的機能に関わる概念の内容や役割を，質問紙などを用いて「人に尋ねる」ことで明らかにするというものである．ある対象に対する認知や感情経験，信念，態度を測定する尺度を構成することで，「概念」の内容自体を定め，研究に用いてきた．もちろん，恣意性や曖昧さが混入しないよう概念を定め，それを用いて科学的な知見を正しく構築することを目指しているので，概念と操作や測定の対応に対する注意深い配慮，尺度を構成する際の信頼性と妥当性の確保など，「概念が本来指し示すことがら」を踏み外さないための手続きを取り込む努力がなされている．しかし，「人に尋ねる」ことで概念を構築するやり方には固有の問題があるのも事実である．概念工学を有効に進めるためには，それらの問題を確認し，心理学が持つ「暗黙裡の概念観」とでもいうべきものを認識することが必要だろう．

そのために，まずは心理学研究における概念の取り扱いの実状を，測定という側面から詳しく検討する．検討に当たっては，心理学の中でも，概念工学と

より密接に連携しうる社会心理学での実例を中心に据える．その上で，議論を，表象に関する概念の実在について心理学がおいている前提，また，素朴な信念の侵入がもたらす危険の指摘へと進めていく．いずれも，日常の研究活動で当たり前に行われていることの中に潜む問題を，わざわざ発掘するようなことだ．しかし，概念工学というプロジェクトに心理学が貢献するための土台を作るためと心得て，具体的な検討に入っていこう．

3 概念と測定の関係

3.1 測り方の多様さ

心理学は，人の行う様々な反応を説明するために，関連する要因の関係を示す理論やモデルを作る．要因は何らかの「概念」を表すものであると同時に，実験や調査においては，操作や測定の対象となる．したがって，心理学における概念を考察する上では，文言で記述された概念定義だけではなく，データ収集の現場でその概念がどう扱われるのかに着目する必要がある．概念を実証的研究に落としこむ際に問題になるのは，「操作」と「測定」の両者であるが，「人に尋ねる」の問題は，測定においてより顕著にみられることをふまえ，測定の特徴に焦点を当てて論考を進めていこう．

最初に取り上げたいのは，測り方の多様さという特徴だ．同じ概念に対して，複数の測定方法が設定可能ということなのだが，これについては，実例をあげて説明するのがわかりやすい．冒頭で取り上げた「自尊心」に再び登場願ったうえで，今回は「自尊心が下がると，自分が所属する内集団をひいきする傾向が高まる」という仮説を例にとる．

この仮説を検討する実験としては，まず，自尊心を下げるような手続きを行い，その後，「内集団ひいき」という概念，つまり，内集団をひいきする気持ちや態度を把握するために，内集団や外集団に対する評価や行動を従属変数として測定することになる．では，その測定にはどのようなやり方があるだろうか．

ひとつの方法は，内集団と外集団に対して，人格や能力の評定を行わせることだ（Ferguson and Kelly, 1964）．両集団に対する評定を比較し，内集団のほうが優れていると判断される結果が得られれば，仮説が検証される．一方，行動の原因帰属を評定の対象とすることも可能だろう（Hewstone, 1990）．内集団や外集団メンバーの成功や失敗の事例をあげて原因を評定させたとき，外集団と比べ，内集団の成功は能力のような内的要因に，失敗は運の悪さのような外的要因に帰属されるかどうかを検討するのである．また，別の方法として，記憶を問い，外集団メンバーの望ましくない行動が，内集団メンバーのそれよりも，よく記憶されているかどうかを確認することもできる（Howard and Rothbart, 1980）．もしくは，資源や報酬分配の場面を設定し，内集団には外集団よりも多く配分するかどうかをみることもできるだろう（Brewer and Kramer, 1986）．

さて，ここでいくつかの例を紹介したことにあらわれているように，内集団ひいきを測定するにあたってなにを単位として用いるのかについては，複数の可能性がある．例えば，「身長」という概念と測定との関係と比較すると，この特徴がよくわかるだろう．身長を測定する場合，柱に傷をつけて巻尺を使って測ることもできれば，身体測定のときに用いられるような測定機器を使うこともできる．ただ，いずれの方法でも，ミリだのセンチだのが刻まれたものさしをあてて，高さを測るということは変わらない．測定の物理単位は定まっている．一方，内集団ひいきは，それを測定するものさしを様々に定めることが可能なのだ．

ある対象への認知や感情，評価，態度などは，一般的に測定方法のバリエーションが幅広い．測定において（また，操作もそうであるが），表現したい概念との対応が一対一ではなく，ある概念に対して複数の方法が存在する．それらの中から，研究者が，自らの判断で望ましいと思う方法を決めているのである．もちろん，先行研究を参照しつつ研究は進むので，他の研究と類似の操作や測定を用いることが行われるし，標準的な尺度も存在するのだが，概念と測定の対応が「一対多」であること自体は否めない．

「異なる操作や測定」を用いても他の研究と整合的な結果が得られるというところに，学術的な価値を見出すこともできるので，わざわざ「異なる操作や

測定」を用いた研究が試みられることにも留意すべきだろう．そこで同様の仮説が検証されれば，それだけ「頑健な」知見であるという主張が可能となるからだ．先ほどあげた，内集団ひいきの例だと，質問紙での評定であれ，記憶であれ，資源分配という行動であれ，同じように内集団をひいきする（内集団を高く評価し，都合のよい認知を行い，利得を多く与える）現象が観察されることが重要になる．そのことにより，自尊心の低下という現象と，自分が所属する集団に対する「ひいき」という現象との関係が，より確実な知見として主張できることになる．

　また，既存の測定尺度が存在していたとしても，それを改善する，簡略化する，または異なる側面に焦点をあてるなどを目的として，新たな測定尺度開発が行われることもある．多くの場合は，質問紙法による測定尺度であるが，その概念の具体的な構成次元や，それをより適切に言葉で表現する方法が検討されることは，概念への理解をすすめ，またその概念を用いる研究領域の進展につながる．

　しかし，概念が具体的な測定のレベルで「多様化」している関係の在り方は，そもそも概念の真の姿は何なのかという問いを生む．これは，心理学の「概念観」を問い直すことでもあるので，後ほど，改めて考察する．ここでは，概念と操作・測定が「一対多」の関係にあることを前提とした上で，概念と「対応」した操作・測定を行っていることが研究の評価において重視されること，しかし，対応が保証されているかどうかを判断する簡単な手続きが存在しないことについて論を進めたい．

　概念と操作や測定の対応は，方法論に関わる最も重要なポイントの一つである．両者の対応がなければ，特定の操作や測定のもとでのデータを，当該概念に関する議論の根拠として認めることはできない．身長を測定しながら，そのデータを基に体重のことを議論しても意味がない．ただ，このようなあからさまな例はともかく，概念と対応した良い操作や測定を実現できるかどうかは，研究者自身の論理的思考能力やセンスに依存するところがある．またどの程度の対応を要求するのかも，研究の志向や領域の特性，さらには研究者個人の考え方にも依存する．斬新な操作や測定に基づく新たな知見を提供する研究とし

て評価された場合，対応の厳密さに対する要求は甘くなる一方，緻密な実験的検討を行っているところに価値を置くなら，その逆になるかもしれない．

　学術誌の査読に関わったことのある読者なら，「概念と操作・測定が対応していない」という査読コメントを受け取ったり書いたりした経験を持っているのではないだろうか．このようなコメントが往来すること自体に，対応の保証の困難さがあらわれているともいえるだろう．

　そのような中にあって，概念と操作・測定との対応について注意深いスタンスを取ろうとするなら，操作や測定のなされ方そのものに依拠して議論を構築することが安全な道筋だ．つまり，議論の中でその概念を扱う際，操作された，または測定されたところのなにものかであるという立ち位置をとり，そこから主張できることに忠実であるような，いわゆる「操作的定義」に基づく議論を行うということである．

　ただ，操作的定義は，ときとして逃げ道であり「罠」がある．最初に概念の内容を考えて言葉で表現し，それに基づいて対応した測定を定めるという順序が逆転してしまい，測定されるなにものかが（それが実際のところなにであるのかが不明瞭であったとしても）その概念だと定義されることになるからだ．このような逆転は，人に尋ねるという測定に基づき概念を定めることに，本質的に内在しているものである．その功罪をふまえた上で，次に操作的定義がもたらす問題について考察を進めよう．

3.2　質問項目による操作的定義

　通常，何らかの概念を測定するための尺度構成は，まず，概念の内容を定め，それを反映した質問項目を収集し，その信頼性，妥当性を検討するという手続きで行われる．この手続き自体は，概念の内容から項目が定まるという点において，いわば，トップダウンのプロセスを理念型としている．しかし，現実には，質問項目自体が，実質的に当該の概念を定めてしまうという側面がある．つまり，質問項目が「概念」を代表するものとして位置づけられるがゆえに，逆に，概念が質問項目により定義されるという現象が起こるのだ．これは，実験などで具体的に行われる操作的介入が，その操作の概念的意味を決めるのと

同じ構造だが，概念の意味内容を，言葉で記述された複数の質問項目そのものが直接記述してしまう点に注意が必要だ．

　また，研究者が概念の内容について明確な考えを持ち，それに従い項目を作成した場合には，あらかじめ定めた内容が先行するので問題が生じないように思えるかもしれない．しかし，実際の尺度構成は，探索的な側面が強いという特徴を持つので，やはり項目により概念が定められてしまいがちになる．

　尺度構成の実務の際に頻繁に行われることのひとつに，その概念を構成する下位次元を因子分析などで同定するということがある．その際，抽出された因子の意味は，そこで高い因子負荷量をもつ質問項目の内容から定義される．それらの質問項目の背後に共通して存在すると想定される概念を研究者が見定め，因子名を決定することになるが，この手続きは，実質的に，人々の回答というデータからボトムアップ的に，因子名に相当する下位概念が定められることを意味する．

　例えば，他者の性格をどのように認知しているのかを示す「性格の認知次元」という概念を対象に，その構造を検討するとしよう．その際，人柄の良さ，有能さ，向性の三次元から構成されるという「仮説」を研究者がもっていたとする．仮説に基づき，それぞれの次元を代表すると思う性格特性をリストし，各特性が自分や特定の他者の性格として当てはまるかどうかを聞くという手続きにより，データが収集されることになる．さて，回答を因子分析にかけた結果，当初想定した「人柄の良さ」が，「親しみやすい」「きさくな」などの言葉からなる因子と，「誠実な」「まじめな」などの言葉からなる因子に分かれる一方，向性が因子として同定されなかったとしよう．だとすると，性格の認知は親しみやすさ，誠実さ，有能さの三次元から構成されると結論づけることになる．研究者が当初仮定したとおりの因子が抽出されない場合は，回答に基づいた分析の結果が優先され，そこでの因子の分かれ方が，性格の認知次元という概念の構造を決める．一般の人に尋ねた結果を基に概念が作られるのである．

　なお，仮に，当初の研究者の想定どおりの結果が得られたとしても，このような手続きで作成された尺度，そしてそれが表現している概念は，「人に尋ねた結果を基にした」概念構築であることに変わりはないし，そこで同定された

下位因子により概念が定義されていることに留意してほしい．

　このような尺度項目による概念定義は，「操作的定義」の典型だろう．渡邊は，操作的定義について「構成概念をそれと関連する実際に計量可能な行動パタンにほぐすこと」（渡邊，1995）と述べている．つまり，測定結果がある特定の反応パタンを示した際に，そのことを以て当該の概念を定めようということである．したがって，因子分析などで高い因子負荷量を得た質問項目が表現していることが，その概念内容となる．そうだとすると，「その概念が何か」と問われたときに，「これらの質問で測定される何かがその概念である」という回答を提出する道が用意される．理論的な議論に基づく概念定義ではなく，人々が素朴に行った反応の集約が概念を定義してしまうことになる．

　尺度項目により概念が定義されることによる問題の一つは，ここにある．本来，概念の内容に関する理論的な議論を反映するべきものであったところが，実際には，一般の人々が持つ素朴な理解が概念の内容を定めることになる．一般に持たれている概念理解を記述しようという目的が優先する場合は，さほど問題にはならないが，この手続きが，（人々の理解とは別に存在するかもしれない）概念のあるべき姿をとらえているという誤解が生じたり，その前提で議論が進んだりするのであれば，概念という「概念」の濫用になってしまう．

4　素朴理解への依存がもたらすもの

4.1　二つの問題

　質問紙による尺度構成を例として，人に尋ねるという手法から構築される概念が，概念への素朴理解を集約したものとなる問題を述べてきたが，素朴理解への依存は，さらにつぎの二つの問題につながる．

　一つ目は，心理学の概念観，または概念の存在論とでも言うべきものだ．実際の研究における概念の操作・測定を前提とした場合，心理学は，どのように概念を捉える学問だと主張できるのだろうか．なるべく正しく概念を捉えたいという動機はもちろん認められるにしても，「人に尋ねる」という手法が，「正

しい概念の存在」を前提とした上でそれを捉えるための手法として成立するのかどうかを，改めて問い直さねばならない．

二つ目は，私たちの素朴な概念理解が概念構築に混入することについてである．素朴な概念理解を明らかにすること自体，重要な研究課題であることは疑いがないが，概念理解の混入が，仮説やモデルを立てる際にもたらす問題については，明確にしておく必要があるだろう．

4.2 心理学の概念観

「人に尋ねる」手法により概念を定めることを，心理学はしばしば行ってきたわけだが，これまでの議論から，この手法がはたして「正しい」概念の構築につながるのかという問いが出てくるかもしれない．ただ，この問いは，「どこかに正しい概念が存在し，それに近づくために概念構築をしている」という前提があってこそ意味を持つ．したがって，まず問うべきは，この前提が心理学の持つ概念観に合致するのかどうかだろう．つまり，人に尋ねるという手法による概念の構築は，どこかに存在する，概念の真なる姿を取り出すための試みだと理解できるのだろうか．

これまでに論じてきた内容を踏まえる限り，この問いに対する答えは「No」なのではないか．少なくとも実際に採用されている方法の具体的なあり方から判断すると，ある概念の定義に「唯一の真」があることを前提とはしていないようにみえる．もちろん，よりまともな（その意味では真に近い）概念をつかまえる努力をしていることは疑いない．そのための手続きもきちんと定められている．しかし，実際に行っていることは，多くの場合，データからのボトムアップ的な概念抽出である．例えば，因子分析による下位次元の同定からの概念構築は，人々の理解している概念の「共有部分」を抽出することであり，その結果をもって，「このような下位次元から構成されるもの」として，当該の概念を操作的に定義する．これは共有理解を描き出すことであって，真なる概念定義の探索ではない．

研究の実務を振り返ると，たしかに対象となる概念は，いったん言葉で定義される．しかし，それが概念の全貌を示しているわけではないし，その言葉で

52　I　原理編

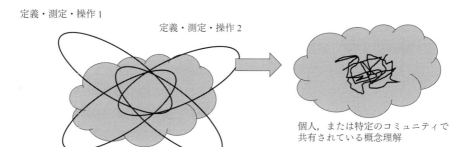

定義・測定・操作 1　　定義・測定・操作 2

　　　　　　　　　　　　　　　　　　　　　　個人，または特定のコミュニティで
　　　　　　　　　　　　　　　　　　　　　　共有されている概念理解

定義・測定・操作 4　　定義・測定・操作 3

　　　　　　　　　　　各操作・測定は，特定の定義に対応する一度限りの操作
　　　　　　　　　　　測定，もしくは様々な測定操作方法の集合体（何度もそ
　　　　　　　　　　　のもとでデータは収集されている）の両者を指しうる

図 2-1　社会心理学における概念定義イメージ

の定義が唯一の真なる概念の姿を示しているものでもない．言葉での定義は，ある種の作業仮説として提案され，それを参照点とした研究を進める中で，「人に尋ねる」ための具体的な質問項目が作成される．また，別の研究では，それらを改変し，拡張するような測定も導入されるし，少しずつ異なる測定尺度を用いることも行われる．

　では，このような方法から何が明らかになるのだろうか．図 2-1 は，そのイメージを示すためのものだ．この図は「可能な概念世界」，つまり，その概念が指し示す内容のポテンシャル領域を表現している．図内の「定義・測定・操作 1〜4」は，ある個人に対する，またはある尺度を用いた一度限りのものを指すとみなすこともできるし，それらの繰り返しからなる集合とみなすこともできる．また，特定の概念定義（概念の内容を言葉で示したもの）に対応した一連の測定や操作とみなすこともできる．この図のポイントは，いずれの場合においても，それらが操作的に定義する概念の領域が重なりを持ちつつも少しずつ異なること，その一方で，共有される部分が存在するがゆえに，概念に対する中心的な理解は共有され得ることである．つまり，複数の異なる定義，測定，操作により示される内容の共通部分を中心としつつ，周辺におのおのが持つ固有のものが付与され，総体として当該の概念が構築されることになる．また，

これらおのおのに関する議論は，概念定義の真偽を争うためというよりも，新たな視点を提出するというものになり，その過程を通して，当該の概念が他の社会的な判断や行動に与える影響に関する知見が蓄積されることにもなる．

例えば，「自尊心」という概念をみてみよう．この概念をめぐっては，社会心理学や教育心理学などを中心に数多くの研究が行われているが，定義についても様々な議論がなされている．James (1892) は自尊心を自己に対する満足，不満足であり（願望に比しての）成功，失敗で決まる（自尊心＝成功／願望）という一方，Rosenberg (1965) は，自己に対する肯定的，または否定的態度だという．また，Leary and Downs (1995) は，他者から排除されているか否かを主観的に感じ取ったものだと主張し，Tafarodi and Swann (1995) は，自己有能性と自己好意の二つから構成されると主張する．これらはいずれも，他の定義を否定する形での議論ではなく，自尊心という概念の多面的な内容を指摘する過程で提出されたものだ．自尊心をどのような文脈で扱うのか，その研究のテーマに応じて特定の特徴や機能に焦点を当てた概念の用いられ方がなされているのである．

ここでみられるのは，概念の拡張的な構築であることにも注意したい．ある概念の内容や機能に関する既存の議論に対して，従来主張されていなかった内容，機能を提案することは，何らかの心的過程を説明する際に，その概念が果たす役割を拡張することでもある．もちろん，その際にデータの裏づけが必要となるので，内容や機能に関する新たな提案を裏づけるため「人に尋ねる」ことが行われる．

改めてまとめると，心理学は，どこかに存在する唯一の真なる概念の姿を探り当てるために，概念を構築するという志向性が弱い．概念のよさの評価も，「真か偽かという意味での正しさ」という視点ではなく，むしろ，諸現象を有効に説明する道具として，うまく機能するかどうかのほうが重視されることになる．人々が概念に関して抱いている理解や表象を，まずは正当な手法で抽出しているか，理解や表象を正確に把握しているか，そして，その抽出の視点が，研究の進展に対して貢献可能なものとなっているかどうかにより，評価されるのである．

人に尋ねる手法は，唯一の概念の真なる姿ではなく，人々の概念「理解」というフィルターを通して構築された姿を明らかにする．これ自体は，価値のあることだ．しかし，そうした特徴を忘れ，諸現象を説明するための機能が人々の理解とは独立に概念に内在するかのような議論を展開することは，概念に関する素朴理論への追従とトートロジーに陥る危険を伴う．この点について次に指摘する．

4.3 構成概念と素朴理論

心理学は行動を個人要因と状況要因の点から説明する．例えば社会心理学が取り扱う概念をみてみると，性格や態度のような個人に関わるものと，他者の存在や集団間関係などの社会環境に関わるものとに分類できる．これらのうち，個人に関わる要因の多くは，複雑で直接観察が困難な高次の心的機能や表象である．このような心的な状態を行動の説明に用いるにあたっては，測定されたものが（または操作されたものが）その概念を表すとしたうえで，他の変数や説明対象となる行動との関係を検討していくことになる．

さて，「人に尋ねる」ことから構築された概念は，人々のその概念に対する理解の集積であり，その対象がどのような属性や機能を持っているのかについての信念が含まれている．この点を踏まえた上で議論を構築できるかどうかが，このような概念を導入して研究を行う際の課題となる．

われわれは，心的機能を表現する概念間の，また行動との関係について，通俗的な理解を持っている．性格，動機，感情，意図，態度など，心理的な属性や状態が個人の内部にあり，何らかの行動を生み出すと考え，自分や他人の行動に対する日常的な説明にこれらの概念を用いている．その際，研究者が用いる学術用語——例えば「自己高揚動機」のような言葉——は用いられないかもしれない．しかし，「彼女は自分がすごいって思いたいから，他人を見下すようなことを言うのだ」など，日常会話にありがちな表現には，「自己高揚動機」と行動との関係が現れている．そこには動機が行動を引き起こす機能についての素朴な信念が反映されており，フォークサイコロジー（folk psychology，素朴心理学）を構成する（Griffin and Ross, 1991）．人に尋ねる手法が捕まえているの

は，このフォークサイコロジーの中にある概念であるが，重要なのは，そこには，その概念がどのような機能を持つのかについての信念も含まれていることだ．

戸田山（2012）は心理学，とりわけ社会心理学においてフォークサイコロジーが二種類の使われ方をしていることを指摘している[5]．ひとつは，人々が素朴に行う行動の説明を構成する要素の一つとして措定するという使われ方である．この場合，動機や信念など，行動を説明する際に用いられる概念について人々が素朴に持つ理解や，それらの使用のされ方を明らかにすることが心理学の課題となる．フォークサイコロジー自体が研究対象となっているわけであるから，正当な測定でそれを把握し，記述すればよい．動機や信念に対する認知を尋ね，また，行動の原因に関する説明を尋ねることが，使用のされ方の解明につながる．

問題となるのは，もうひとつの使われ方，すなわち，理論をつくる際のリソースとしての使われ方だ．これは，フォークサイコロジーから概念を「借用」し，それを洗練させた上で行動の規定要因を説明するモデルに導入することを意味する．この場合，「人に尋ねる」手法への依存は，概念の妥当性，さらにはそれを用いて構築した心的過程に関するモデルの妥当性への脅威を，次の二点において生む．

一点目は，機能に関して普通の人が持つ信念が混入することだ．先に述べたように，概念に対する理解はその概念が果たす機能に関する信念を含む．例えば自己高揚動機は，それが存在することにより，自分が優れているという自己認知をもたらすし，それが脅かされた際には回復する行動につながるというようなことだ．さて，ここで，ある特定の社会的状況は「自己高揚動機を高め

---

[5] 戸田山の議論は，直接にはフォークサイコロジーに依拠した社会心理学に対するものである．したがって，全くフォークサイコロジーを用いない心理学の領域には，この議論は適用されない．一方で，社会心理学以外の領域においても，人々が素朴に持つ心の機能に関する理解が研究に導入されるのであれば，同様の批判が成り立つ．ここでは詳細な議論に立ち入らないが，心理学の各領域におけるフォークサイコロジーの侵入の程度やありかた自体，方法論に関して検討すべきテーマであろう．

る」ので，自分は他者より優れているという判断につながるという仮説を検証したいとしよう．その際，自己高揚動機を評価する測定尺度を用いて，その状況での動機の程度を測定する必要があるが，その尺度の中に，例えば「失敗したとき（自己高揚動機が脅かされる典型的場面である）に，自分が他人より優れているところを自慢したくなる」というような項目が含まれていたとする．その場合，自己高揚動機という概念を，このような機能を持つものとして定義しているということになるので，上述の仮説検証はトートロジーに陥る．

　素朴な概念の機能に関する理解を反映した尺度を構成し，項目の詳細を検討することなく研究に用いてしまうと，尺度が一人歩きしてしまい，この事例が示すような問題が隠れた形で生じてしまう．結果的に，その概念が持つ機能に関する信念を追認するだけにとどまる危険が生じることに留意しなければならない．

　二点目は，上記のような侵入により，日常理解が持つバイアスが研究の中に持ち込まれてしまうことだ．一般に私たちが行う行動の説明は，様々な要因を考慮した上でのものではなく，対象となる個別の事象が，納得のいく形で説明されれば，それでよしとされる（Hesslow, 1988）．また，行為者の所属カテゴリーを手がかりとしたステレオタイプ的な説明がなされることや，行動の原因を状況要因よりも，行為者の性格や態度などの内的な要因に求めたりすることも指摘されている（Gilbert and Malone, 1995）．このような特徴は，社会的判断に関わる多くの研究が明らかにしていることであり，心的概念の機能に関する理解も，その影響を受ける．理解のあり方を明らかにするという目的であれば，それで問題はないのだが，バイアスを含む理解が，当該の心的概念の「実体」を表すものとして定義の中に取り込まれてしまうことになると，理論をつくる際のリソースとしての妥当性に疑念が生じてしまう．バイアスを含む概念理解が，そのまま概念の定義となることは，概念の機能を突き止める試みに対して，危ういデータを提供してしまう．

　戸田山（2012）は，このような問題への対処方略として，概念に実在性を与える必要を，またそれを実現するために，当該の概念に対する操作介入を伴う実験的検討の実施を説く．フォークサイコロジーは，個人が保持する心的表象

間の関係に関する信念体系でもあるが，その一部を実験操作という現実に存在する事象と結び付けることで，その表象に関わる概念に実在性が付与される．そのことにより，表象間の関係に関する信念を，ある反応にいたる実在性を持ったメカニズムを提起するためのリソースとして活用できるというのだ．

確かにこの方略は，フォークサイコロジーと心理学が付き合っていくために有効なものだろう．質問紙による測定にのみ依拠した（これは，個人差に基づく相関にのみ依拠することでもあるが）仮説の検討だけではなく，そこで測定されている概念を対応する操作に取り込んだ上での実験的検討は，因果関係が明らかになることに加え，検討対象となる仮説モデルがメカニズムとして妥当であるという確信を強めるものだ（Weiner, 1995）．

ただし留意すべきは，操作介入で実在性を与える方略が対処しているのは，想定されている概念が持つとされる機能の検証に関する問題である．概念の定義自体が機能に関する信念をも含んでしまうという問題ではない．この問題に対しては，「人に尋ねる」ことから尺度項目を構成する段階で，機能に言及した項目を注意深く排除すればよいという見解もあるだろう．しかし，ある心的な状態を表す概念が研究に導入されるのは，それが持つ機能ゆえであるなら，その概念の本質は機能にあるので，排除することの妥当性に疑義が生じる．また，概念を操作に取り込み実在性を与える対処方略を採用した実験においても，概念と操作の対応を確認する手続きとして，操作により実験参加者の心的状態がどのように変化したかを問う必要が往々にしてある．その手続きにおいては「人に尋ねた結果」に基づき構築された尺度を用いざるをえない．したがって，尺度に反映されている概念の定義が一般の人々の持つ理解の集合であり，それに依存するという事情は変わらず存続する．そうだとすると，心理学における「よい概念構築」は，そのことを前提として論ずる必要があることになる．

5　あらためて概念工学に向けて

さて，これまでの議論をまとめよう．心理学は，行動や現象が生起するメカ

ニズムを説明することを目指してきたが，そのためには，それらを説明するにあたって重要な役割を持つと思われる「複雑で直接観察が困難な高次の心的機能や表象」を「概念」として定める必要がある．これはメカニズムの説明が，結局のところ，このような概念間の関係を同定することでなされるからだ（唐沢，2012）．したがって，これらの概念をいかに構築するべきかという問いは，心理学の方法論を考えるに当たって重要なものだ．

　一方で，概念構築に対する心理学のやり方は素朴なものを含んでいた．まずは，概念を研究で用いるにあたって「言葉での定義」が出発点となるが，しかし，概念構築そのものが，言葉での定義をうまく反映していると思われる操作や測定の開発に依存する．とりわけ測定において多用されるのが，質問紙などで特定の概念に対する知識や考え方を尋ねるというやり方であり，尺度開発がその典型だ．これは，人々の頭の中にある概念のありよう，構造をうまく取り出すための記述文を定める作業でもあり，これによりボトムアップ的に概念の内容が定められる．

　本章では，このような概念構築の問題点について考察した．心理学が扱う心的構成概念は，実在やその実体が曖昧であり，唯一の真なる概念定義が存在するという想定も希薄である．また概念の持つ機能に対する素朴な信念が，概念が果たす機能の検証の中に入り込む危険も存在する．

　しかし，そうは言っても，ボトムアップ的に概念の内容を定めること自体は，科学の規範にのっとった手続きを経て行われてきた．また，ある概念が行動を説明する機能について，自分の仮説の正しさを主張したいなら，それもまた科学の規範に従った検討がなされてきた．例えば，自尊心を測定する尺度の作成にあたっては（そしてそのことを通して，自尊心概念の内容を定めるためには），尺度の信頼性や妥当性を保証するための分析が必要だし，自尊心が判断や行動に与える影響を検討するためには，研究者が考える自尊心概念に対応する操作のもと，参加者を各条件にランダムに配置し，データを統計的検定にかけねばならない．これらは，いずれも「科学的な」手続きであり，それらに従うことを通して，心理学は「概念を科学してきた」のだ[6]．

　概念の扱い方に様々な問題を含む一方，様々な概念について，それらが何者

であるかを科学的な方法により明らかにすることに心理学が携わってきたことは確かである．心理学が概念を科学してきたほぼ唯一の科学であるという第1章での戸田山の表現は，このような貢献に対する認証であり，だからこそ，概念工学への協同の誘いが来たのだろう．したがって，誘いを哲学側から受けた立場としては，われわれの持つ知見を，まずは俎上に置くことから始めたい．本章で述べてきたような問題を自覚しながら，この誘いにのり，哲学の目から知見を精査されることで，哲学が蓄積してきた概念に関わる考察との交差点を探す．この営みによって，概念について心理学が明らかにしてきたことの妥当性，限界，そして，これからの課題が，いっそう見えてくるのではないか．これは，概念工学というプロジェクトにおいて心理学が果たすべき役割について見通しを得るために必要なことである．

　そのためには具体的な概念を対象として，心理学者と哲学者が論を交わすことが必要となる．ただ，心理学が検討してきた「概念」の数は膨大なものになるし，そのすべてが概念工学において取り上げるべきものというわけでもない．「取り上げるに値するもの」として，何からスタートすればよいのだろうか．

　これについて戸田山は，概念工学の実践的課題として「責任の付与や判断」というテーマに着目し，責任を中心とする倫理システムの大幅な書き換えが必要となる可能性を論じている．科学や工学の急激な進歩とその知見が社会に実装されていく状況の中で，人類の幸福を考えるにあたっての急務という認識だろう．そうだとすれば，そのような倫理システムに関連する概念を，まずは取り上げるべきだろう．本書第II部で取り上げる心，自由意志，自己は，それにふさわしいものたちだ．これらの概念は，心理学にとって，人間の行動を考える際に基本となる重要なものであるのみならず，いずれもが，「行動を生み

---

6) 戸田山は第1章で，「概念」自体の構造や機能に関する実証的な検討も「心理学が概念を科学する」ことだと述べている．確かに，概念が典型事例と周辺事例から構成されるのか，それとも，上位と下位のカテゴリー間の階層構造を持つのかという問い，また，そのような概念の構造が，当該概念の果たす機能に影響するのかという問いも心理学の射程範囲だ．ただ，概念工学の当面の目標を踏まえると，このような「メタ概念研究」より，「検討に値する具体的な概念」に焦点を当てた議論を進めるほうが有効であり，以下の章もその視点から構成されていることを確認しておく．

出す主体」に関わるものであるからだ．行動を生み出すメカニズムとしての心や自己は，まさに心理学，中でも社会心理学の古典的な研究テーマであるが，責任の付与や判断は，そのような主体に対する認知と不可分の関係にあること，また，自由意志に関する信念が，主体的な行動選択や自己制御に影響することが，近年の研究から明らかになっている．他者の心の機能や自由意志の認知，また自己概念におけるそれらの位置づけは，責任の判断や，責任ある（自己制御された）行動の遂行，ひいては，道徳的判断や行動を決める強力な規定要因である．

心理学は，これまでの概念に対するアプローチの中で，「よりよい社会やよりよい個人の生き方に貢献するために概念をつくり変える」という視点は持っていなかった[7]．しかし，概念を測定する尺度を構成し，それを通して定義を提案すること，また，行動を説明するに適切な概念を構築することは行ってきた．つまり，科学的説明に適するように，日常的に用いられている言葉に定義を与え，それらに付与されている概念を科学に適するように「作り変える」ことは行ってきたのである．そして，「作り変えた」その概念が果たす機能に関しても，もちろん検討を重ね多くの知見を生成している．この事情は，ここで言及した心，自由意志，自己についても当然当てはまる．

心理学はこれらの概念について，「よりよい社会や個人の生き方」を念頭に置きながら，概念工学を目指して哲学との間で論を交わすに足るだけの，十分な研究蓄積を持っているのである．それらは，古典的なものから最近のものまで幅広くみられるだけではなく，哲学と心理学を融合した実験哲学的研究も，このところ増加している．また，心理学が「真なる」概念を探究しているわけではないことも，概念の改定を試みるというプロジェクトの中にあっては，むしろ好都合に思える．哲学をパートナーとして知見を交換する準備は整ってい

---

7) ただし，よりよい社会やよりよい個人の生き方に貢献するための知見を生成しようという志向に持っている．具体的な社会問題の解決や個人の環境適応を高めることを目指すような，いわゆる応用研究は数多く行われてきた．一方，なにが「よりよいのか」という問題が残ることには留意が必要であるし，この問題は哲学との協同による解決が望まれるものであることも指摘しておこう．この点については第6章でもう一度触れる．

る．

　続く第II部の各章では，心，自由意志，自己という三つの概念を取り上げ，心理学での概念の扱われ方と，それに対する哲学の応答というセットで議論を進めていく．これらは，心理学における概念の構築とその用いられ方，その特徴や問題を明らかにし，人類の生によい形で寄与するための概念構築とはなにかという問いに取り組むための具体的なリソースを提供するだろう．では，さっそく，「Let's 概念工学」．

参考文献

Aronson, E., Brewer, M. and Carlsmith, J. M. (1985): "Experimentation in social psychology." In G. Lindzey and E. Aronson (Eds.), *Handbook of Social Psychology* (Vol. 1, 3rd ed), New York : Random House.

Brewer, M. B. and Crano, W. D. (1994): *Social Psychology*. MN : West Publishing Co.

Brewer, M. B. and Kramer, R. M. (1986): "Choice behavior in social dilemmas : Effects of social identity, group size and decision framing," *Journal of Personality and Social Psychology*, 543-549.

Ferguson, C. K. and Kelly, H. H. (1964): "Significant factors in over-evaluation of own group's product," *Journal of Abnormal and Social Psychology*, 69, 223-228.

Gilbert, D. T. and Malone, P. S. (1995): "The correspondence bias," *Psychological Bulletin*, 117, 21-38.

Griffin, D. W. and Ross, L. (1991): "Subjective construal, social inference and human misunderstanding." In M. Zanna (Ed.), *Advances in Experimental Social Psychology* (Vol. 24), New York : Academic Press, 319-359.

Hesslow, G. (1988): "The problem of causal selection." In D. J. Hilton (Ed.), *Contemporary Science and Natural Explanation : Commonsense Conceptions of Causality*, Brighton, England : Harvester Press, 11-32

Hewstone, M. (1990): "The "ultimate attribution error"? A review of the literature on intergroup causal attribution," *European Journal of Social Psychology*, 20, 311-335.

Howard, J. and Rothbart, M. (1980): "Social categorization and memory for in-group and out-group behavior," *Journal of Personality and Social Psychology*, 38, 301-310.

James, W. (1892): *Psychology : The Briefer Course*. New York : Henry Holt & Co. (邦訳：W. ジェームズ『心理学』上・下，今田寛訳，岩波文庫，1992/1993 年)

唐沢かおり (2012):「「成功」した学問としての社会心理学」，唐沢かおり・戸田山和久 (編)『心と社会を科学する』東京大学出版会，13-40．

唐沢かおり (2014):「「人と社会」を読み解くために」，唐沢かおり (編)『新　社会心理学——心と社会をつなぐ知の統合』北大路書房，1-16．

Knobe, J., Buckwalter, W., Nichols, S., et al. (2011): "Experimental philosophy," *Annual Review of Psychology*, 63, 81-99.

Van Lange, P. A. M. (Ed.) (2006): *Bridging Social Psychology: Benefits of Transdisciplinary Approaches*. Mahwah: Erlbaum.

Leary, M. R. and Downs, D. (1995): "Inter personal functions of the self-esteem motive: The self-esteem system as a sociometer." In M. Kernis (Ed.), *Efficacy, Agency, and Self-Esteem*, New York: Plenum, 123-144.

Nadelhoffer, T. and Nahmias, E. (2007): "The past and future of experimental philosophy," *Philosophical Explorations*, 10, 123-149.

Nichols, S., Stich, S. P. and Weinberg, J. M. (2003): "Metaskepticism: Meditations in ethno-epistemology." In S. Luper (Ed.), *The Skeptics: Contemporary Essays*, Burlington, VT: Ashgate, 227-247.

Rosenberg, M. (1965): *Society and the Adolescent Self-image*. Princeton: Princeton University Press.

Stich, S. (2013): "Do different groups have different epistemic intuitions? A reply to Jennifer Nagel," *Philosophy and Phenomenological Research*, 87, 151-178.

Tafarodi, R. W. and Swann, W. B. Jr. (1995): "Self-liking and self-competence as dimensions of global self-esteem: Initial validation of measure," *Journal of Personality Assessment*, 65, 322-342.

戸田山和久（2012）:「集団心に形而上学的問題はない，あるのは方法論的問題だけだ」，唐沢かおり・戸田山和久（編）『心と社会を科学する』東京大学出版会，117-139．

渡邊芳之（1995）:「心理学における構成概念と説明」，『北海道医療大学看護福祉学部紀要』2，1-7．

Weiner, B. (1995): *Judgments of Responsibility: A Foundation for a Theory of Social Conduct*. New York: Guilford Press.

II

実 践 編

第3章
心の概念を工学する

3-1　心理学の側からの問題提起　　　　　　　　　　　　橋本剛明

1　社会心理学と「心の知覚」

　心は存在する．

　実体としてではなく，あくまでもわれわれの知覚の上の概念として，である．われわれは，心の存在を前提として，世界を理解する．周りの人間のふるまいが，ランダムに生じるのではなく，なにかしらの目的に沿って，意識や意図を持って行動すると考える（あるいは，そう考えようとする）．誰かが涙を流していたり，顔をしかめていたりすると，われわれは，その人はなんらかの刺激に応じて，悲しみや痛みなどの感情を主観的に経験しているのだろうと理解し，共感する．そのような形で世界を理解するとき，常に心の知覚が介在する．そして，心の存在が，われわれの素朴な認知の中では成立するからこそ，その「ことわり」について探究しようとする取り組みが生まれ，その学問を通して人の心や行動を理解しようとする人間がでてくるのだろう．

　特に，社会心理学は，心の知覚に大きく頼る分野だといえる．社会心理学は，「他者」の存在が人間の認知・判断・行動に及ぼす影響を検討する．とりわけ，他者の態度や行動について，人々がどのような理解や推論，予測をあてはめるのかという点は，社会心理学の中心的なテーマである．その一方で，それらの推論過程はすべて，そもそものところ，人々が他者の心を知覚するという事実を前提とする．社会心理学は，その大前提の上で研究を重ね，発展してきた．

ただし，その「そもそも」の部分，つまり，他者に「心がある」と人々が感じるということは，一体どのような特徴を持った認知過程なのだろうか．その点について，実は社会心理学は，長い間あまり注意を払ってこなかった．

2000年代の半ばごろから，その「そもそも」の部分に焦点をあてた研究が，社会心理学の中で増えている（Waytz et al., 2010a；Wegner and Gray, 2016）．対象に心（らしきもの）があると人々が考えるとき，それは何を意味しているのか．そして，そのような心の知覚はどのような条件によって規定され，どのような帰結をもたらしうるか．これらの問いについて，実証的知見が積み重ねられており，心の知覚構造の輪郭が徐々にみえてきている．

本セクションでは，社会心理学領域においてここ10年から20年ばかりの間に展開されてきた，心の知覚に関する議論を概観する．まず，心の知覚の代表的なモデルでは，「する心」と「感じる心」というふたつの心的性質が見出されている点について議論する．その上で，本セクションの中盤以降では，「心（らしきもの）」が，人々によってどのような使われ方をされているかを検討する．心に関する素朴な信念を，人はある種のツールとして，自己にとって適応的な形で用いるときがある．具体的に，不確実な状況理解の解消や，他者との心理的距離感の調整のため，あるいは道徳的な判断の中心的な枠組みとして，心の概念が適用される場面を取り上げる．工学的な発想のもと，あるモノを改良する試みは，まずそのモノの現状を認識することから始まる．したがって，本セクションでは，「心（らしきもの）」が，現状として，「社会や個人のウェルビーイング」[1]とどのように関わっているのかについて理解を深め，概念工学的な議論の土壌を作ることを目指す．

---

1) ウェルビーイング（well-being）は，心理学では，その字義通り「良い状態」を総合的に指す用語として，幅広い意味合いで使われる．主たる意味は身体的および精神的健康であるが，幸福感や人生満足感，社会への適応なども含意する．ぴたりとはまる訳出が難しく，心理学者はウェルビーイングと片仮名書きで表記することが多い．

2　心の知覚に関する基本的なモデル——「する心」と「感じる心」

　人々が「心」をイメージするとき，どのような性質を備えるものと想定するだろうか．われわれは，「心」という概念を，日常的によく用いる．「心ある人」というとき，われわれの頭に浮かぶのは，他者への思いやりや配慮を持つ人物であり，「心ない人」は，人の迷惑や苦しみに無頓着な人を指すだろう．また，失敗経験や不幸な目に遭い，次の行動や頑張りへの意欲が激減した状態は，「心が折れた」と表されるが，この場合の心とは，活動や行動の源泉となる何かしらの概念を象徴している．また，子ども（あるいは大人）がオモチャやぬいぐるみに心があると感じて，それに話しかけるときは，その対象が言葉を理解し，思考し，コミュニケーションを返してくれるような感覚がそこにある．
　人々の心の知覚を構成する要素は多岐にわたる．ひとつのアプローチとして，心の有り無しとは，ある主体が持つ（ないし持たざる）心的機能の観点から捉えることができる．そして，社会心理学の複数の研究を踏まえると，心が果たす機能として，大きくふたつの次元が浮かび上がる．非常におおざっぱに，心は「する心」と「感じる心」の二種類に大別できる．「する心」とは，主体がなにかをするとき，つまり行動を遂行するにあたり必要な各種の能力を指し，より厳密には，行為者性（agency）の次元と呼ばれる．もうひとつの「感じる心」とは，主体が外界からの刺激を受け取り，主観的な経験をすることに関わる心的能力のことで，心の経験性（experience）の次元という．
　心の知覚を，行為者性（する心）と経験性（感じる心）の二次元に整理した試みとして，次のような調査研究がある．これは，社会心理学者のカート・グレイらの研究チームがScience誌に発表した研究で（Gray et al., 2007），2,000人以上を対象とする大規模なウェブ調査を通して，人々が心をどのような次元で知覚するのか検討したものである．回答者は，13種類の評価対象について尋ねられた．評価対象には，人間（成人男性・女性，赤ん坊，回答者自身など）のほか，ヒト以外の動物（チンパンジー，犬，カエルなど），無生物（ロボットや神など），さらには植物状態の患者や死亡した人間なども含まれていた．回答者

図 3-1-1 心の知覚の二次元への各対象のマッピング
(Gray et al., 2007)

には，それらの対象がペアとして提示され，様々な心理的特性について，どちらの対象がより多く持っているか評定するよう求められた．18 項目の特性語への回答傾向を因子分析したところ，ふたつの因子に分かれることが明らかになった（図 3-1-1 参照）．

　一方の因子は，自己コントロールや計画性，コミュニケーション能力，思考能力，道徳性などの特性により構成された．意図をもって能動的に行動したり，目標を達成するために自己コントロールしたり，計画を立てるといった一連の能力は，端的にいえば，行動遂行に関わる心的機能であり，行為者性の次元にあたる．もう一方の因子には，恐怖や痛み，快・不快，怒りといった感情を経験する能力や，欲求を経験する能力が寄与しており，感情や感覚を主観的に経験する次元，すなわち経験性の次元と位置づけられた．行為者性と経験性は，どちらも生存や社会生活を営む上で，人間一般にとって極めて重要な能力であることは当然だが，この調査結果は，それらの能力の多寡が，他者の心を知覚

する上でも中心的な評価軸となることを示している．

　さらに，図 3-1-1 に示される通り，グレイらは，行為者性と経験性の二軸上に多様な評価対象の相対的な位置関係をマッピングしている．ここから，対象の種類や属性に応じて，行為者性と経験性の程度には大きなばらつきがあることがわかる．たとえば，一般的な成人男性や成人女性，あるいは「自分自身」といった対象が行為者性と経験性をどちらも兼ね備えているように感じられ，相対的に「子ども」は，経験性は高いが行為者性が低い対象とみなされる．胎児や動物なども同様に，経験性は比較的高く，行為者性が極端に劣る．逆に無機物のロボットは，ある程度の行為者性は認められるが，経験性はほぼ無いに等しい存在として扱われる傾向がある．そして，この図式の中で特異な存在が「神」である．神は，いわば絶対的な行為者として，行為者性のみを有し，人間が経験しうるような心的な経験とは無縁の存在として，人々の認知上に君臨する．なお，心的機能の二次元への，各対象のマッピングの構造に関しては，日本人回答者を対象にしても再現されることが確認されている（Takahashi et al., 2016）．

　上述のグレイらの研究の特徴は，人間と人間以外の対象への判断を比較することで，人々が知覚する心の有り様を構造化している点である．すなわち，本来心がある（と感じられる）ものと，心がない（と感じられる）ものを並べて，そのライン上で心の知覚の濃淡を議論している．一方，ニック・ハスラムを筆頭とする別の研究グループは，グレイたちとは別の観点から，心の知覚に関連する問題にアプローチしている．ハスラムらは，人間が，時として他者から心ある人間とみなされなくなる場合を取り上げる．彼らが着目したのは，対立的な集団関係の中で生じる非人間化（dehumanization）という認知現象である．

　非人間化とは，外集団の成員のことを，人間的な性質に劣る存在として見る傾向を指す．この題材に基づき，ハスラムらは「人間らしさ（humanness）」の知覚を構成する要素を検討している（Haslam, 2006；Haslam et al., 2005）．そして，この人間らしさのモデルでも，やはりふたつの次元が想定される．ひとつは，人間独自性（human uniqueness）と呼ばれ，動物と比べたときに人間にのみ備わっている性質を指す．これには，洗練された認知能力や合理性，社会・文化

規範や道徳の内在化などの要素が含まれる．人間らしさのもうひとつの次元は，機械と人間とを区別する性質としての人間的本質（human nature）である．人間的本質は，人としての温もりや感情経験，認知的柔軟性などを含み，情緒的な要素を中心とする．外集団成員が，人間独自性か人間的本質のいずれかを欠くとみなされる場合，それぞれ動物的あるいは機械的な非人間化という．人間らしさは，社会的なカテゴリーとも知覚的に連合することが明らかになっており，人々の顕在的・潜在的態度の両面で，芸術家は，独自性よりも本質的特性との結びつきが強く，ビジネスマンは，人間的本質よりも独自性と強く結びついて理解されることが示されている（Loughnan and Haslam, 2007）．

　このハスラムらの人間らしさのモデルも，「する心」と「感じる心」の対比と，ある程度対応するものと考えられる．ハスラムらのいう人間独自性は，高次の認知能力や，道徳規範に沿った行動傾向などを指すが，これは，目標に従って自らの行動を制御するという能力，つまり「する心」と関わる．人間的本質も，情緒的な反応性を中心に据えており，「感じる心」と対応づけることができる．

　また，集団へのステレオタイプに関する代表的なモデルである，ステレオタイプ内容モデル（stereotype content model）も，二次元の評価軸を採用している（Cuddy et al., 2008）．このモデルによると，ある集団に対して持たれるステレオタイプ的な印象は，非常に基礎的なレベルでは「能力（competence）」と「温かさ（warmth）」の軸にあてはまる．能力の知覚を測る項目としては，有能さや頭の良さが使われ，温かさの項目としては，温厚さや信頼性，親しみやすさなどが用いられる．例えば，欧州連合の国々のうち，ドイツ人は有能だが温かさが低いと評価され，ポルトガル人は温かいが能力は低いと評価されるなど，相補的なイメージが持たれたりする（Cuddy et al., 2009）．この「能力―温かさ」の次元においても，対象の行動的な性質と情緒的な性質とを区別しており，「する心」と「感じる心」との対応関係が認められる．

3 心を知覚するとき・しないとき

　次に，心の知覚という認知現象が，いつ，どのような条件下で生じるのかという点に目を向けてみる．心理学はこれまで，個人要因や状況要因を含め，様々な要素が心の知覚を左右することを実証的に検討してきた．その中でも，「心なき対象」に心が帰属される場合と，「心ある対象」に心が帰属されなくなる場合という，二種類の極端な現象を対象にした研究からは，とりわけ興味深く，示唆に富んだ知見が得られている．

　まず，われわれは，本来は心を持たない様々な対象の心を知覚することがある．前節の図 3-1-1 にみたように，通常，動物や無機物（ロボット）は，普通の人間に比べて心的機能の多くの部分を持たないものとみなされる．しかし，特定の条件下では，そのような心なき対象が，より人間に近づいた存在として受け取られ，心を持っているように認知される．これは，一般的に擬人化（anthropomorphism）といわれる現象である．擬人化がいつ，そしてなぜ起こるのかを検討することで，心の知覚が，単なる人間理解の過程を越えた役割を持ちうることが明らかになる．

　また，図 3-1-1 に再び目を向けると，人間一般は，図の右上の端に位置している．つまり通常の条件下では，われわれは他者を十分に「心ある」存在として理解する．それにもかかわらず，特定の条件下では，人間の心が割り引かれて理解されることがある．前節でも少し触れた，非人間化という現象である．非人間化に関する知見は，心の知覚が作動しなくなる条件についての示唆をもたらす．

　擬人化や非人間化などの現象を中心に，心の知覚の条件について整理すると，人間の社会的な営みを支えるいくつかの動機づけとの関わりが浮かび上がる．代表的な動機は，外界を理解し予測するという動機と，他者と社会的関係性を構築し調節するという動機である（Epley, 2014 ; Waytz et al., 2010a）．以下に，それぞれの動機と対応づけて，心の知覚の果たす役割について検討する．

3.1 理解と予測のための「心の知覚」

「心の知覚」システムは，自らの周辺にいる他個体の行動を理解し，予測するためのツールとして働く．われわれにとって，自らが置かれた環境に適応的に行動する上で，外界への理解を高めることは重大な課題である．特に，周囲になんらかの意図を持って行動する対象が存在するとき，われわれはその意図を推論し，自らがどのように反応すべきかについて判断することが求められる．そのため，ある対象が意図（つまり心）を持っているのか，持っているとすればどのような意図かについて，非常に単純な手がかりをもとに，短時間で自動的に知覚する．例えば，その手がかりのひとつに，「動き」がある．われわれは，特定の規則立った動きを示す対象に，意図や意志，ひいては心があるように感じる．丸（○）や四角（□）といった単純な図形であっても，丸が四角と接触し，四角が動き出すという一連の動作を目にすると，丸や四角がそれぞれ意志を持って行動したように受け取ることが知られている（Scholl and Tremoulet, 2000）．動作以外に人間らしい特徴はなにひとつ持ち合わせていないにもかかわらず，図形が生きており，さらには感情（怒りなど）やパーソナリティ特性（恥ずかしがりなど）といった，心的特性を有するとみなされる（Heider and Simmel, 1944）．

「心の知覚」を促す要因のひとつが，不確実性の解消である．特定のパターンで動くものに（それがたとえ単純な図形であっても）心があるように感じられるのは，そのような原因づけを行うことで，知覚する世界から，なんだかよくわからない出来事をひとつ減らすことができるからである．われわれは，不確実な状況を好まない．ある出来事がなぜ起こったのか，そして次に何が起こるのかがわからない状況は，われわれにとって脅威や不安の種となる．われわれは，そのような不安を解消するため，自らをとりまく世界やその変化に対して，自分にとって合理的で納得できる説明を付与しようとする．心の知覚はそのための強力な心理的ツールとなる．

不確実性は，ランダム性を伴う状況や，自分の想定通りに動かない対象があるときに顕著となる．例えば，思った通りに動作してくれないパソコンへの苛立ちから，パソコンに思わず暴言を吐くということは，誰しもが経験するかも

しれない．パソコンに対して「こんにゃろ」と投げかけるときの，言いようのない怒りは，パソコンが自分を困らせようと意図しているという感覚を少なからず伴うものだ（ちなみに，動作「してくれない」という言い回し自体，擬人化をはらんでいる）．その点を検証したアダム・ウェイツらの調査によると，パソコンの不具合を経験する頻度が多いと答える個人ほど，パソコンに心があるように感じる傾向が高い（Waytz et al., 2010b）．また同系統の実験で，ウェイツらは，実験参加者にパソコン画面上のロボットとやり取りをさせている．参加者の質問に対するロボットの返答が，予測しやすい場合（8割Yesか8割Noがでるようプログラムされている）と，予測が難しい場合（Yes／Noの返答が5割の確率でランダムに決まる）を比べたところ，反応を予測しにくいロボットに対して，より強い擬人化がみられた．iPhoneを始めとするアップル社の端末には，Siriという音声認識型の「秘書」プログラムが搭載されている．Siriは，ユーザからの声がけに対して，様々な反応を返すことで知られて，その独特な返答は，たびたびユーザの間で話題になる．実際には，あらかじめ用意されたアルゴリズム通りの受け答えをしているのだろうが，多くの人がSiriという人格が端末の中に存在するように感じるのは，ひとえにSiriが予期せぬウィットに富んだ回答を返すためだといえる[2]．

また，ビー玉や目覚まし時計などの道具や製品も，動き方や反応を予測できる場合に比べて，使用者のコントロール下になく，反応が予期できない場合には，意志や意図などの心的性質が備わっているという錯覚をもたらす（Barrett and Johnson, 2003 ; Waytz et al., 2010b）．さらに，道具に心を知覚する際の脳活動を調べると，擬人化傾向と副内側前頭前野（vMPFC）の活動との関連が認められるが（Waytz et al., 2010b），当該の部位は，通常，われわれが他者の心につい

---

[2] 最近はSiri以外にも，Google社のAndroidや，Microsoft社のWindows OSでも同様のコンシェルジュ・プログラムが導入されている．余談だが，そのような人工知能を持つOSがさらに発展して，実際に心（人格など）を持つ社会を描いた『her／世界でひとつの彼女』というSF映画がある．主人公はOSと恋に落ちる訳だが，そのような世界観の中では，人々は人工物に心があるように感じるのではなく，本当に心が存在するという認識に至っており興味深い．そこでは，また新たな「心」の概念化が必要となろう．

て推察する場合に働くとされる．

　また，個人の特性や状態もまた，心を知覚する傾向を左右する．特性的にコントロール欲求（仕事など様々な領域で自らによるコントロールを欲する度合い）が高い人ほど，動きが予測しにくい（ちょこまかと動く）動物のことを擬人化しやすいことが報告されている（Epley et al., 2008）．また，映像にでてくるロボットの行動を，正しく予測できたほど報酬が増えるという形で，対象の反応を予測する動機づけが高められた場合には，そのロボットへの擬人化が強まることも明らかになっている（Waytz et al., 2010b）．

　さらにわれわれは，自他が不条理な不幸に見舞われたとき，その原因を同定し，責任をどこかに帰属することで，不確実性を低減しようとする．では，自然災害など，大きな不幸が生じるがそれをもたらした明確な行為者が不在のときは，どのような認知が生じるか．人々がとりうる対処方略のひとつが，「神」という絶対的な行為者の意志を認め，その介在があったと解釈することである．グレイらの実験でも，ある家族を悲劇が襲うシナリオを目にした人々は，その不幸が大きいものであるほど，神の意志が知覚されることを報告している（Gray and Wegner, 2010）．不確実を解消し，ものごとを合理的に説明したいという欲求が，われわれの意識の中に仮想的な「心」を作り上げることを傍証する結果である．

3.2　社会的関係性と「心の知覚」

　他者との社会的な関係性も，心の知覚を通して理解・調整される．より具体的に，対象に心を見出すかは，その対象との関係性に応じて変動する．多くの人が，幼少期にぬいぐるみと友達のように接したり，ペットの動物に話しかけたりという経験があるかと思うが，心は，対象との親密性が高まるほど（あるいは親密な関係性を求めるほど），知覚されるようになる．また逆に，対象との心理的距離が遠くなると，心の知覚が低下する．

　その点を示す知見として，特性的な孤独感が強い人ほど，人間以外の対象に心があると感じやすいことがわかっている．例えば，ニコラス・エプリーらは，孤独感が高い個人ほど，時計や充電器といった工業製品が，意図や感情，自由

意志などを持っていると感じやすいことを示している（Epley et al., 2008）．エプリーらは，続く実験では，孤独感を操作して検討している．実験の参加者は，孤独感を高める映像を視聴後，ペットの動物を想像して，その動物が持つ特性について回答した[3]．結果として，実験群の参加者は，統制群に比べて，人格特性語（思いやりがある，共感的など，特に社会的つながりと関連するもの）を用いて動物を形容する傾向が高まっていた．

　対象との関係性が，心の知覚を規定するという現象は，人間関係の中でも認められる．相手が人間でも，心の知覚は変動し，われわれは，ときに相手に心があると感じたり，反対に心がないように感じたりする．代表的な要因として，相手に対して持つ印象の良し悪しが，心の知覚に直結する．例えば次のような実験がある．ミーガン・コザックらは，シナリオの中の人物を好感を持たれる人物として描く場合と，悪い印象を持たれるよう描写する場合とで，人々の反応を比較した（Kozak et al., 2006）．すると，好人物の方が，シナリオ中に直接的な描写がない要素である意志や認知能力をより持っており，感情経験も豊かだろうと推論された．われわれは，善い人間，すなわち心理的な距離を近く保ちたい相手ほど，より人間らしい心の持ち主だと感じる傾向があるといえる．

　そして，心理的距離が近い他者ほど心が知覚されることの裏返しに，距離を置きたいと感じる対象は，心を持たないと感じられる．コザックらによる，人物描写を操作した上述の実験でも，悪印象が持たれる人物に対しては，好人物に比べると，心の知覚が低下する結果となっていた．コザックらの研究ではさらに，人物の性格特性ではなく，その人物をとりまく環境が苦難にあふれるシナリオを見せた場合でも，その人物への心の知覚が弱まることが示されている（Kozak et al., 2006）．特筆すべき点は，苦難の原因が本人にはなく，降って湧いた不幸であっても，そのような現象がみられるということだ．苦境に立たされている他者を，心理的に距離を置きたい対象としてしまう傾向は，被害者非難

3）具体的には，実験群の参加者は，映画『キャスト・アウェイ』の中で，主人公が漂着した無人島で孤独に苛まれるシーンを視聴した．統制群の参加者は，別の映画から，集団での相互作用を描いた，孤独とは無縁のワンシーンを視聴した．

(victim derogation) の議論に通じる．人は誰しも，真っ当に生きていれば良い結果で報われるという公正観（公正世界信念）を有しており，本人に罪のない不幸が誰かに降りかかる状況を知覚すると，その公正観が脅かされる．そのとき，人々は，公正観を維持し防衛するための認知的方略のひとつとして，被害者の存在を自己とは切り離して解釈し，「自分」は同様の不幸には遭わないという信念を補強することがある（Jost and Kay, 2010）．苦境に陥った個人と心理的距離を置く結果として，その個人の心を認知的に剥奪するという過程も，被害者非難の一形態といえよう．

そして，他者の心の知覚が低下する現象は，とりわけ非人間化の研究枠組みの中で盛んに議論されている．非人間化もまた，自己と対象との心理的距離を源泉として生起する現象であるといえる．特に，人種の区別を筆頭に，自らとは異なる集団の成員に対して，非人間化は顕著に表れる．非人間化の典型的な結果として，外集団の成員は内集団成員に比べて，動物に近似する知覚をされ（Goff et al., 2008），快や恐れといった基本的感情はあっても誇りや恥といった二次的な感情を持ち得ないという見方をされる（Boccato et al., 2007 ; Cortes et al., 2005 ; Viki et al., 2006）．

非人間化はほかに，社会の中で否定的なスティグマが付与された対象に対しても行われる．例えば麻薬中毒患者は，通常の病気患者と比べて，行為者性と経験性の両側面で劣ると評価される（Cameron et al., 2016）．関連して，麻薬中毒者やホームレスなど，「能力」と「温かさ」のどちらもが低いという偏見の対象となる社会集団は，極端な非人間化がされやすく，人々が示す脳活動の上でも，そのような集団への対人的な推論過程が働きにくい（vMPFCの活動が弱い）ことが報告されている（Harris and Fiske, 2006）．

また，自らに直接的に危害を加える他者もまた，非人間化される．研究によると，自分を過去に排斥したことのある相手や，実験課題中に実際に排斥してくる相手に対して，非人間化が示される（Bastian and Haslam, 2010）．特に，そのような相手は，人間が本質的に共有する情緒性の側面を著しく欠いた人物と評される．

心の知覚は，その帰結として，その相手との相互作用の在り方に影響を及ぼ

す．一例として，外集団を非人間化することは，その集団との対立を深めるばかりか，たとえ相手が和解に向けて歩み寄ろうとしてきても，それを受け入れにくい状態を作り上げる．集団的な謝罪は有効となりにくいことが知られているが，その一因は，謝罪の中で相手集団への共感といった感情が表明されても，受け手の側が，謝る集団はそもそも共感などの高次感情の経験性を有していないと認知し，信頼の醸成につながらないことにある（Wohl et al., 2011）．

4　心の知覚と道徳性の関わり

4.1　道徳を行為者性と経験性から理解する

さらに，心の知覚は，われわれの道徳的な判断や行動の基盤になりうるという議論が展開されている．そもそも「道徳」とはどのように解釈し，定義できるだろうか．道徳的に悪い行為の典型例として，暴力や盗み，嘘などがあげられるが，それらの多くは，加害者と被害者というふたつの立場の組み合わせの構造にある．グレイらは，そのような典型例の集積から，道徳性のプロトタイプを「二者の関わり」の観点から理解することを提案している．すなわち，「意図を持った行為者（agent）が，行為の受け手（被行為者・patient）の苦しみを生んでいる」と解釈された場合に，行為は道徳に違反すると理解される（Gray and Schein, 2012 ; Haslam et al., 2005）．われわれが頭のなかに持っている道徳性に関する認知枠組み（テンプレート）は，行為者の意図（する心）と，被害者の苦しみ（感じる心）のふたつの心の相互作用によって構成されており，この枠組みに照らして，われわれは行為の道徳性を理解する，という考え方である．

この「行為者─被行為者」の二者から成るモデルに基づくと，行為者と被行為者がその立場に対応する心的能力を有すると知覚される程度が，道徳判断を規定する．ここで，本セクションの第2節で登場した，心の知覚の二次元モデルが再び議論の俎上に乗る．行為者としての役割に紐付けられる心的能力は，心の知覚次元のうちの「行為者性」である．行為者性の心的能力次元は，行為

主体が意図を持ち，その意図に沿った行為を遂行できるかという点に関わるものであり，それは行為者がどれだけ道徳的責任の対象となり得るかを左右する．例えば大人は子どもよりも，意志の強さや計画的行動力などの行為者性を多く備えているとみなされる．そのため，規範逸脱行為に大人が及んだ場合の方が，子どもが行った場合よりも，行為者の責任が強く帰属され，より強い非難の対象となるのである．関連して，司法判断でも，犯罪行為の加害者がどれだけ意図を持って行動をとりえたかという点が，その個人の有責性を問う上での重大な要素となる．

一方で，ある行為の危害が子どもに及ぶときには，被害者が大人であるときと比べて，行為の卑劣さが強く知覚される．この場合は，被行為者が，行為による苦しみをどれだけ感じうるかという点が，道徳性の知覚を規定している．すなわち，被行為者の心が「経験性」を備える程度が，その人物を道徳的保護の対象とするかを左右する．子どもは経験性が高く，感情経験の程度や痛みへの脆弱性が大人よりも高いとみなされるため，危害からひときわ保護されるべき対象となる．われわれの道徳判断は，苦しむ「心」が，どれだけ顕在化するかにより左右される．その点を象徴する例として，大多数の被害者の存在を示す統計情報よりも，一人の被害者の個人的な苦難の経験の描写の方が，情報の受け手に訴えかけて，保護や支援を引き出すことが知られている（Jenni and Loewenstein, 1997）．

大人と子どもの例にみたように，われわれは，知覚する対象によって，行為者性と経験性の知覚の程度が異なり，それにもとづき，対象への道徳的な扱いやふるまいが変化する．これは，より広範な対象について認められる．図3-1-1の配置図の中にマッピングされている対象をペアにして，「それぞれの対象が誰かの死を招いたとしたら，どちらの方が罰に値するか」と尋ねられたら，どのような回答が導かれるだろうか．グレイらのデータは，行為者性が高いとみなされる対象ほど（つまり図の右側にあるほど），罰にふさわしいと判断されることを示している（Gray et al., 2007）．日常を振り返っても，子どもが他人に迷惑をかけたとき，保護者が往々にして監督責任を問われるし，ペットの犬が人に噛み付いたときも，犬ではなくて飼い主が責めを負うだろう．では，次に，

図のなかの対象を組み合わせて,「傷つけなければいけないとしたら, より抵抗感をおぼえるのはどちらか」と尋ねられたら, どうだろうか. その場合は, 経験性が知覚されやすい（図の上方に位置した）対象ほど, 傷つけられて苦しむという認知が働き, 危害を与えることへの抵抗感が生じるのである.

　行為者性・経験性と道徳判断との関連については, 他にも様々な対象について確認される. 知的障害者は, 健常者に比べて, 行為者性が低く経験性が高いとみなされ, その結果, 道徳的責任は低く, 道徳的保護は強く帰属されやすい（Gray and Wegner, 2009）. 子どもや障害者といった, 保護の対象となりやすい社会的カテゴリーとは対照的に, ビジネスマンやスポーツ選手, 政治家, 弁護士といった集団は, 行為者性の能力が高く, 経験性の能力が低いというイメージを持たれやすい（Bastian et al., 2011）. それらの集団を, 人々は, 道徳的責任や非難の対象としやすく, 相対的に, 保護が必要な対象とはみなしにくいといえる.

4.2　道徳的立場が行為者性と経験性を規定する

　心の知覚と道徳判断とは, さらに密接に関わる. 対象の属性だけでなく, ある場面で対象がどのようにふるまい, 行為者と被行為者のいずれの役割をとるかによっても, われわれの心の知覚は左右される. 例えば, ある人物が道徳に反する行動をとる場面を目撃する（誰かを傷つける, など）. すると, われわれは, その行為を強い意図をともなうものと理解し, その人物についても, 高い行為者性を有する存在として認識する. その上で, 興味深いことに, われわれは, そのような人物の経験性については弱く知覚する傾向がある. つまり, 非道にふるまう人間は, 自ずと, 血も涙もなく, 感受性に乏しい人物であると感じられるのである.

　このように, 行為者性と経験性の特性が, 対象が置かれた立場・役割に沿って排反的に知覚される現象を道徳的タイプキャスティング（moral typecasting）という（Gray and Wegner, 2009）.「タイプキャスト」とは, 演劇用語で, 固定化されたイメージを持つ役者が, 同じような役を与えられることを指す. 例えば, ある作品で悪役を演じたところ, いわゆるハマり役となり人気を博した俳優が,

続く作品でも総じて悪役ばかりあてがわれるといったことがある．同様に，道徳的タイプキャスト仮説は，ある場面で道徳に反するふるまいをした個人は，悪い行為者の役割にハメ込まれた認知を人々からされると予測する．そして，悪役にハマった役者が，プライベートでも怖そうな印象を持たれることと同様に，反道徳的な行為者は，状況が変わっても，行為者性と経験性の特性次元で，固定化されたイメージを持たれ続けることとなる．

　タイプキャスト仮説を実証するため，グレイたちは，複数のシナリオを用いて人々の反応を分析した（Gray and Wegner, 2009）．例えば，ジェフリーという人物が，仕事上のライバルであるマイケルを，汚い手を使って陥れたという場面が提示され，回答者の頭の中に，ジェフリーが反道徳的な行為者であるという認識が生まれる．続いて，まったく別の場面で，ジェフリーとマイケルが勘定をごまかしたという状況が与えられると，今度もジェフリーにより責任があるとみなされる．その上で，ふたりが転んで手のひらをすりむいたときについて尋ねると，回答者は，マイケルよりもジェフリーの方が痛みを感じにくいと答えていた．すなわち，反道徳的な行為者（ジェフリー）は，責任や意図といった行為者性に関わる特性は多くあてはまるが，痛みへの感受性といった経験性に関わる特性は割り引かれて評価されるという，タイプキャスト的な認知がなされていた．同様に，食い逃げの実行犯や，自然環境を顧みずに利益を追求する経営者など，様々な種類の反道徳的な行為者は，いずれも経験性（特に痛みへの感受性）に乏しい人物とみなされることが報告されている（Gray and Wegner, 2009）．

　加害者などの反道徳的な行為者が，経験性に乏しいというタイプキャストの対象となる一方で，害の受け手，すなわち被害者に対しては逆方向のタイプキャストが適用される．前述のグレイらの実験シナリオでは，汚い手でジェフリーにはめられた「被害者」であるマイケルは，負傷した際にはジェフリーより痛みに敏感だとみなされる一方で，勘定のごまかし行為の責任は，ジェフリーに比べ科されにくくなる．反道徳的行為の被害者としての立場がひとたび認められると，経験性が高く行為者性が低いという被害者の役割像にハメ込まれるのである．

グレイらはさらに，タイプキャスト傾向を応用して，次のような点を指摘する．不道徳な行為者が社会からの責任追及を免れるためには，被害者に対応する特性（経験性）を有しているとアピールすることが有効であるという．例えば，不正を行った個人が，過去に善い行動を積極的にとったことがあるという情報（「英雄」アピール）よりも，過去になんらかの被害に遭ったことがあるという情報（「被害者」アピール）の方が，当人に科される責任や罰を緩和する効果がある（Gray and Wegner, 2011）．被害者として描かれる人物には，強い意志などの心的特性を知覚しにくく，その人物が後にとる反道徳的な行為も，本人の意図が割り引いて判断される．一方で，英雄アピール（例えば慈善団体を立ち上げたことがあるという情報）は，高い行為者性をともなう人物像を補強するため，たとえそれが善い行いであったとしても，後続の反道徳的行為を理解する際には，意図の帰属を促進し，かえって責任帰属を強化しうるのである．

　また，道徳的タイプキャストは，様々な「心なき」対象が被害を受けた場面でも生じ，本来は心を持たない対象に，ないはずの「心」を知覚させる効果がある．アドリアン・ウォードたちは，植物状態の患者が登場する次のような場面想定をもとに実験を行った（Ward et al., 2013）．脳を損傷して植物状態にある患者アンは，回復の見込みはまったくなく，自ら行動することも外部の刺激に反応することも，一切できない．つまり経験性も行為者性も，完全に失った状態である．そのアンに対して，ある看護師が，夜な夜な栄養供給装置の電源を落として，餓死させようとしている．看護師は，アンの死を望む遠縁の人物から金銭で依頼されており，明白な殺意のもとで行動している．ウォードらは，そのような形でアンに危害が加えられるシナリオを読む実験群と，アンに危害が加えられない統制群とで，参加者によるアンへの心の帰属を比較した．すると，実験群では統制群に比べ，経験性，行為者性，意識の知覚が総じて強められていた．さらに，植物状態の患者をロボットや遺体に置き換えても，同様の現象が起こることが確認された．図3-1-1を振り返ると，ロボットや遺体は，植物患者に比べて極端に経験性が低く，たとえ傷つけられても痛みや苦しみの感覚がないとみなされる存在である．それらの対象であっても，危害を受ける立場に置かれると，被害を経験する「心」があるようにわれわれは感じるので

ある.

　本来は心なきものが，傷つけられると心を知覚される．ウォードらが示したこの現象を理解する上でのポイントはふたつある．一点目は，対象を傷つけようという意図を持って行為に及ぶ行為者の存在である．上述の植物状態の患者の事例で，行為者がいない状態でアンが同様の目に遭ったら，アンに心があるようにわれわれは感じるだろうか．この点をウォードらが検討したところ，機械不良による事故でアンへの栄養供給が絶たれる場合には，邪な意図を持つ看護師の手による場合に比べると，アンへの心の帰属があまりみられなくなった (Ward et al., 2013)．つまり，反道徳的行為を「する心」が，心なき対象に，受け手としての「心」を生み出すといえる．ふたつめのポイントとしては，加害行為者の意図の知覚は，被行為者の総体的な心の知覚（行為者性などを含む）を生じさせるが，その間をつなぐのが，対象の経験性の知覚であるということである．より具体的に，対象が痛みを経験すると感じられる度合いが，行為者の意図と対象の心の知覚を媒介することをウォードらは確認しており，そのような媒介過程が対象の種類（植物状態の患者，ロボット，遺体）によらず認められる頑健なものであることを報告している．

　ロボットや遺体が，本来は心を持たないとすれば，危害の対象となっても「行為者―被行為者」の枠組みのうち，被行為者の心が不在となるべきである．にもかかわらず，被害を経験する心が，われわれの認知上で補われる．このように「行為者―被行為者」の二者関係の片方を埋めるという知覚現象を，二項関係補完（dyadic completion）という．われわれの頭の中にある「行為者―被行為者」の道徳判断の枠組み自体が，トップダウン的に，われわれの知覚や判断を規定しうることを示す現象である．

　ウォードらの研究は，危害の対象として，心はないが，物理的には存在するロボットや遺体などを取り上げている．一方で，二項関係補完は，そもそも危害の対象がいない，つまり被害者の存在がさらに希薄なタイプの道徳違反でも生じる．そのような道徳違反としては，古くなった自国国旗を切り分けて雑巾として使用するという行為や，スーパーで購入した鶏肉との性行為，あるいは合意の上での近親相姦などがあり，程度の差や感じ方の個人差・文化差はあれ，

これらは怒りや嫌悪感を喚起し，道徳に反する行為とみられる傾向にある．それらの行為は，明確な害や迷惑を被る受け手の存在がない「被害者なき道徳違反（victimless moral transgression）」と呼ばれ，人々は直観的にその反道徳性を認識するものの，なぜそのような判断に至ったのかを合理的に説明することは困難さをともなうことが知られている（Haidt, 2001）．そして，そのような一見すると具体的な被害が生じない行為であっても，人々の頭の中ではなにかしらの「被害」と関連づけられて反道徳性の評価がされているという可能性が指摘されている．一連の「被害者なき道徳違反」を反道徳的だと判断する人々の多くは，そこになんらかの被害者（例えば行為者自身や社会などが含まれる）が存在すると回答する傾向がある（DeScioli et al., 2012；Gray et al., 2014）．すなわち，表面的には被害の受け手が欠損した状況であれ，人々は「行為者―被行為者」の図式をあてはめて道徳性を解釈しており，「苦しむ心」が補完されるというのである[4]．

さらに，被害者のみ存在する状況で，行為者の心が認知的に補われるという，逆のパターンの二項関係補完もある．先述したように，重大な自然災害などが発生したときに，人々は，神の意志に責任を帰することがあるが，この現象も，二項関係補完の観点から解釈できる．災害にともなう被害が重大であればあるほど，苦しむ被害者の心が強く知覚される．「行為者―被行為者」の枠組みを通して，その状況を理解しようとすると，被害者の苦しみをもたらす意図的な行為者がいるはずだと，われわれは認知する．その結果，行為者の役割には神という絶対的な存在があてがわれる．また，歴史上，人を殺してしまった豚な

---

4) 被害者なき道徳違反における「被害者」の存在を，人々が知覚するとき，二通りの説明を想定できる．ひとつは，道徳性判断が，被害者の知覚に先行するという説明である．すなわち，人々は，行為を反道徳的だと判断した後で，その判断を正当化しようという試みの一環として，被害者がいると後づけで答えるかもしれない（Haidt, 2001）．もうひとつの可能性は，道徳性を判断する段階で，人々が実際に被害を知覚しており，それが判断にも影響するという説明である．グレイらは，後者の議論を支持する．彼らは，被害者なき道徳違反に対する判断は，「被害」や「苦しみ」の知覚と潜在的に連合することを実証的に示し（Gray et al., 2014），被行為者の「心」を知覚することが，あくまでも道徳性の判断を決定する先行因として働くと主張している．

どの動物が，人間と同じように裁判にかけられ，罰せられた例がある（Oldridge, 2004）．通常は，行為者性が低く知覚される動物であっても，重大な被害を引き起こしたときには，それに応じて行為者としての「心」が知覚されるようになる．似た事例として，動物がとった行為が結果として人助けにつながったときに，善なる行為者として人々から称賛される．例えば2014年にインターネット上で話題になった映像では，4歳の男の子を襲う犬に対して，猛然と体当たりをした飼い猫の様子が映っている．当該の猫は，男の子を救ったと称賛され，様々な団体から賞を受け取った．この猫が，男の子を救おうとどれだけ意図していたかは定かではないが，われわれはそこに，英雄としての「心」を見出すのである．

5 おわりに

　心は，当たり前のように，われわれの知覚世界の中に存在し，他者について考え，理解しようとするときの礎となっている．われわれの他者理解は，すべて，心の概念についての素朴な理解の上に成り立っている．その理解とは，他者が，行為の遂行主体としての「する心」と，感情を経験する主体としての「感じる心」を，併せ持つというものである．われわれは，他者が何を考えて，どう思っているかという，心的過程の内容について，あれやこれやと思考をめぐらすが，そのような心の過程の存在については，自明のこととして扱われる．われわれにとって，心とは，空気や重力のように，目に見えず，普段はその存在が意識されない．しかし，心は確かにこの世界に存在しているという信念が，われわれのこの世界の理解と，さらには適応や生存を支えているといえよう．
　本セクションでみたように，心を知覚するということが，社会での適応に資する働きを持っている点を，社会心理学は明らかにしてきた．とりわけ，心の知覚には，われわれが世界を理解する上で，他者の存在を意味づけるという大きな働きがあることが伺える．不確実さをはらむ対象があれば，われわれは，その行動に意味を与えるために，心を見出し，曖昧さの脅威を取り除こうとす

る．また，自らが接する様々な対象との，心理的な距離感を示すものさしとして，心はあてがわれ，対象への接近や回避といった反応を調整する．そして，道徳場面において，誰が悪く，誰が罰せられるべきで，誰が守られるべきなのかという意味づけも，知覚される心をベースに行われる．「心」のモデルを通して世界を理解することは，「する心」と「感じる心」をともに高次のレベルで持ち合わせたわれわれ人間にしか為し得ない所業であるといえる．心というツールがわれわれに何をもたらし，それによりわれわれは何を達成しうるのかを明らかにするため，心に関するさらなる理解を深めることは，重要な課題であろう．それと同時に，より良い社会，より豊かな個人の生き方につながるよう，心の知覚の働きをさらに高めるという，本書がテーマとする挑戦的な課題もある．その可能性と展望については，次セクションの哲学側の議論へとバトンをつなげたい．

参考文献

Barrett, J. and Johnson, A. H. (2003): "The role of control in attributing intentional agency to inanimate objects," *Journal of Cognition and Culture*, 3, 208-217.

Bastian, B. and Haslam, N. (2010): "Excluded from humanity: The dehumanizing effects of social ostracism," *Journal of Experimental Social Psychology*, 46, 107-113.

Bastian, B., Laham, S. M., Wilson, S., et al. (2011): "Blaming, praising, and protecting our humanity: The implications of everyday dehumanization for judgments of moral status," *British Journal of Social Psychology*, 50, 469-483.

Boccato, G., Cortes, B. P., Demoulin, S., et al. (2007): "The automaticity of infra-humanization," *European Journal of Social Psychology*, 37, 987-999.

Cameron, C. D., Harris, L. T. and Payne, B. K. (2016): "The emotional cost of humanity: Anticipated exhaustion motivates dehumanization of stigmatized targets," *Social Psychological and Personality Science*, 7, 105-112.

Cortes, B. P., Demoulin, S., Rodriguez, R. T., et al. (2005): "Infrahumanization or familiarity? Attribution of uniquely human emotions to the self, the ingroup, and the outgroup," *Personality and Social Psychology Bulletin*, 31, 243-253.

Cuddy, A. J. C., Fiske, S. T. and Glick, P. (2008): "Warmth and competence as universal dimensions of social perception: The stereotype content model and the BIAS map," *Advances in Experimental Social Psychology*, 40, 61-149.

Cuddy, A. J. C., Fiske, S. T., Kwan, V. S. Y., et al. (2009): "Stereotype content model across cultures: Towards universal similarities and some differences," *British Journal of Social*

Psychology, 48, 1-33.

DeScioli, P., Gilbert, S. S. and Kurzban, R. (2012) : "Indelible victims and persistent punishers in moral cognition," *Psychological Inquiry*, 23, 143-149.

Epley, N. (2014) : *Mindwise : Why We Misunderstand What Others Think, Believe, Feel, and Want*, Knopf Doubleday Publishing Group.

Epley, N., Waytz, A., Akalis, S., et al. (2008) : "When we need a human : Motivational determinants of anthropomorphism," *Social Cognition*, 26, 143-155.

Goff, P. A., Eberhardt, J. L., Williams, M. J., et al. (2008) : "Not yet human : Implicit knowledge, historical dehumanization, and contemporary consequences," *Journal of Personality and Social Psychology*, 94, 292-306.

Gray, H. M., Gray, K. and Wegner, D. M. (2007) : "Dimensions of mind perception," *Science*, 315, 619.

Gray, K. and Schein, C. (2012) : "Two minds vs. two philosophies : Mind perception defines morality and dissolves the debate between deontology and utilitarianism," *Review of Philosophy and Psychology*, 3, 405-423.

Gray, K., Schein, C. and Ward, A. F. (2014) : "The myth of harmless wrongs in moral cognition : Automatic dyadic completion from sin to suffering," *Journal of Experimental Psychology : General*, 143, 1600-1615.

Gray, K. and Wegner, D. M. (2009) : "Moral typecasting : Divergent perceptions of moral agents and moral patients," *Journal of Personality and Social Psychology*, 96, 505-520.

Gray, K. and Wegner, D. M. (2010) : "Blaming God for our pain : Human suffering and the divine mind," *Personality and Social Psychology Review*, 14, 7-16.

Gray, K. and Wegner, D. M. (2011) : "To escape blame, don't be a hero—Be a victim," *Journal of Experimental Social Psychology*, 47, 516-519.

Haidt, J. (2001) : "The emotional dog and its rational tail : A social intuitionist approach to moral judgment," *Psychological Review*, 108, 814-834.

Harris, L. T. and Fiske, S. T. (2006) : "Dehumanizing the lowest of the low : Neuroimaging responses to extreme out-groups," *Psychological Science*, 17, 847-853.

Haslam, N. (2006) : "Dehumanization : An integrative review," *Personality and Social Psychology Review*, 10, 252-264.

Haslam, N., Bain, P., Douge, L., et al. (2005) : "More human than you : Attributing humanness to self and others," *Journal of Personality and Social Psychology*, 89, 937-950.

Heider, F. and Simmel, M. (1944) : "An experimental study of apparent behavior," *American Journal of Psychology*, 57, 243-249.

Jenni, K. and Loewenstein, G. (1997) : "Explaining the identifiable victim effect," *Journal of Risk and Uncertainty*, 14, 235-257.

Jost, J. T. and Kay, A. C. (2010) : "Social justice : History, theory, and research." In S. T. Fiske, D. T. Gilbert and G. Lindzey (Eds.), *Handbook of Social Psychology*, 5th ed., John Wiley & Sons Inc, 1122-1165.

Kozak, M. N., Marsh, A. A. and Wegner, D. M. (2006) : "What do I think you're doing? Action identification and mind attribution," *Journal of Personality and Social Psychology*, 90, 543-555.

Loughnan, S. and Haslam, N. (2007): "Animals and androids," *Psychological Science*, 18, 116–121.
Oldridge, D. (2004): *Strange Histories : The Trial of the Pig, the Walking Dead, and Other Matters of Fact from the Medieval and Renaissance Worlds*, Taylor & Francis.
Scholl, B. J. and Tremoulet, P. D. (2000): "Perceptual causality and animacy," *Trends in Cognitive Sciences*, 4, 299–309.
Takahashi, H., Ban, M. and Asada, M. (2016): "Semantic differential scale method can reveal multi-dimensional aspects of mind perception," *Frontiers in Psychology*, 7.
Viki, G. T., Winchester, L., Titshall, L., et al. (2006): "Beyond secondary emotions : The infrahumanization of outgroups using human-related and animal-related words," *Social Cognition*, 24, 753–775.
Ward, A. F., Olsen, A. S. and Wegner, D. M. (2013): "The harm-made mind : Observing victimization augments attribution of minds to vegetative patients, robots, and the dead," *Psychological Science*, 24, 1437–1445.
Waytz, A., Gray, K., Epley, N., et al. (2010a): "Causes and consequences of mind perception," *Trends in Cognitive Sciences*, 14, 383–388.
Waytz, A., Morewedge, C. K., Epley, N., et al. (2010b): "Making sense by making sentient : Effectance motivation increases anthropomorphism," *Journal of Personality and Social Psychology*, 99, 410–435.
Wegner, D. M. and Gray, K. J. (2016): *The Mind Club : Who Thinks, What Feels, and Why it Matters*. Viking Press.
Wohl, M. J. A., Hornsey, M. J. and Bennett, S. H. (2011): "Why group apologies succeed and fail : Intergroup forgiveness and the role of primary and secondary emotions," *Journal of Personality and Social Psychology*, 102, 306–322.

3-2　哲学の側からの応答　　　　　　　　　　　　　　鈴木貴之

　われわれは，身のまわりのあるものには心を見てとり，他のものには心を見てとらない．これは，常識的なものの見方の中核をなす要素の一つである．しかし，このことが様々な問題を引き起こすことがある．概念工学によってそれらの問題にどう対処できるかを考えることは，概念工学という営みの内実や限界を考えるうえでも有益である．では，さっそく本題に入ろう．

1　心の知覚に関する社会心理学研究——成果と課題

　はじめに，心の知覚に関する社会心理学研究のおもな知見をまとめておこう[1]．（本節の前半は 3-1 の要約にあたるので，3-1 から読み進めてきた方は，本節の後半から読み始めてもらうとよいだろう．）

　まず，心には経験性と行為者性という二つの側面がある．したがって，われわれが出会う様々な存在は，どちらも持たないもの，経験性だけを持つもの，行為者性だけを持つもの，両者を持つものに分類されることになる．

　つぎに，われわれが何かをするとき，とくに道徳的な意味を持つことをするときには，行為者と被行為者という二項関係が理解の基本図式となる．ある人がよいことをするにせよ，悪いことをするにせよ，そこにはそれをする行為者と，その影響を受ける被行為者が存在するのである．

　これら二つがわれわれの心の知覚の基本的な要素である．そして，両者のあいだには対応関係がある．行為者となるためには行為者性を持つことが必要で

---

[1] 心の知覚に関する社会心理学研究のレビューとしては，本書 3-1 のほか，Wegner and Gray (2016) も参照．

あり，被行為者は行為者の行為の結果，何らかの経験を抱くからである．このように，経験性は被行為者という役割と，行為者性は行為者という役割と密接に関係している．

心の知覚に影響を与える要因も，ある程度明らかになっている．対象の行動を予測したい，あるいは制御したいという動機が強いほど，対象に心を見出す傾向は強まる．また，対象との社会的な関係性が密接であるほど，心を見出す傾向は強まる．

われわれの生活実践の中で心の知覚が最も重要な役割を果たすのは，道徳的判断を下す場面である．グレイとウェグナーの道徳的タイプキャスト理論 (Gray and Wegner, 2009) によれば，道徳的な行為者性と被行為者性は排他的な関係にある．われわれがある人を行為者とみなせば，その人の被行為者としての認識は弱められ，被行為者とみなせば，行為者としての認識は弱められる．そして，ある人が行為者とみなされるか，被行為者とみなされるかによって，その人の道徳的評価や処遇は変化する．行為者は行為の結果に対する責任をより多く帰せられ，危害を加えられることが容認されやすい．被行為者は責任を軽減され，援助行動の対象となる．さらに，ひとたびある人にいずれかの役割が割り当てられれば，その人は，その後も同じ役割を担うものとみなされることになる．

行為者と被行為者という二項図式は，本来であれば二項図式が成り立たないはずの場面にも適用されることがある．自然災害に遭った人々が行為者として神を想定したり，被害者の存在しない反道徳的行為を目にした人が被行為者として何らかの被害者を想定したりする場合である．このような現象は二項関係補完と呼ばれる．

以上のように，経験性と行為者性，被行為者と行為者という二分法は，われわれの心の知覚の基本的な図式であり，社会実践の様々な場面で役割を果たしているように思われる．

心の知覚をめぐっては，さらなる解明が必要な点もある．心概念の概念工学に話を進める前に，今後のおもな研究課題を確認しておこう．

第一に，経験性と行為者性は心を構成する相互に独立な要因なのか，あるいは一方が他方の必要条件となっているのかを明らかにする必要がある．

　一方で，グレイらの研究（Gray et al., 2007）によれば，経験性と行為者性の両方を備えるもの，一方のみを備えるもの，いずれも持たないものという四つのカテゴリーすべてに何らかのものが分類される．この研究結果によれば，両者は相互に独立な要因であるように見える．しかし他方で，行為者性のみを持つものはロボットと神というやや特殊な存在であり，その点では，それ以外の三つのカテゴリーが分類の基本であるようにも見える．この点については，さらなる研究が必要だろう[2]．

　第二に，経験性と行為者性という二分法と被行為者と行為者という二分法は厳密に言ってどのような関係にあるのかについても，さらなる解明が必要である．

　成人などを考えれば明らかなように，ある存在が経験性と行為者性の両方を同時に持つことは可能である．これに対して，すくなくともある特定の状況においては，ある存在は被行為者と行為者のいずれか一方にしかなりえない．この点で，これら二つの二分法は，完全に一致するわけではない．また，タイプキャスト理論によれば，ある場面で被行為者あるいは行為者となったものは，他の場面でも同様のものとして扱われる傾向にある．このことと，ある存在が経験性と行為者性の両方を併せ持つということを整合的に理解可能かどうかについても，さらなる検討の余地があるだろう[3]．

---

2) この点に関連して，ノーブとプリンツ（Knobe and Prinz, 2008）は，心的状態の帰属において，経験性に対応する現象的意識と行為者性に対応する志向的状態はそれぞれ別の証拠に基づいて帰属されると主張するが，アリコら（Arico et al., 2011）やフィーランら（Phelan et al., 2013）は，これに反対している．ウォードら（Ward et al., 2013）も，経験性は行為者性の必要条件だという見方を示唆している．また，動物の道徳的身分をめぐる議論の文脈で，ピーター・シンガー（Singer, 2011）は，感覚能力と高次の認知能力の両者を持つ存在，感覚能力を持つが高次の認知能力は持たない存在，いずれも持たない存在の三者を区別する立場をとっている．シンガーの立場は，ウォードの見方と対応するものと言えるかもしれない．

3) この点に関して，グレイとウェグナー（Gray and Wegner, 2009）は，心の知覚の第一段階ではある対象が心を持つかどうかが判断され，第二段階で被行為者または行為者のい

第三に，心の知覚メカニズムの内実を解明する必要がある．心の知覚を引き起こす要因は何だろうか．それは対象の外見だろうか．あるいは，対象の行動のパターンだろうか．それらの要因は，対象を制御したいという欲求のような知覚者の内的要因と，どのように関係するのだろうか．また，心の知覚は具体的にどのような過程に基づくのだろうか．それは心の理論に関する理論説が想定するように，行動を生みだすメカニズムに関する暗黙的な理論的知識に基づくのだろうか．あるいは，シミュレーション説が主張するように，自分自身の心を用いたシミュレーションによる，一種の共感的な理解なのだろうか．これらの点について明らかにすることは，以下で述べるような心の知覚メカニズムへの介入の可能性を検討するうえでも不可欠である[4]．

　第四に，心の知覚メカニズムの機能の解明も必要である．対象に心を見てとることは，われわれにどのような利益をもたらすのだろうか．自然な回答は，実際に心を持つものに出会ったときに，その心の状態を把握することができれば，その対象の行動を正確に予測したり，制御したりすることが可能になるということだろう．しかし，例えばイヌのような動物に対してであれば，見知らぬ人を見たら吠える，叩いたら襲いかかってくるというような刺激と反応のパターンを理解するだけでも，それなりにうまく対処することは可能だろう．また，ある人の行動を正確に予測したり制御したりするためには，その人が心を持つことを理解するだけでなく，その人の心の状態をかなりの程度まで正確に理解する必要がある．しかし，われわれの心の知覚メカニズムは，そこまで正確な知識をもたらしてくれるわけではない．これらのことを考えると，心の知覚メカニズムがわれわれにどのような利益をもたらすのかという問いに対する答えは，それほど自明ではないことがわかる．

　第五に，心の知覚をどこまで額面通りに受けとってよいのかについても検討が必要である．われわれがある人に心を見出し，怒りや意図などを見てとると

　　ずれであるかが判断されるというモデルを採用することで，これら二つの知見を整合的に解釈できる可能性を示唆している．
4）心の理論（ToM）に関する理論説とシミュレーション説については鈴木（2002）を参照．

きには，われわれは，その人が文字通りにそれらの心の状態を有していると考えている．これに対して，例えばある企業は来年度の利益を倍増させたいと思っている，あるいは，北米市場からの撤退に強い敗北感を感じているなどと言うときには，われわれは，企業が文字通りにこれらの心の状態を有していると考えているわけではないかもしれない．また，有名なハイダーとジンメルの実験（Heider and Simmel, 1944）にあるように，三角形や丸といった図形が動き回るアニメーションを見ると，われわれはそれぞれの図形が様々な意図や感情を持って行動しているように感じる．しかし，われわれは，これらの図形が人間と同じ意味でこれらの心的状態を持つと考えているわけではないだろう．これらの例を考えれば，心の知覚のどこまでが文字通りのもので，どこからがそうでないのか，そして両者にはどのような共通点と相違点があるのかということも，今後解明すべき課題であることがわかる[5]．

このように，心の知覚に関しては，さらに解明すべき点も数多くある．とはいえ，経験性と行為者性，被行為者と行為者という基本図式や，道徳的タイプキャスティングや二項関係補完などの現象については，すでに数多くの経験的証拠が得られている．そこで，これらの知見が心の知覚メカニズムのあり方を基本的に正しく捉えていると考えたうえで，概念工学という観点から，心の知覚に関して何が言えるかを考えてみよう．

---

5) フィーランら（Phelan et al., 2013）は，集団への心的状態の帰属は，ある種の省略表現であり，文字通りに受けとるべきではないと主張している．これに対して，デネット（Dennett, 1987）の見方によれば，命題的態度の帰属に基づいて行動を理解すること，すなわち，彼の言う志向的スタンス（intentional stance）をとることは，ある種の抽象的だが実在的なパターンの把握であり，それゆえ，企業に命題的態度を帰属させることも，たんなる比喩ではないことになる．命題的態度については注7を参照．

2 心概念に関する概念工学の必要性

さて，これらの知見が持つ意味について考える際には，心概念には二種類あるということに注意が必要である．一つは，われわれが日常生活において用いている素朴な心概念であり，もう一つは，人間の行動を説明するために導入される理論的な概念としての心概念である．

われわれは，日々の生活の中で出会う様々な存在を，心を持つものと持たないものに分類する．そして，心を持つものには，様々な具体的な心的状態を帰属させる．このような常識的な心理解は，素朴心理学（folk psychology）と呼ばれる．素朴心理学の内実がどのようなものであるかは，哲学や心理学の重要な研究主題の一つである[6]．

他方で，人間やその他の動物の行動を体系的に理解しようとするときにも，行動を生みだすメカニズムとしての心について考える必要がある．しかし，ある対象の行動を正確に説明したり予測したりしようとするときには，素朴心理学で用いられる心概念が役に立つとはかぎらない．例えば，われわれは，日常生活において，痩せたいという心的状態（欲求）をある人に帰属させる．しかし，この欲求を持つ人は，ケーキが目の前にあるときに，食べるのをがまんできるかもしれないし，できないかもしれない．この人の行動を正確に予測するためには，よりきめ細かな違いを持つ心的状態や，全く別種の心的状態を措定する必要があるかもしれないのである[7]．

---

[6] 素朴心理学をめぐる哲学的な問題については，例えば Dennett (1987) などを参照．
[7] 素朴心理学における行動の説明は，「今夜は雨が降るだろうと思っており（信念），濡れたくないと思っていた（欲求）ので，彼は傘を持って出かけた」というような形をとることが一般的である．信念や欲求のように，その内容を文の形で表すことのできる心的状態は，哲学では命題的態度（propositional attitudes）と呼ばれる．哲学者の中には，命題的態度による行動の説明は根本的に不適切だと考えるものもいる．例えばポール・チャーチランド（Churchland, 1981）は，命題的態度を中核とする心の理解は科学的心理学の基盤にはなり得ないと主張する．その理由は，この見方が二千年以上進歩していないこと，精神疾患などの変則的な事例をうまく説明できないこと，神経科学などの知見との連続性を見出せないことの三つである．

これら二つの心概念を区別するならば，心の知覚の社会心理学研究において問題となっているのは，素朴な心概念だということがわかる．心の知覚に関する社会心理学研究で問題となっているのは，われわれはコンピュータや神や植物状態の人に心を見出すかどうか，見出すとすれば具体的にどのような心的状態を見出すかといったことであり，それがコンピュータや神や植物状態の人の実態に合致しているかどうかは，さしあたりは問題ではないからである．もちろん，両者が合致しない場合には様々な問題が生じうる．心に関する概念工学が必要となるのは，例えばそのような場面である．

　もっとも，心概念に関する概念工学が必要となるのは，そのような場合だけではない．以下で見るように，心の知覚が心の実態を正しく捉えていても問題は生じうる．また，現在の心概念や心の知覚が問題を生じさせないとしても，心概念を修正したり，心の知覚のあり方を変えたりすることによって，よりよい社会実践が可能になるとすれば，より積極的な動機からの概念工学の余地もありうるだろう．とはいえ，最後のタイプの概念工学に関しては，どのような可能性があるかがまだ明らかではないので，ここでは初めの二つのタイプの状況について考察することにしよう．

　では，心の知覚をめぐっては，具体的にはどのような問題がありうるだろうか．

　まず，心の知覚そのものに関する問題は，形式的にはつぎのように整理できるだろう．一方で，心の知覚が生じる状況には，対象が実際に心を持っている場合と，持っていない場合がある．他方で，われわれの心の知覚が実態と合致していないことが問題を引き起こす場合と，合致していることが問題を引き起こす場合とがある．これらを組み合わせると，以下の四通りの事例がありうることになる．

　①心を持つものに心を見てとることが問題を引き起こす場合
　②心を持つものに心を見てとらないことが問題を引き起こす場合
　③心を持たないものに心を見てとらないことが問題を引き起こす場合

表 3-2-1　心の知覚が問題を引き起こす四つのパターン

	正しい心の知覚	間違った心の知覚
心を持つ対象	①実態：心あり，知覚：心あり （未熟な外科医）	②実態：心あり，知覚：心なし （非人間化）
心を持たない対象	③実態：心なし，知覚：心なし （環境破壊）	④実態：心なし，知覚：心あり （コンピュータに怒る人）

④心を持たないものに心を見てとることが問題を引き起こす場合

　様々な非人間化は②の典型例である[8]．予期せぬ動作をしたコンピュータに悪意を感じて激昂するというのは④の典型例である．また，近い将来重要な問題になりうる話題としては，ロボットの心の知覚がある．われわれは，人間や動物のような形をして，人間や動物のようにふるまうものに心を見てとりやすい．そうだとすれば，心のない（と理論的には考えられる）ロボットでも，それが人間のような形をしていたら，そこに心を見てとってしまうかもしれないし，将来登場するかもしれない心を持つロボットでも，それが産業用ロボットのような形をしていたら，それに心を認めようとしないかもしれない．将来，ロボットの権利が真剣に論じられるようになれば，とくに後者の事例は深刻な問題を引き起こす可能性がある．

　①と③はこれらに比べるとやや奇異に感じられるが，これらにも具体例がないわけではない．外科医が患者を心あるものとして見てしまうと手術が困難になるという事例は①の例で，物を粗末に扱うことや環境破壊は③の例と言えるだろう．このように，心の知覚は，それが正しい場合にも誤りである場合にも，対象が実際に心を持つ場合でもそうでない場合でも，問題を引き起こすことがある．

　つぎに，道徳的タイプキャスティングが引き起こす問題がある．道徳的タイ

---

8) 非人間化においては，心の知覚メカニズムが深刻な悪循環に陥っていると考えられる．われわれは，心理的な距離が遠いものには心を見出しにくく，心を見出さないものには心理的な近さを感じない．非人間化においては，これら二側面が互いに強めあって，非人間化の対象とされる集団の排斥や疎外が強まっていくのである．

プキャスティングによって，一方で，行為者の役割を与えられる人は，行動により多くの責任が帰せられたり，やむを得ない場合に危害の対象となることが容認されたりする．他方で，被行為者の役割を与えられる人は，行動の責任を軽減されたり，援助の対象となったりする．われわれの心の知覚が持つこのような傾向性は，ときに不適切な結果をもたらすことがある．例えば，やむを得ず誰かに危害を加えなければならない状況で道徳的にすぐれた人を選ぶときには，われわれはタイプキャスティングの影響で，その人に不当な扱いをしているのかもしれない．また，裁判において被告人の弁護士が被告人の不幸な生い立ちなどについて説明し，被告人の被行為者としての側面を強調し，その結果裁判官や陪審員が被告人に有利な判決を下すときには，タイプキャスティングはこの被告人に不当に有利に働いているのかもしれない．タイプキャスティングが一般的な現象だとすれば，われわれの道徳的判断には体系的なバイアスが生じている可能性もある．

　最後に，二項関係補完も問題を引き起こす．二項関係補完によって，本来であれば存在しないはずの被行為者／行為者の二項関係が成立し，その結果としてある物事に対するわれわれの態度が変容することがあるからである．例えば，自然災害には被災者すなわち被行為者は存在するが，行為者は存在しない．このような場合に，われわれは神が行為者だと考え，自然災害はある種の罰だと考えるかもしれない．このような考えのもとでは，本来であれば何の落ち度もない被災者が，罰を受けるに値することをした人とみなされ，共感や同情を得られなくなるかもしれない．また，慣習に反するが誰にも明確な危害が生じないことをある人がした場合には，行為者は存在するが被行為者は存在しない．このような場合に，社会全体が被行為者だと考えられれば，本来であれば他者への危害を根拠に非難することが困難な慣習違反が，道徳的な非難の対象となる．これらの事例においては，二項関係補完は物事の理解を必要以上に道徳的にしてしまうのである．

　このように，われわれの心の知覚のあり方を修正する方がよいかもしれない場面は多くある．心概念に関する概念工学の目的は，これらの問題に対処するために，しかるべきときに心を知覚させる（させない）ことや，被行為者ある

いは行為者であることを意識させる（させない）ことだということになるだろう．

3　記述的な概念工学と実践的な概念工学

　しかし，話はそれほど単純ではないかもしれない．概念工学には，関心を異にする二種類の営みが存在するからである．
　われわれが現在持っている概念やその適用の仕方を何らかの形で改変したり，新たな概念を創造したりする営み全般を広義の概念工学と呼ぶならば，そこには様々な活動が含まれる．自然科学者がクォークや包括適応度といった概念を作り出すことも，哲学者が善の定義を試みることも，サッカーでバックパスという反則が導入されることも，すべて概念工学とみなすことができる．
　そして，広義の概念工学に含まれる活動は，おおまかには記述的な活動と実践的な活動に分けることができる．自然科学者が新しい概念を作り出したり，既存の概念を修正したりするときには，実在そのものをより正確に捉えるために概念を創造したり改良したりする．これは記述的な概念工学の営みである．これに対して，サッカーでバックパスという反則が作り出されたり，オフサイドの定義が変更されたりするときには，その目的は，実在を正確に記述することではなく，サッカーの試合をより面白くすることである．同様に，人権やセクシャル・ハラスメントといった，社会生活においてより重要な意味を持つ概念も，社会をよりよいものにするという実践的な目的のために作り出された概念だと考えることができるだろう．これらは実践的な概念工学の営みなのである[9]．

---

9) 概念工学の営みの中には，この二分法ではうまく分類できないものもあるかもしれない．倫理学はその一例である．倫理学においては，中絶や安楽死は許されるか，金持ちの人は貧しい人をどれだけ援助する義務があるかといった問題が論じられる．多くの人は，これらの問いには正解や事の真相があると考えるだろう．他方で，倫理学の目的は，様々な道徳的問題についてどのように考えれば最もうまくやっていけるのかを明らかに

では，心概念の概念工学は，どちらの種類の営みなのだろうか．一方で，心概念や様々な心的状態の概念は，われわれが出会う様々な存在の行動を説明し，予測するためのものである．そうだとすれば，心概念は，対象のあり方をできるだけ正確に記述するものであることが望ましいということになる．この観点からは，心概念の概念工学は記述的な概念工学の営みだということになる．しかし他方で，ある対象に心を認めるかどうかは，われわれと対象との関わり方を規定することでもある．この観点からは，心概念の概念工学は，われわれと様々な存在との関係をできるかぎり望ましいものにすることを目的とする，実践的な概念工学の営みだということになる．

このように，心概念の概念工学は，記述的な側面と実践的な側面の両者を併せ持つ営みであるように思われる．そうだとしたら，われわれは心概念の概念工学をどのように進めるべきなのだろうか．

まず言えることは，心やそれに関連する一連の概念は，われわれをとりまく存在を記述する概念として，根本的に不適切なものではないように思われるということである．われわれが出会う様々な存在の中には，心を持つものと持たないものがあり，心を持つものは様々な具体的な心的状態を持ち，それらの相互作用によって行動が生じるということは，それらの存在の記述として基本的には正しいものであるように思われる．したがって，心概念の概念工学において，心やそれに関連する概念をすべて放棄するという選択肢は，さしあたり検討する必要はないだろう．

他方で，われわれの心の知覚のあり方が対象のあり方をつねに正しく捉えているわけではないのも事実だろう．われわれは心がないはずの対象に心を見てとったり，心を持つはずの対象を心を持たないたんなる物とみなしたりすることがしばしばあるからである．

では，われわれは，対象の心のあり方をつねに正しく捉えられるように心の

することだという見方も，的外れではないように思われる．したがって，倫理学は，記述的な活動としての側面と実践的な活動としての側面の両者を併せ持っているように思われるのである．

知覚のあり方を修正すべきなのだろうか．言いかえれば，心概念の概念工学は，記述的な概念工学としての適切さを追求すべきなのだろうか．答えはそれほど単純ではないように思われる．記述的な概念工学の関心と実践的な概念工学の関心は，つねに一致するとは限らないからである．

　一方で，誤った心の知覚はわれわれの社会生活に様々な問題を引き起こす．非人間化はその典型例である．また，われわれが社会的弱者や発展途上国の人々に十分な援助をしないのは，彼らが心ある存在であることを十分に実感できていないからかもしれない．動物の権利尊重を訴える人は，われわれが動物に心を十分に見出せていないことが問題の根底にあると主張するだろう．逆に，思い通りに動作してくれないコンピュータに悪意を見てとって激昂することは，コンピュータを円滑に使用する妨げとなるだろう．これらの事例においては，心の有無を正しく知覚することがわれわれに利益をもたらすように思われる．

　しかし他方で，正しい心の知覚が必ずしもよい結果につながらない場合，あるいは誤った心の知覚がよい結果につながる場合もある．植物や河川は心を持たないものにすぎないと考えることは，自然環境保護という観点からは悪い結果をもたらすかもしれない．むしろ，自然環境に心を見出すアニミズム的な心の知覚のほうが，自然環境保護という観点からは好都合かもしれない．われわれの主要な関心がよりよい社会の実現にあるのだとすれば，つねに正しい心の知覚を目指すのはよい方針ではないかもしれないのである．

　さらに話を複雑にする要因もある．第一に，実践的な関心から誤った心の知覚を容認したり，促進したりすることは，長期的には様々な好ましくない結果をもたらすかもしれない．例えば，アニミズム的な傾向が強固なものとなれば，自然環境の開発に強い規制が課されることになり，経済発展の妨げとなるかもしれない．また，犯罪被害者の被行為者としての性格を強調しすぎれば，彼らの自立を妨げることになるかもしれない．さらに，より一般的な話として，客観的な証拠に反する心の知覚を容認することは，批判的思考力を低下させるかもしれない．記述的な関心と実践的な関心の優先関係を考える際には，このような長期的な帰結も考慮に入れる必要があるだろう．

　第二に，個々の心の知覚が適切なものであるかどうかは，じつはそれほど単

純に判断できることではない．例えば，タイプキャスティングに関する研究では，誰かに危害を加えなければならないときに，小さい子ども，一般の成人，マザー・テレサのような道徳的にすぐれた人から誰を選ぶかを尋ねると，多くの人は道徳的にすぐれた人を選ぶという (Gray and Wegner, 2009)．グレイとウェグナーによれば，道徳的にすぐれた人は，行為者としての役割を割り当てられ，その結果，子どもはもちろんのこと，普通の人と比べても，危害の対象となることが容認されやすいのである．彼らは，これはタイプキャスティングによるバイアスの一例だと考えている．三者いずれも危害を加えられるに値するようなことは何もしていないので，ここで道徳的にすぐれた人を選ぶべき理由はないからである．しかし，道徳的にすぐれた人は，道徳以外の様々な点でも高い心的能力を持っているかもしれない．そして，苦痛に対する耐性もその一つかもしれない．そうだとすれば，同じように危害を加えられたとしても，道徳的にすぐれた人が感じる苦しみは，小さい子どもが感じる苦しみよりも小さいかもしれない．そうだとすれば，このような状況で道徳的にすぐれた人を選択することは，ある意味では不当だが，ある意味では最善の選択だと言えるかもしれない．このように，様々な場面におけるわれわれの心の知覚のいずれがバイアスであるかは，それほど単純に判断できるわけではないのである．

4 概念工学を実現する二つの方法

　心概念の概念工学をどのように進めるべきかを考えるにあたっては，考えなければならない問題が一つある．それは，心の知覚はどの程度制御可能なのかということである．このことが問題となるのは，心の知覚は生得的なメカニズムによるものであり，あるものに心を見出すかどうかは，恣意的に制御できることではないかもしれないからである．さきに言及したハイダーとジンメルの研究を見てもわかるように，ある仕方で動く図形を見たときに，そこに様々な意図を見てとらずにいることは困難である．心の知覚が生得的で自動的なメカニズムによるものだとしたら，その働き方を制御することは可能だろうか．

そのような制御の方法としては，二つのものが考えられる．第一の方法は，心の知覚メカニズムに対する入力を制御することである．例えば，通常われわれが対象に心を見てとらない場面で対象に心を見てとるようにさせたいならば，心の知覚メカニズムを起動させる入力を与えればよい．例えば，発展途上国の人々や遠い未来の人々のことを真剣に配慮することは，われわれにとって困難なことである．その一つの理由は，姿の見えないこれらの人々を心ある存在として実感することが困難だということだろう．そうだとすれば，これらの人々を配慮するために必要なことは，飢餓に苦しんでいる子供の顔写真を見せることなどによって，これらの人々に対する心の知覚メカニズムを起動させることだろう．これは，ユニセフなどが実際に行っている手法でもある[10]．同様の手法は，心の知覚だけでなく，タイプキャスティングにも利用可能だろう．例えば，われわれは，犯罪被害者に対して，本人にも落ち度があるというような見方を取りがちである．このような場面では，被害者の被行為者としての側面を強調することで，被害者がいわれのない非難を受けることを避けることができるかもしれない．このような手法は，われわれの心の知覚メカニズムのあり方自体を変えるものではなく，それらを取り巻く環境を変えることによって，心の知覚メカニズムの働き方を変化させるというものである．それゆえ，この第一の方法を環境工学的な手法と呼ぶことができるだろう[11]．

第二の方法は，自動的な心の知覚メカニズムとは別の過程に働きかけるというものである．例えば，ある仕方で動く図形を見たとき，ある意味では，われわれはその図形に意図を見てとらざるを得ないが，その図形が本当に意図を持っていると文字通りに考えるわけではないだろう．このような場面では，自動的な心の知覚メカニズムとより高次の認知メカニズムが同時に働いており，われわれは，最終的には高次の認知メカニズムの出す結論を採用していると考

---

10) 顔の見えない相手よりも顔の見える相手に対して援助行動が促進されることについては，Small and Loewenstein (2003) を参照．
11) 行動経済学者のセイラーとサンスティーン (Thaler and Sunstein, 2008) は，われわれの選択を特定の方向に導く制度設計などを「ナッジ (nudge)」と呼んでいる．ここで環境工学的な手法と呼ぶものは，ナッジの一種と考えることができるだろう．

えられる．このように，自動的な心の知覚メカニズムの働きそのものを変えることはできないとしても，高次の認知メカニズムにしかるべき情報を与えることによって，自動的なメカニズムの働きをある程度制御することができるかもしれないのである．例えば，さきにも論じたように，道徳的タイプキャスティングはバイアスにつながることがある．しかし，われわれの心にはそのようなメカニズムが備わっているということを自覚すれば，自動的なタイプキャスティングメカニズムの働きを抑制したり，このメカニズムからの出力を意思決定にそのまま用いないようにしたりすることが可能になるかもしれない．この第二の手法は，いわば合理的説得による手法である[12]．

以上のように，心の知覚そのものは無意識的で自動的なメカニズムによるものであり，その働き方を恣意的に変えることができるものではないかもしれない．その意味では，心概念についての概念工学には限界がある．しかし，われわれは，このメカニズムの働き方を二つの仕方である程度制御できるのである．

5 　概念工学的介入の有効性

心概念の概念工学に関しては，検討すべき問題がもう一つある．それは，概念工学的な介入はどの程度の効力を持ちうるものかということである．

前節で述べたように，心概念の概念工学は，おもに二つの手法を用いることになる．一つは自動的な心の知覚メカニズムへの入力を操作する手法であり，もう一つは自動的な心の知覚メカニズムと並存する高次の認知システムに働き

[12)] 自動的なメカニズムと高次の認知過程は，近年認知科学で盛んに論じられている二重過程理論におけるシステム１とシステム２におおよそ対応していると言ってよいだろう．二重過程理論によれば，われわれは，無意識的，機械的で素早い情報処理過程であるシステム１と，意識的，論理的で時間のかかる情報処理過程であるシステム２という二種類の情報処理過程を有している．例えばある事柄の確率を見積もるとき，われわれは，素早く直観的に見積もることも，データに基づいて数学的に確率を算出することもできる．前者がシステム１による情報処理であり，後者がシステム２による情報処理である．二重過程理論については Kahneman (2011) などを参照．

かける手法である．では，両者の効力に違いはあるだろうか．

　近年の認知科学研究をふまえれば，無意識的で自動的な過程の力は，われわれが通常考えているよりも強力だと考えられる．例えば，われわれは自分の考えに合致するデータに注目し，合致しないデータを無視する傾向や，目先の利益と比較して遠い未来の利益を割り引いて考える傾向を持つ．われわれがこれらの傾向を持つことはよく知られているが，そのことを理解し，それらが不合理であると考えるようになったとしても，それらの傾向を完全に解消することはきわめて困難である．また，特定の条件下では，自動的な過程の力はより強力になる．例えば，確率についての判断を素早く下すように求められたときには，われわれは様々なヒューリスティックを用いて判断を下し，その結果はかならずしも数学的に正しいものとはならなくなることがよく知られている．これらの知見をふまえれば，高次の認知過程に働きかけるアプローチには一定の限界があると考えられる．

　心概念の概念工学の有効性を考える上でもう一つ考慮すべき点は，いずれの手法においても二つの過程のあいだに緊張関係が生じうるということである．まず，発展途上国の人々への援助行動を促進するという状況を考えてみよう．ここでは，われわれが働きかけを行う前には，高次の認知過程では発展途上国の人々も心を持つ存在だということを理解していたとしても，自動的な心の知覚メカニズムが起動されないため，援助行動が十分に動機づけられないという問題があった．ここで，飢えに苦しむ子供の写真を見せれば，自動的な心の知覚メカニズムが起動し，援助行動が強く動機づけられることになる．このような場面では，当初存在していた二つの過程の不一致が，概念工学によって解消されることになる．

　これに対して，環境保護促進のために心の知覚を促進する場合には，森林や河川によっては自動的な心の知覚メカニズムは起動されず，高次の認知過程においても，われわれは森林や河川が心を持つとは考えていない．ここで，なんらかの環境工学的な手法によって自動的な心の知覚メカニズムを起動させることができれば，人々は森林や河川に心を見出すようになり，それらに対する行動が変化するかもしれない．しかし，高次の認知過程においては，人々は依然

として森林や河川は心を持たないと考えているだろう．この事例においては，概念工学的な介入の結果，整合的であった二つの過程のあいだに不整合が生じるのである．

合理的な手法でも同様の問題は生じうる．例えば，社会心理学者は，道徳的タイプキャスティングについての研究結果を明らかにし，一般の人々に注意喚起することによって，このバイアスを解消しようとするかもしれない．このような場合に働きかけの対象となるのは，高次の認知過程である．この場合には，自動的な心の知覚メカニズムにおいては依然としてタイプキャスティングが効力を持ち続けるが，高次の認知過程の働きを変えることによって，その影響を解消しようというのである．このような場合にも，概念工学的な介入の結果，当初は明確な不整合が存在しなかった二つの過程のあいだに不整合が生じることになる．

このように，概念工学的な介入が二つの過程のあいだに不整合を引き起こす場合には，概念工学的な介入が二つの過程を整合的にする場合と比べて，その効果は限定的なものとなるかもしれない．この点でも，心概念の概念工学には一定の限界があると考えられる．

以上の考察からは，心概念の概念工学に関して，今後社会心理学者と哲学者が取り組むべき課題も明らかになる．社会心理学者は，第一に，心の知覚メカニズムへの入力を操作する環境工学的な手法と，意識的で反省的な過程に働きかける合理的説得による手法が，それぞれ具体的にどのような場面に適用可能であり，どの程度の効力を持ちうるかを明らかにする必要がある．第二に，これらの手法によって二つの過程に不整合が生じる場合に，概念工学的介入がどの程度の効力を持ちうるか，そしてその効力を高める方法は存在するかどうかを明らかにする必要がある．

哲学者は，第一に，心の知覚に概念工学的な介入が必要な場面をさらに特定する必要がある．第二に，どのような概念工学的介入は適切であり，どのような介入は適切でないかの線引きを具体的に示す必要がある．とくに，環境工学的な手法がある種の操作としての性格を持つ場合にそれをどこまで許容するか，

実践的な関心を記述的な関心よりも優先し，誤った心の知覚を促進することが適切であるのはどのような場合かといった問題について，具体的な提案を示す必要があるだろう[13]．

6 おわりに

心の知覚は社会生活の様々な場面で重要な意味を持つ．それゆえ，心概念の概念工学が可能だとすれば，その実践的な意義は大きい．しかし，心概念の概念工学には，いくつかの重大な制約が存在する．第一に，心概念は記述的な性格を持つため，われわれは概念工学において事の真相を無視することはできない．第二に，心の知覚の基盤は無意識的で自動的なメカニズムであり，それゆえ，われわれは心の知覚のあり方を自由に変えることはできない．心概念の概念工学を試みる際には，これら二つの制約のもとで何ができるのか，何をすべきであるのかを考えなければならないのである[14]．

参考文献

Arico, D., Fiala, B., Goldberg, R., et al. (2011): "The folk psychology of consciousness," *Mind and Language*, 26 (3), 327-352.

Churchland, P. M. (1981): "Eliminative materialism and propositional attitudes," *The Journal of Philosophy*, 78 (2), 67-90.（邦訳：ポール・チャーチランド「消去的唯物論と命題的態度」関森隆史訳，信原幸弘編『シリーズ心の哲学 III 翻訳篇』勁草書房，2004 年）

Dennett, D. (1987): *The Intentional Stance*. Cambridge, MA: MIT Press.（邦訳：ダニエル・C・デネット『「志向姿勢」の哲学——人は人の行動を読めるのか』若島正・河田学訳，白

---

13) 提案として考えられるのは，例えば，概念工学的な介入の目的がよいことであるという点について広く合意が成り立ち，かつ，概念工学的な介入が行われていることをその対象となる人々が知ることができる場合であれば，概念工学的な介入を認めてもよい，ということだろう．概念工学的な介入が行われていることを人々が知りえない場合には，たとえその目的がよいことだとしても，慎重な検討が必要となる．さきに言及したセイラーとサンスティーンも，ナッジの利用について同様の点を指摘している．

14) 本セクションは JSPS 科研費（16H03347 および 26284001）による研究成果の一部である．

揚社，1996年）
Gray, H. M., Gray, K. and Wegner, D. M. (2007): "Dimensions of mind perception," *Science*, 315, 619.
Gray, K. and Wegner, D. M. (2009): "Moral typecasting: Divergent perceptions of moral agents and moral patients," *Journal of Personality and Social Psychology*, 96, 505-520.
Heider, F. and Simmel, M. (1944): "An experimental study of apparent behavior," *American Journal of Psychology*, 57, 243-249.
Kahneman, D. (2011): *Thinking, Fast and Slow*. New York: Farrar, Straus and Giroux.（邦訳：ダニエル・カーネマン『ファスト&スロー――あなたの意思はどのように決まるか？（上）・（下）』村井章子訳，早川書房，2012年）
Knobe, J. and Prinz, J. (2008): "Intuitions about consciousness: Experimental studies," *Phenomenology and the Cognitive Sciences*, 7 (1), 67-83.
Phelan, M., Arico, A. and Nichols, S. (2013): "Thinking things and feeling things: On an alleged discontinuity in folk metaphysics of mind," *Phenomenology and the Cognitive Sciences*, 12 (4), 703-725.
Singer, P. (2011): *Practical Ethics*, 3rd ed. Cambridge: Cambridge University Press.（第二版の邦訳：ピーター・シンガー『実践の倫理（新版）』山内友三郎・塚崎智監訳，昭和堂，1999年）
Small, D. and Loewenstein, G. (2003): "Helping a victim or helping the victim: Altruism and identifiability," *The Journal of Risk and Uncertainty*, 26 (1), 5-16.
鈴木貴之（2002）：「「心の理論」とは何か？」，『科学哲学』日本科学哲学会，第35号，pp. 83-94.
Thaler, R. and Sunstein, C. (2008): *Nudge: Improving Decisions about Health, Wealth, and Happiness*. New Haven: Yale University Press.（邦訳：リチャード・セイラー，キャス・サンスティーン『実践 行動経済学』遠藤真美訳，日経BP社，2009年）
Ward, A. F., Olsen, A. S. and Wegner, D. M. (2013): "The harm-made mind: Observing victimization augments attribution of minds to vegetative patients, robots, and the dead," *Psychological Science*, 24, 1437-1445.
Wegner, D. M. and Gray, K. (2016): *The Mind Club: Who Thinks, What Feels, and Why It Matters*. New York: Viking.

第4章
自由意志の概念を工学する

4-1 心理学の側からの問題提起　　　　　　　　　　　　渡辺匠

1　はじめに

　「自由意志」という言葉を聞いて，どのようなイメージを抱くだろうか．意識的に覚えているかどうかはさておき，ほとんどの人はこれまでに何度も「自由意志」という言葉を目にしたり，耳にしたりした経験があると思われる．いくつかの大学案内のパンフレットには，「自由意志で授業やサークルを選択できる」と大々的に書いてあるし，心理学の研究に協力するときには，「研究参加はあなたの自由意志による」ということが多くの場合明記されている．それらを見聞きしたときに，「自由意志って何のこと？」と立ち止まって考えたり，誰かに尋ねたりする人はほぼいないだろう（少なくとも筆者は，研究以外の文脈で誰かに尋ねられたことは一度もない）．だとすれば，一般的に人は自由意志について何らかのイメージを抱いており，自由意志という概念を頭の中にもっているのだと考えられる．その概念とは，一体どのようなものだろうか．

　自由意志概念は哲学者が長きにわたって頭を悩ませてきた問題である．自由意志概念そのものの定義もさることながら，哲学者にとっての一番の論争点は自由意志と決定論の両立可能性の問題にある．ここで，決定論の概念を簡単に説明すると，「いま起きている出来事が過去の出来事によって決定される」という考え方を基本的に意味する．車の運転を例にすると，「ハンドルを右に切れば車は右に曲がり，ハンドルを左に切れば車は左に曲がる」ということは決

まっており，（設計などに不備がなければ）ハンドルを切る方向と逆に曲がることはあり得ない．つまり，「ハンドルを右あるいは左方向に切る」という出来事が「車が右あるいは左方向に曲がる」という出来事を決定づけるのである．このように，われわれは物理的な出来事（この場合は車が曲がること）が過去の出来事によって決定されることを経験的に知っており，また実際に（日常生活で問題となるマクロなレベルでは）物理的な出来事は過去の出来事によって決定されている．一方で，人間の行動はどうだろうか．素朴に考えると，人間の行動は決定されていないようにも思えるが，「①：人間の行動は脳の働きにもとづいている」，かつ「②：脳の働き（つまり物理的な出来事）は決定されている」とすれば，人間の行動も前もって決定されていると考えられる．①と②の前提が正しいかどうかは本セクションの範囲を超えているため，ここでは議論しない．ここで述べたいことは，「人間の行動が決定されている」と解釈する余地もそれなりにある，ということである．

仮にわれわれの行動が決定されているとして，それでも自由意志は存在するのだろうか．この問題こそが，哲学者が最も関心をもつ自由意志と決定論の両立可能性の問題である．（理解のしやすさのために）自由意志の代わりに道徳的責任と決定論の両立可能性の問題について説明すると，私が誰かに銃を突きつけられ，「太田先生を叩け」と命令されたとする．この場合，私が実際に太田先生を叩いたとしても，おそらく道徳的責任を問われることはないだろう．なぜなら，銃を突きつけられたことで，私の行動は決定されていた（実質的に行動の選択肢はなかった）と考えられるからである．このように，「行動が決定されているとすると，道徳的責任（あるいは自由意志）は存在しない」と考えるのが非両立論である．しかし，両立可能性の問題は一筋縄ではいかない．上述の例で，私が誰かに銃を突きつけられ，命令されつつも，実は「太田先生を叩きたい」と思って，ニヤニヤしながら叩いたとする．このケースでは，自分の行動が決定されていたとしても，道徳的責任の成立する余地は十分にあるだろう．このように，「行動が決定されていたとしても，道徳的責任（あるいは自由意志）は存在しうる」と考えるのが両立論である．多くの場合，自由意志の存在は道徳的責任の前提として考えられている．そのため，決定論が正しいのか

どうか，また正しいとして（正しくなくても）自由意志が存在するのかどうかは，道徳的責任の有無と直接連動し，法制度などのわれわれの社会的実践の根幹を左右する非常に重要な問題になるのである．

ただし，本セクションの目的は自由意志の有無や決定論との両立可能性を明らかにすることではない．本セクションの目的は，これらの問題もふくめた自由意志に対する人々の概念理解を明らかにすることである．そしてそのうえで，「人々の概念を良いものへ作り変える」という概念工学の観点から，人々の自由意志概念を修正できるとすれば，どのような概念がより望ましいかを提案することとする．以下ではまず，人々が自由意志概念をどのように理解しているかについて，自由記述と質問紙尺度という二つの方法論にもとづく研究知見をそれぞれ紹介し（2節），そこで浮かび上がる人々の自由意志概念と哲学者の想定する自由意志概念との関連を議論する（3節）．さらに，「自由意志は存在する」という人々の信念がわれわれの社会生活にどのような影響を与えているかをレビューする（4節）．最後に，これら自由意志に対する人々の概念理解や社会的な影響をふまえ，概念工学の見地からより良い自由意志概念に向けた修正案を提起する（5, 6節）．本セクションの結論は，人々の自由意志概念を両立論的なものに改定することで，ウェルビーイングを向上させることができる，というものである．

2　人々の自由意志概念を捉える

2.1　自由記述による研究

上述したように，自由意志の問題は哲学の領域をはじめとして長年議論されてきたが，それにもかかわらず，自由意志とはそもそもどのような概念なのかについて，いまだに研究者の間で合意は得られていない．しかし，哲学における過去の議論を俯瞰的に眺めると，自由意志の概念として他行為可能性を重視する立場と，行為者性を重視する立場の二つが存在している（渡辺ほか，2015）．このうち，他行為可能性とは「複数の行為が可能である」ということを意味し

ており，行為者性とは「自分の心理状態が行為を引き起こす」ということを意味している．なかには，自由意志概念に魂や非決定性などの形而上学的な要素を仮定した研究者も存在するが (e.g. Swinburne, 2013)，基本的に自由意志は「自分の心理状態に沿って行為を選択する」という概念であると理解できよう．ただし，このような概念理解は研究者によるものであって，一般の人々によるものではない．研究者は自身の見解が一般の人々にも共有されていると無条件に仮定することもあるが，実際にそうであるとはかぎらない．人々の自由意志概念を捉えるためには，研究者が自分の頭で考えるだけでなく，調査や実験といった実証的なデータを通じて分析することが必要だろう．

　人々の自由意志概念を明らかにするための最も直接的な方法は，「自由意志とは何か？」を人々に自由記述で回答してもらうことである．ただし，これでは直接的すぎて答えにくいため，Monroe and Malle (2010) は「自由意志をもつということは何を意味するか？」を人々に尋ねている．対象者の大学生201人のうち，無回答は12人のみで（コード不能な回答者もふくめると21人），ほとんどの回答者は何らかの自由意志概念を保持していたといえる．それでは，その概念とはどのようなものなのだろうか．モンローらが参加者の自由記述の反応をコーディングした結果，特に多かったのは，1. 決定や選択をする能力，2. 自分がしたいと思うことをすること，3. 内外の要因に拘束されずに行動すること，のいずれか（もしくは複数）の要素にふれた回答であった．さらに，モンローらはそれらの知見が一般成人にも適用できるかどうかを調べている (Monroe and Malle, 2014)．その結果，大枠では大学生と同様の結果が得られ，1. 選択，2. 欲求，3. 内外の制約からの自由，の要素にふれた回答が多く観察された．

　大学生と一般成人を対象としたそれぞれの研究で，1の要素は他行為可能性と対応しており，2の要素は行為者性と対応しているといえるだろう．そのため，基本的に人々は哲学者の見解と一致した自由意志概念をもっていると判断できる．それにくわえて，モンローらの研究では，制約からの自由（内的もしくは外的要因に拘束されずに行動する）という共通した概念が抽出されている．つまり，人々の自由意志概念は他行為可能性と行為者性，制約からの自由から

表 4-1-1　自由意志に関する自由記述の研究結果（回答者が言及した割合）

研究 回答者	Monroe & Malle (2010) 大学生 201 名	Monroe & Malle (2014) 一般成人 39 名	Watanabe et al. (in preparation) 大学生 301 名
他行為可能性	65 %	41 %	21 %
行為者性	33 %	38 %	44 %
制約からの自由	29 %	74 %	30 %

構成されており，自由意志は「何ものにも拘束されず，自分の心理状態に沿って行為を選択する」ことを意味すると解釈できよう．なお，魂や非決定性など，哲学者の議論に登場する形而上学的要素は，人々の自由記述の回答ではほとんどみられなかった．したがって，自由記述のデータにもとづくと，人々にとって自由意志は形而上学的な概念ではないと思われる．

　上記のモンローの研究は，いずれもアメリカで実施したものである．そのため，彼らの研究知見がアメリカだけでなく，ほかの文化圏にも一般化できるかどうかはわからない．そこで，筆者らは日本で自由意志概念に関する自由記述の研究を実施した（Watanabe et al., in preparation）．モンローらと同様に，「自由意志をもつということは何を意味するか？」を大学生 301 人に尋ねたところ，1．他行為可能性，2．行為者性，3．制約からの自由，の三つの要素にふれた回答が多かった．他行為可能性に言及した回答者は相対的に少なかったものの，全体的には日本でもアメリカと似た結果のパターンが得られており，さらに魂や非決定性などの形而上学的な要素にふれた回答者はほとんどいなかった．よって，「何ものにも拘束されず，自分の心理状態に沿って行為を選択する」という自由意志概念は，日本とアメリカという文化の違いを超えて共有されていると判断できよう（表 4-1-1）．

2.2　質問紙尺度による研究

　先述したように，人々の自由意志概念を調べる直接的な方法は，「自由意志は何を意味するか？」を自由記述で尋ねることである．しかし，人々の自由意志概念は自由記述だけでなく，質問紙尺度の方法によっても検討することができる．この方法で研究者は自由意志に関する一連の質問項目を作成し，その質

問項目に対する参加者の反応を分析することで，人々の自由意志概念を捉えることができる．例えば，自由意志と道徳的責任に関する文章をそれぞれ複数提示し，参加者に同意の程度を尋ねたとする．その反応に対して因子分析をおこない，もし自由意志の項目と道徳的責任の項目が同じ因子に分類されれば，自由意志と道徳的責任は参加者にとって深く結びついた概念として捉えられていることを示唆する．さらに，質問紙尺度を通じた方法は自由意志の概念そのものだけでなく，ほかの変数との関係も分析することができる．そのうえ，質問紙尺度の方法は実施・分析が簡便なため，心理学者を中心としてこれまで検討が進められてきた．

　心理学者が開発した自由意志概念に関する代表的な尺度として，FAD＋（Paulhus and Carey, 2011；渡辺ほか，2014）と FWDS (Rakos et al., 2008；渡辺ほか，2016) の二つが挙げられる．このうち，FAD＋は自由意志，科学的決定論，運命的決定論，予測不可能性の四つの因子から構成されている．何が因子として抽出されるかは，用意した質問項目や分析法にも依存するが，彼らの研究では自由意志と道徳的責任に関する項目は同じ因子（自由意志）に分類されていた．つまり，この研究にもとづくと，自由意志と道徳的責任は強く結びついた概念として人々に理解されていると考えられよう．ポールハスらの FAD＋に対し，ラーコスらの FWDS は一般的自由意志（人々の自由意志）と個人的自由意志（自分自身の自由意志）に関する項目がそれぞれ用意されている．そのため，このような自由意志の主体を区別する際に，FWDS はとりわけ有用な尺度になるだろう．

　FWDS や FAD＋は心理学の領域で度々利用されているが，そこにふくまれる質問項目は哲学領域で議論される自由意志や決定論の概念をかならずしも反映していないという可能性が指摘されている (e.g., 渡辺ほか，2015)．そこで，近年は心理学者と哲学者が協働し，哲学領域における議論も反映した自由意志の尺度を開発しようとする試みがなされてきた．その例として，ネイデルホッファーとダーリーのグループはそれぞれ複数の調査・因子分析を実施し，FWI (Nadelhoffer et al., 2014) と FWIS (Deery et al., 2015) を作成している．このうち，ネイデルホッファーらの FWI では，分析過程で自由意志と道徳的責任，また

決定論と運命論は同じ因子に分類される傾向があった．それに対して，ダーリーらのFWISでは，自由意志と道徳的責任，また決定論と運命論が別の因子として分類されている．

このように，質問紙尺度を通じた因子分析の結果は研究間で一貫してはいない．だとすると，どのような研究の結果がより信用に値するだろうか．因子分析の結果は研究者が事前に用意した質問項目の内容や数に依存するため，質問項目作成する際は特定の立場に偏る研究者のバイアスをできるかぎり排除しなければならない．例えば，はじめから人々にとって自由意志と決定論の概念は両立しないと仮定してしまうと，それらが両立するという信念を検出できず，さらにほかの変数との関係を分析する際にも，自由意志と決定論の影響を識別することが困難になる．FWIとFWISは心理学者と哲学者が協働することで，主観的なバイアスを可能なかぎり排除しているが，そこで作成される項目は「研究者にとっての自由意志概念」であり，「人々にとっての自由意志概念」ではない．自由意志に関する質問紙尺度が「人々にとっての自由意志概念」を測定することを目的とするならば，「自由意志を持つということは何を意味するか？」を尋ねた自由記述の研究結果にもとづき，質問項目を作成する必要があるだろう．自由記述の研究では，自由意志の構成概念として 1. 他行為可能性, 2. 行為者性, 3. 制約からの自由, の三つの要素が抽出されている．もしこれら三つの要素に関する質問項目を作成し，それぞれの要素が別の因子として抽出されれば，「人々の自由意志概念は他行為可能性や行為者性，制約からの自由から構成される」という知見の妥当性が高まるだろう．

そこで，筆者らは自由記述データにもとづく質問項目を作成し，数度にわたって調査を実施した (Watanabe, 2016)．測定した質問項目は他行為可能性，行為者性，制約からの自由という自由意志の下位概念 (表 4-1-2)，そして道徳的責任や実体二元論，因果的決定論などの関連概念である．調査データを分析した結果，予測と一致して，他行為可能性，行為者性，制約からの自由という三つの下位因子が抽出され，それらが関連概念と同じ因子に分類されることはなかった．さらに，三つの下位因子は，別途測定した「自由意志は存在する」という質問項目と正の相関をもつことが明らかになっている．つまり，他行為

表 4-1-2　自由意志信念の測定に使用した質問項目

他行為可能性
1. ほとんどの場面で，われわれには複数の行動の可能性が開けている
2. ある行動が起きたときに，ほかの行動が起きることも当然可能だったはずである
3. さまざまな局面で，人間の行動は複数の選択肢のなかから生起している
4. 仮にそのときの考えが異なれば，実際の行動とは異なる行動が生じうるはずだ
5. もし状況が少しでも変われば，それにともない現実の行動も変化する可能性がある

行為者性
1. わたしたちは自分の意のままに行動をすることができる
2. ほとんどの行動は当人の思考や欲求，動機によって引きおこされる
3. 人は自分の意志にもとづき行動を決定している
4. われわれは理由や目的にそって，行動をすることができる
5. わたしたちの心のはたらきが行動を引きおこしている

制約からの自由
1. わたしたちは制約なしに行動を決めている
2. 当人以外の誰かが行動を決定することはできない
3. 人間はみずからの衝動を克服することができる
4. われわれの行動は周囲の環境によって引きおこされてはいない
5. 人の行動は外的な要因によって強制されるわけではない

可能性や行為者性，制約からの自由を肯定する文章に同意した人ほど，「自由意志は存在する」という文章にも同意したことになる．このことは，三つの因子が自由意志を構成する概念であることを示唆しているといえよう．

3　哲学者の議論との接点

　自由記述と質問紙尺度による研究を通じて，人々の自由意志概念の内実が徐々に明らかになってきたといえる．つまり，人々にとって自由意志は他行為可能性や行為者性，制約からの自由から構成される心理的な概念であって，魂や非決定性などを示唆する形而上学的な概念ではないようである．実際に，自由記述にもとづく研究では，形而上学的な要素にふれた回答はほとんど観察されなかった．しかし，そうであっても，人々の自由意志概念に形而上学的な要素がふくまれている可能性はまだある．例えば，「自由意志とは何か？」という質問をそのまま聞かれても，魂という要素は自分ではすぐに思いつかないが，

「自由意志に魂は必要か？」という質問に同意する傾向があれば，人々の自由意志概念に魂という要素がふくまれると判断することもできる．哲学者が想定する形而上学的な要素には，魂だけではなく非決定性や引き起こされない原因など，様々な種類があるが，ここでは魂という要素を取り上げて，自由意志概念との関連を検討することとする．

　自由意志にとっての魂の必要性を直接尋ねた研究では，必要であると回答した人（28％）と必要でないと回答した人（36％），わからないと回答した人（36％），でそれぞれの割合が約3分の1ずつになっている（Monroe and Malle, 2014）．さらに，「非物質的な魂がなければ，自由意志もないだろう」という質問項目を提示すると，7件法での回答平均値は中点に近く（3.82），すなわち「どちらともいえない」という反応であった（Nadelhoffer et al., 2014）．また，相関分析の結果をみると，自由意志と魂の判断は正の相関をもつというデータがある一方で，両者は関連しないというデータもある．例えば，渡辺・唐沢（2014）では，他行為可能性や行為者性，制約からの自由を肯定する人ほど，非物質的な魂の存在も肯定する傾向があった．それに対し，Monroe et al. (2014) は「自由意志があるか」という判断と「魂があるか」という人々の判断が乖離することを示している．このように，現時点で結論はできないが，魂などの形而上学的な要素がいつ，どのようにして自由意志概念と関連するのかについて，今後も検討することが望まれる．

　以上みてきた人々の自由意志概念は，決定論と両立するのだろうか．先述したとおり，決定論との両立可能性は自由意志について哲学者が最も関心をもつ問題である．これを人々の信念の問題として捉えると，もし人々にとって自由意志と決定論が両立しないのであれば，自由意志に関する質問項目と決定論に関する質問項目の間には負の相関関係が観察されると予測できる．すなわち，自由意志を肯定する人ほど決定論を否定し，また決定論を肯定する人ほど自由意志を否定する傾向があるだろう．この予測について，FWIS では，自由意志（他行為可能性など）と決定論の間で部分的に負の相関関係が観察されている（Deery et al., 2015）．それに対し，FAD＋や FWI では，自由意志と決定論の質問項目の間に有意な負の相関はみられなかった（Nadelhoffer et al., 2014；Paulhus and Carey, 2011；渡辺ほか，2014）．したがって，相関分析の結果をみると，非両立論を支持するデータがある一方で，両立論を支持するデータも報告されている．それでは，これらの相反するデータはどのように解釈できるだろうか．

　FWI や FWIS では，単に自由意志について尋ねるだけではなく，非両立論的な自由意志概念と両立論的な自由意志概念を弁別して尋ねた質問項目がふくまれている．これらの質問項目への回答をみると，人々は非両立論的な自由意志概念を肯定する一方で，両立論的な自由意志概念も肯定するようである．例えば，FWI の「自由意志とは，選択までにいたるすべての出来事が同一であったとしても，異なる選択をする能力である」という質問項目に対して，約 8 割の回答者は「同意する」という方向で回答をしていた（Nadelhoffer et al., 2014）．その一方で，「自由意志とは信念や欲求にもとづいて選択をする能力である（信念や欲求が異なれば，選択も異なるだろう）」という質問項目についても，ほぼ同じ割合の回答者が「同意する」という方向で回答をしていた．つまり，参加者は自由意志が非両立論的な概念かを聞かれても，両立論的な概念かを聞かれても，いずれも同意していたことになる．このことは，人々が自由意志と決定論の両立可能性について一貫した信念をもつわけではないことを示唆しているといえよう．

4　「自由意志が存在する」という信念の影響

4.1　責任帰属

　長年検討してきた哲学者の間で定義が一致していないように，人々の間でも自由意志概念の中身には一定のばらつきがみられている．しかしながら，その概念を形作る主要な要素（他行為可能性と行為者性，制約からの自由）は文化間で一致しているといえるだろう．さらに，「自由意志が存在する」という信念も，所属文化を問わず共有されていることが示されている．その例として，ラーコスらの FWDS をもちいると，対象地域がアメリカか日本かにかかわらず，また対象となる主体が自分自身か人々かにかかわらず，回答者は「自由意

志は存在する」という方向で判断していた（Rakos et al., 2008；渡辺ほか，2016）．このように，「自由意志は存在する」という信念が人々の間で共有されているならば，その信念はわれわれの社会生活における重要な判断や行動に影響しているはずである．では，その影響とは，一体どのようなものだろうか．

　想定される一つめは，責任帰属（行為に対して道徳的責任を付与すること）に対する影響である（Baumeister and Monroe, 2014；渡辺ほか，2015）．もし「自由意志は存在する」という信念が否定されれば，すなわち「何ものにも拘束されず，自分の心理状態に沿って行為を選択する」ことができないなら，自分や他者の行為に対して責任を付与することが困難になるだろう．例えば，われわれの道徳判断は「ほかの行為をとることが可能だったかどうか」という他行為可能性の知覚にもとづいており，もし傷害事件の加害者がまさにその行為しかできなかったのであれば，われわれはその行為に対する責任を低く見積もると考えられる．他行為可能性の観点だけでなく，行為者性や制約からの自由の観点からも，もし加害行為は本人が意図したものでなく，またその行為を促進する他者や環境の強い影響があったとすれば，加害行為への非難の程度は弱くなるだろう．以上のように，「自由意志は存在する」という信念は，われわれの社会において道徳的責任の基盤となっているのである．それゆえ，その信念が強い人ほど，一般的に責任を帰属する傾向があると予測できる．

　この予測と一致して，自由意志信念と責任帰属の項目の間には，正の相関関係が得られている（Bergner and Ramon, 2013；Nadelhoffer et al., 2014）．つまり，自由意志の存在を肯定する文章に同意した人ほど，自分や他者の行為に道徳的責任を付与する傾向があった．同様に，Deery et al. (2015) でも，他行為可能性は道徳的責任の判断と正の相関をもっていた．それにくわえて，Monroe et al. (2014) は，行為者に対する選択能力や意図性の知覚が行為者への非難の程度を予測することを明らかにしている．これらの知見はすべて，「自由意志は存在する」という信念が道徳的責任と関連することを示しているといえるだろう．ただし，もし「自由意志は存在する」という信念が道徳的責任の基盤であるならば，自由意志の信念は責任帰属とただ関連するだけでなく，責任帰属に対して因果的な影響をもつはずである．そのため，もし自由意志信念が否定されれ

ば，責任帰属は弱くなるだろう．

　責任帰属への因果関係を調べた研究として，Watanabe et al. (2015) や Shariff et al. (2014) が挙げられる．まず Watanabe et al. (2015) について，参加者は自由意志の存在を肯定する英文（自由意志条件），自由意志の存在を否定する英文（決定論条件），自由意志とは無関係な英文（統制条件）のいずれかを提示され，その英文を和訳することが求められた．つづけて，参加者は「ある人物がほかの見知らぬ人物と口論になり，路上で刺殺した」という仮想シナリオを読み，その事件における加害者の量刑を判断した．その結果，決定論条件の参加者は自由意志条件や統制条件の参加者よりも，量刑判断が寛容になっていた．したがって，「自由意志は存在する」という信念が否定されると，加害行為に対する責任帰属が弱くなることが示唆される（ただし，この傾向は加害者が参加者とは関係ない第三者の場合にかぎられており，加害者が参加者の友人の場合に自由意志信念による影響はみられなかった）．

　同様に，Shariff et al. (2014) は自由意志の存在が否定される情報を提示すると，仮想シナリオにおける加害行為の責任が軽減されることを示している．例えば，研究4では，神経科学の授業（「行為が脳によって決定される」という内容が自由意志の否定として受け止められやすい）を1学期受講した参加者は，受講前と比べて加害者の量刑年数を短く判断する傾向があった．なお，量刑判断の根拠には応報主義と帰結主義の二つが存在する．応報主義は加害行為そのものが刑罰に値するという立場であり，帰結主義は加害者の更正など，結果として生じる有用性に応じて刑罰を下すという立場である．シャリフらはシナリオで加害者の更正可能性が100％であると説明することで（帰結主義の観点からはそれ以上刑罰を必要としない），応報主義的な判断に焦点を当てている．そのため，「自由意志は存在する」という信念が否定されると，応報主義の観点から加害行為は刑罰に値しないと判断されると考えられよう．実際に，Shariff et al. (2014) の別の研究では，「自由意志は存在する」と思う人ほど，応報主義の重要性を高く判断する傾向があった．それに対し，「自由意志は存在する」という信念は，帰結主義の重要性とは関連していなかった．

4.2　自己コントロール

　自由意志信念の影響は，責任帰属にとどまらない．自己コントロール（自身の衝動的反応を抑制すること）も自由意志信念によって促進することが提起されている（Baumeister and Monroe, 2014；渡辺ほか，2015）．眠いのをがまんして仕事をするように，われわれは日々個人的あるいは社会的な目標に沿って衝動的な反応を抑制するよう努めている．しかし，ひとたび自由意志の存在が否定されれば，何をするかを選択したり，自分の思い描くとおりに行動したりすることができないことになる．このような状況では，自身の衝動的な反応を抑制しようとは思わないだろう．つまり，自由意志の否定は自己コントロールの放棄を正当化する要因として働いているのである．裏を返せば，「自由意志は存在する」という信念は自己コントロールを促進すると考えられよう．それゆえ，自由意志の信念が強い人ほど，一般的に自己コントロールの動機づけが強いと予測できる．

　この予測を検証した研究では，かならずしも強くはないものの，自由意志信念と自己コントロールとの間に正の相関関係が得られている（Feldman et al., 2016；渡辺ほか，2016）．すなわち，「自由意志は存在する」と信じる人ほど，自分の衝動的反応を抑制できるようである．だとすると，自由意志信念が強い人は自己コントロールの改善をとおして，日々望ましい行動をとりやすくなると考えられる．その結果，大学や職場でのパフォーマンスは向上するであろう．実際に，Feldman et al.（2016）は大学生を対象として，学期前に測定した自由意志信念の強さがGPAなどの学業成績を予測することを示している．さらに，Stillman et al.（2010）は日雇い労働者を対象として，「自由意志は存在する」という信念が強い人ほど，職場の上司からの客観的な評価が高いことを明らかにした．以上のように，「自由意志は存在する」という信念は自己コントロールを促進しており，その結果として大学や職場でのパフォーマンスが向上すると考えられる．ただし，これらのデータは相関関係であって，因果関係ではない．そこで，自己コントロールの関連変数への因果関係を分析した研究を次に紹介することとする．

　まず，Vohs and Schooler（2008）は「自由意志は存在する」という信念がテ

ストの不正行為に与える因果的影響を検証している．例えば，実験2では自由意志の存在を肯定する文章（自由意志条件），無関連な文章（統制条件），否定する文章（決定論条件）のいずれかを参加者に提示したあと，1人で読解・計算課題をおこなわせた．参加者はその回答を自分自身で採点し，正答数に応じた報酬を受け取った．回答用紙は参加者がシュレッダーで廃棄するため，実際には正答数とは関係なく多くの報酬の受け取り（すなわち不正行為）が可能だったことになる．実験の結果，決定論条件の参加者は自由意志条件や統制条件の参加者と比べて，報酬を過大に多く持ち帰っていた．報酬を過大に持ち帰ることは不正行為（自己コントロールの失敗）を意味しているため，「自由意志は存在する」という信念が否定されると，自己コントロールは抑制されると解釈できよう．

　Alquist et al. (2013) は同調傾向に焦点を当て，自由意志信念から自己コントロールへの影響を分析している．彼女らの実験2では，Vohs and Schooler (2008) と似た手法で自由意志信念を操作したあと（参加者は文章を読むのではなく，自分の言葉で書き直すことが求められた），複数の抽象画に対する参加者の評価を測定した．ただし，参加者が評価を書き込む用紙には，ほかの学生による評価がすでに書き込んである．この状況で自身の評価とほかの学生の評価が似通っていれば，参加者は他者の意見に同調していると判断できよう．実験の結果，決定論条件の参加者はほかの条件の参加者よりも，他者の意見に同調する傾向があった．自分自身の意見を表明せず，他者に同調することは自己コントロールの放棄を反映していると考えられている（Alquisit et al., 2013）．そのため，この実験も，「自由意志は存在する」という信念の否定が自己コントロールの放棄を正当化することを示しているといえよう．

　以上の知見にくわえて，リゴーニらはより直接的に自己コントロールとの関連を分析している（Rigoni et al., 2012, 2013）．その例として，Rigoni et al. (2012) は「自由意志は存在する」という信念が自発的な行動抑制の動機づけにおよぼす効果を調べた．この実験で，参加者はコンピュータ画面上で白いボールが斜面を落下するのを観察する．ほとんどの試行で白いボールは斜面の途中で緑色に変化し，参加者はその瞬間にできるだけ早くキーを押してボールを止めるよ

う求められる．よって，キーを押すことが衝動的反応となる．ただし，少数の試行ではボールの色は変化せず（どの試行で色が変わるか事前にはわからない），参加者はキーを押すかどうかを自発的に決定する必要がある．ボールの色が変化しないすべての試行のうち，参加者はキーを押す回数と押さない回数が半分ずつになるように教示を受けた．つまり，ボールの色が変化しない試行では，キーを押す割合を半分に抑えるべきだが，もし自己コントロールが困難になれば，その割合が多くなると予測できる．分析の結果，キーを押す割合は決定論条件が統制条件よりも多かった．したがって，自由意志の否定は自己コントロールの低下を導くと考えられよう．

5　人々の自由意志概念に関するモデル化

「自由意志」という概念を工学する上で，本セクションではそもそも自由意志が人々にとってどのように捉えられており，またその信念がわれわれの社会生活にどのように影響しているかという知見を紹介してきた．それらの知見をモデル化すると，図4-1-1のようになるだろう．人々の自由意志概念には魂などの形而上学的な要素がふくまれることもあるが，自由記述や質問紙尺度をもちいた研究結果にもとづくと，人々の自由意志概念を形作る主要な要素は他行為可能性と行為者性，制約からの自由の三つとなる．すなわち，人々にとって自由意志とは「何ものにも拘束されず，自分の心理状態に沿って行為を選択する」という心理的な概念を基本的に意味するだろう．さらに，人々の自由意志信念は責任帰属や自己コントロールを促進している．つまり，「自由意志は存在する」と思う人ほど，自分や他者の行為に責任を付与したり，自分の衝動的反応を抑制したりできると示唆される．

「自由意志は存在する」という人々の信念は責任帰属や自己コントロールを促進するだけでなく，それらを通じて個人の社会への適合を促進すると考えられる（渡辺ほか，2015）．例えば，「悪い行為をした人は非難されるべきだ」と一般的に責任を帰属する人ほど，不道徳な行為は控えるだろう．つまり，責任

図 4-1-1　自由意志概念の構造と機能に関するモデル（渡辺ほか（2015）一部改変）

帰属は社会にとって望ましい，道徳的なふるまいの基盤になっていると思われる．また，社会では規範に沿って行動することが求められるが，そのためには自分の衝動的な反応を抑制することが必要不可欠だろう．だとすれば，自己コントロールの高い人ほど，自分の所属集団により適合できると考えられる．このように，自由意志信念は責任帰属や自己コントロールへの影響を通じて，社会への適合を促す機能を果たすと予測される．実際に，自由意志信念の強さと社会への適合の関連を示唆する知見として，自由意志信念が強い人ほど，大学や職場でのパフォーマンスが高い傾向があった（Feldman et al., 2016 ; Stillman et al., 2010）．それ以外にも，自由意志信念が強い人は援助行動が増加し，攻撃行動が減少する（Baumeister et al., 2009），偏見が低減する（Zhao et al., 2014），感謝を感じる（MacKenzie et al., 2014），過ちからの学習が増加する（Stillman and Baumeister, 2010），ということがそれぞれ示されている．

　以上のように，自由意志信念が社会への適合を促進し，「自由意志は存在する」と思う人は集団の中で協調して生活できるならば，その結果として個人のウェルビーイングは向上するであろう．つまり，自由意志信念が強い人ほど，ウェルビーイングが高いと予測できる．この予測と一致して，「自由意志は存在する」と思う人ほど主観的幸福感が高く，抑うつ傾向が弱い（Watanabe et al., 2013），人生満足度が高い（Bergner and Ramon, 2013 ; Crescioni et al., 2016 ; Stillman et al., 2010），人生の意義を感じる（Bergner and Ramon, 2013 ; Crescioni et al., 2016），ストレスを感じにくい（Crescioni et al., 2016），ということがそれぞれ明らかになっている．中でも，Crescion et al. (2016) は調査研究だけでなく実験的な検討を通じて，「自由意志は存在する」という信念が否定されると，人生の意義

を感じにくくなることを示している．これらの知見をふまえると，「自由意志は存在する」という信念は，個人のウェルビーイングを向上させると考えられよう．

6 新たな自由意志概念に向けて

　4節で述べたように，「自由意志が存在する」という信念は多くの人の間で共有されている．しかし，だからといってすべての人の自由意志信念が強いというわけではない．それにくわえて，個人の中でも自由意志の信念が変化する余地は多分にある．例えば，これまでの研究でも，決定論に関する情報が提示されると，「自由意志が存在する」という信念は少なくとも一時的に弱くなることがわかっている（e.g., Vohs and Schooler, 2008）．そのような自由意志信念にとって脅威となる情報は，実験室における人工的な場面だけでなく，書籍やインターネットなどのマスメディアを通じて，現実の日常場面でもしばしば提示されている．実際に，科学的知見の中には「（人間の行動もふくめて）いま起きている出来事が過去の出来事によって決定される」という決定論的な考えを示唆するものが多く，その意味で決定論的な考えへの接触は避けようがないだろう．これらの情報によって，「自由意志は存在する」という人々の信念が短期的あるいは長期的に弱まると，どのような帰結が生じるのだろうか．この問いについて，図4-1-1のモデルにもとづくと，責任帰属や自己コントロールは抑制され，さらに社会への適合が阻害されると予測できる．その上，個人のウェルビーイングは低下するだろう．したがって，「自由意志は存在する」という信念が弱いと，個人あるいは社会にとって望ましくない帰結が生じると考えられる．だとすると，われわれはこの問題についてどのように対処すべきだろうか．

　一つの可能性として，決定論と矛盾しない形で，人々の自由意志概念を再構築することが考えられる．つまり，「人々の概念を良いものへ作り変える」という概念工学の発想が自由意志概念に適用できるだろう．3節でみたように，

いまのところ人々の自由意志概念には，決定論と対立する要素が少なくとも部分的にふくまれているようである．しかし，もし人々の自由意志概念にふくまれる非両立論的な要素を両立論的なものに改定できれば，人々の自由意志概念は決定論に関する情報や科学的知見と整合することになる．他行為可能性をもちいて説明すると，あなたが「ケーキを食べる」と「野菜を食べる」という二つの行為のうち，最終的にケーキを食べたとする．このとき，「野菜を食べることもできた」とあなたが主張したとしたら，それは一体何を意味するのだろうか．それは，それまでのあなたの気持ちや周囲の状況が完全に同一でも野菜を食べることができた，ということを意味するのだろうか．そうであれば，そこであなたは非両立論的な他行為可能性概念を適用しているのである．というのも，そのような他行為可能性は，決定論が正しければ成立しないからである．他方でそれは，あなたの気持ちや周囲の状況が違っていれば野菜を食べていただろう，という意味に過ぎないのか．そうであれば，そこであなたは両立論的な他行為可能性概念を適用している．というのも，そのような弱い意味での他行為可能性は，決定論が正しくても成立するからである．

　非両立論と両立論のいずれが正解であるのかは，哲学者の長きにわたる論争でもいまだ合意を見いだせないくらい，難しい問題である．この問題は人によっても考えが異なり，さらには個人のなかでも明確な結論を出すことは難しいかもしれない．しかし，非両立論のようなハードルの高い自由意志概念を放棄して，決定論と両立する弱い意味での自由意志概念を人々の間で再構築することができれば，「自由意志は存在する」という人々の信念は，決定論に関する種々の情報によって脅威にさらされることはもはやないだろう．そうすると，自己コントロールや責任帰属，社会への適合といった機能の促進を通じて，人々のウェルビーイングは向上すると考えられる．だとすれば，「人々の自由意志概念を両立論的なものに改定する」という概念工学は積極的にとるべき指針として，十分検討に値するのではないだろうか．

参考文献

Alquist, J. L., Ainsworth, S. E. and Baumeister, R. F. (2013) : "Determined to conform : Disbelief in free will increases conformity," *Journal of Experimental Social Psychology*, 49, 80-86.

Baumeister, R. F., Masicampo, E. J. and DeWall, C. N. (2009) : "Prosocial benefits of feeling free : Disbelief in free will increases aggression and reduces helpfulness," *Personality and Social Psychology Bulletin*, 35, 260-268.

Baumeister, R. F. and Monroe, A. E. (2014) : "Recent research on free will : Conceptualizations, beliefs, and processes," *Advances in Experimental Social Psychology*, 50, 1-52.

Bergner, R. M. and Ramon, A. (2013) : "Some implications of beliefs in altruism, free will, and nonreductionism," *Journal of Social Psychology*, 153, 598-618.

Crescioni, A. W., Baumeister, R. F., Ainsworth, S. E., et al. (2016) : "Subjective correlates and consequences of belief in free will," *Philosophical Psychology*, 29, 41-63.

Deery, O., Davis, T. and Carey, J. (2015) : "The free-will intuitions scale and the question of natural compatibilism," *Philosophical Psychology*, 28, 776-801.

Feldman, G., Chandrashekar, S. P. and Wong, K. F. E. (2016) : "The freedom to excel : Belief in free will predicts better academic performance," *Personality and Individual Differences*, 90, 377-383.

MacKenzie, M. J., Vohs, K. D. and Baumeister, R. F. (2014) : "You didn't have to do that : Belief in free will promotes gratitude," *Personality and Social Psychology Bulletin*, 40, 1423-1434.

Monroe, A. E., Dillon, K. D. and Malle, B. F. (2014) : "Bringing free will down to Earth : People's psychological concept of free will and its role in moral judgment," *Consciousness and Cognition*, 27, 100-108.

Monroe, A. E. and Malle, B. F. (2010) : "From uncaused will to conscious choice : The need to study, not speculate about people's folk concept of free will," *Review of Philosophy and Psychology*, 1, 211-224.

Monroe, A. E. and Malle, B. F. (2014) : "Free will without metaphysics." In A. Mele (Ed.), *Surrounding Free Will*, New York, NY : Oxford University Press, 25-48.

Nadelhoffer, T., Shepard, J., Nahmias, E., et al. (2014) : "The free will inventory : Measuring beliefs about agency and responsibility," *Consciousness and Cognition*, 25, 27-41.

Paulhus, D. L. and Carey, J. M. (2011) : "The FAD-Plus : Measuring lay beliefs regarding free will and related constructs," *Journal of Personality Assessment*, 93, 96-104.

Rakos, R. F., Laurene, K. R., Skala, S., et al. (2008) : "Belief in free will : Measurement and conceptualization innovations," *Behavior and Social Issues*, 17, 20-39.

Rigoni, D., Kühn, S., Gaudino, G., et al. (2012) : "Reducing self-control by weakening belief in free will," *Consciousness and Cognition*, 21, 1482-1490.

Rigoni, D., Wilquin, H., Brass, M., et al. (2013) : "When errors do not matter : Weakening belief in intentional control impairs cognitive reaction to errors," *Cognition*, 127, 264-269.

Shariff, A. F., Greene, J. D., Karremans, J. C., et al. (2014) : "Free will and punishment : A mechanistic view of human nature reduces retribution," *Psychological Science*, 25, 1563-1570.

Stillman, T. F. and Baumeister, R. F. (2010) : "Guilty, free, and wise : Determinism and psychopathy diminish learning from negative emotions," *Journal of Experimental Social*

Psychology, 46, 951-960.
Stillman, T. F., Baumeister, R. F., Vohs, K. D., et al. (2010): "Personal philosophy and personnel achievement : Belief in free will predicts better job performance," *Social Psychological and Personality Science*, 1, 43-50.
Swinburne, R. (2013): *Mind, Brain, and Free Will*. New York, NY : Oxford University Press.
Vohs, K. D. and Schooler, J. W. (2008): "The value of believing in free will : Encouraging a belief in determinism increases cheating," *Psychological Science*, 19, 49-54.
Watanabe, T. (2016): "How do people conceptualize free will?" *Concept Engineering : A Road to Proposing a Better Concept Definition Workshop* (*The 31st International Congress of Psychology*).
渡辺匠・唐沢かおり (2014):「自由意志信念の測定の問題」, 科学基礎論学会秋の研究例会ワークショップ「自由意志と道徳的責任を帰属する心理」.
渡辺匠・松本龍児・太田紘史ほか (2016):「一般的・個人的自由意志尺度 (Free Will and Determinism Scale ; FWDS) 日本語版の作成」,『パーソナリティ研究』24, 228-231.
渡辺匠・太田紘史・唐沢かおり (2015):「自由意志信念に関する実証研究のこれまでとこれから：哲学理論と実験哲学, 社会心理学からの知見」,『社会心理学研究』31, 56-69.
Watanabe, T., Ota, K., Karasawa, K. (in preparation): "How do Japanese conceptualize free will? : A case study of the free description method."
Watanabe, T., Sakurai, R. and Karasawa, K. (2015): "Free will beliefs and moral responsibility : Disbelief in free will leads to less responsibility for third person's crime," *Asian Conference on Psychology and the Behavioral Sciences 2015 Official Conference Proceedings*, 423-431.
Watanabe, T., Sakurai, R., Watamura, E., et al. (2013): "Benefits of believing in free will on maintaining mental health," poster presented at *the 3rd Asia Pacific Rim Counseling and Psychotherapy Conference*, Kuching, Malaysia.
渡辺匠・櫻井良祐・綿村英一郎ほか (2014):「自由意志・決定論尺度 (The Free Will and Determinism Plus Scale ; FAD＋) 日本語版の作成」,『パーソナリティ研究』23, 53-56.
Zhao, X., Liu, L., Zhang, X. X., et al. (2014): "The effect of belief in free will on prejudice," *PLoS ONE*, 9. e91572.

4-2 哲学の側からの応答

太田紘史

1 自由意志論の係争点――「求めるに値する自由」

　哲学的な自由意志論では，(1) 自由意志は決定論と対立するのか，そして (2) われわれは自由意志を持っているのか，という二つの問いをめぐって三つ巴の争いが行われている．(1) の問いにイエスと答えるのがいわゆる非両立論であり，ノーと答えるのが両立論である．一方で非両立論のうち，(2) の問いにイエスと答えるのがリバタリアニズムであり，ノーと答えるのが自由意志否定論である．他方で両立論は，通常，(2) の問いにイエスと答える．

　こうして三つの立場ができあがる．第一に両立論によれば，この世界が決定論的であろうがなかろうが，われわれは自由意志を持っている．第二にリバタリアニズムによれば，われわれは自由意志を持っており，それは決定論と対立するものなので，この世界には非決定論の余地が開かれているはずである．第三に自由意志否定論によれば，やはり自由意志は決定論と対立するものであり，これが部分的な理由となって，われわれは自由意志を持っていない[1]．

　この論争においては，一つの「ルール」がある．それは，自由意志とは道徳的責任を基礎づけるものでなければならないというものである．われわれは，「こうなったのは君のせいだ」とか「彼がやったことなのだから彼の責任だ」という言い方で人を責める．そうした場面でわれわれは他者に道徳的責任を帰属し，非難や賞賛の対象としているのである．そして少し反省してみれば，そうした責任帰属は，自由意志と本質的に結びついたものであることがわかる．

---

1) この見解には「ハード決定論」と「ハード非両立論」が含まれる．前者によれば，この世界は決定論的であり，決定論は自由意志を排除するので，われわれは自由意志を持っていない．他方で後者によれば，決定論も非決定論も自由意志を排除するので，われわれは自由意志を持っていない（e.g. Pereboom, 2001）．

実際，自由意志の遂行を妨げるあらゆる要因は免責を正当化する．例えば，あなたが他者から脅迫されて犯罪を犯したのであれば，あなたは免責されるだろう．あるいは例えば，あなたが無断欠勤をするとき，それが誰かによって監禁されていたためであれば，あなたは無断欠勤について非難されないだろう．これらの事例では，実行された行為があなたの自由意志によるものではないがゆえに，免責が正当化されるのである．

　もちろんそうした場面で，あなたが多少責任を負うことがあるかもしれない．だがそれはあなたに自由意志による行為が多少残されていたことが判明した場合だけである．われわれはあなたに対して，「脅迫に抵抗できなかったのか？」とか「監禁されたところから逃げ出そうとしなかったのか？」と問いただすかもしれない．そういう問いを発すること自体が，あなたに自由が残されていたかどうかを探り，それに応じて責任を帰属しようとする試みなのである．

　このように自由意志と道徳的責任は本質的に結びついたものである．それゆえ重要なのは，道徳的責任に本質的に結びついた類の自由意志とは一般にどのようなものか，そしてそうした類の自由意志をわれわれは本当に持っているのか，という問いである．実際，冒頭で紹介した二つの問いと三つの立場は，こうした類の自由意志をめぐる論争のなかで形成されたものである．この点を考慮に入れて二つの問いを述べ直せば，(1′) 道徳的責任を基礎づける自由意志は決定論と対立するのか，そして (2′) 道徳的責任を基礎づける自由意志をわれわれは持っているのか，というものになる．だからこそ自由意志論の三つの立場は，道徳的責任についても繰り返し争ってきたのである．両立論によれば，道徳的責任は決定論と対立しない．リバタリアニズムによれば，道徳的責任は決定論と対立するものであり，われわれが道徳的責任を負いうることはこの世界に非決定論の余地が開かれているからである．そして自由意志否定論によれば，やはり道徳的責任は決定論と対立するが，それが部分的な理由になって，われわれは道徳的責任を（少なくとも完全には）負いえない．

　哲学者のデネットは，こうした道徳的責任を基礎づけるような自由意志を「求めるに値する自由意志（free will worth wanting）」と呼んだ（Dennett, 1984）．すなわち，「われわれが求めるに値すると感じる類の自由意志とは，（そういう

西 平等 著
法と力
——戦間期国際秩序思想の系譜——

A5判・398頁・6400円

「国際法vs現実政治」の思考の中から「国際政治学」的思考は誕生した。第一次大戦後の国際法学の中から「国際政治学」的思考は誕生した。〈国際紛争は裁判可能なのか〉という国際連盟期の最重要課題を軸に、法と力の関係を捉える諸学説の系譜をたどることで、モーゲンソーやE・H・カーらの思想を位置づけ直す。

ISBN 978-4-8158-0919-5

有賀暢迪 著
力学の誕生
——オイラーと「力」概念の革新——

A5判・356頁・6300円

ニュートン以後、自然哲学との決別を通して力学は生まれ直した。惑星の運動から球の衝突まで、汎用性をもつ新たな学知が立ち上がる「静かな革命」を丹念に追跡。オイラーの果たした画期的な役割を、ライプニッツやベルヌーイ、ダランベールやラグランジュらとの関係の中で浮彫りにする。

ISBN 978-4-8158-0910-2

堀田典裕 著
〈モータウン〉のデザイン

A5判・424頁・4800円

クルマと交通システムによって創り出された環境——現代の〈モータウン〉はどのようなカタチをしているのか。自動車工場や住宅から、高速道路、レジャーセンター、ショッピングモールまで、生産・居住・移動・消費の観点から車社会を捉え直し、環境デザインの可能性を問う力作。

ISBN 978-4-8158-0911-9

近森 順 編
自動車工学の基礎

A5判・260頁・2700円

現代社会に不可欠な自動車には、様々な技術が凝縮されている。本書は基礎科目である機械力学や熱力学などの発展として自動車工学を一貫した形で捉え直し、変わりゆく技術を根底から支える不変のロジックを身につける。工学部生・高専生のみならず、現場の技術者の学び直しにも最適。

ISBN 978-4-8158-0920-1

水野幸治 著
自動車の衝突安全 基礎論

菊判・312頁・3800円

自動車衝突時に人の安全をいかに確保するか。バイオメカニクスから、前面衝突、高齢者の傷害やむちうち損傷まで、多角的かつ系統的に解説。自動車工学の研究者・技術者だけでなく、保険調査員や警察官、法曹や事故鑑定従事者など、自動車・交通事故に関わるすべての人に役立つ一冊。

ISBN 978-4-8158-0922-5

胃袋の近代
―食と人びとの日常史―

湯澤規子著

四六判・354頁・3600円

人びとは何をどのように食べて、空腹を満たしてきたのか。一膳飯屋、残飯屋、共同炊事など、都市の雑踏や工場のなかで始まった外食の営みや、日々生きるための〈食〉の視点から活写、農村にもおよぶ広範な社会と経済の変化をとらえ、日本近代史を書き換える。

978-4-8158-0916-4

政治教育の模索
―オーストリアの経験から―

近藤孝弘著

A5判・232頁・4100円

民主主義の拡大を支え劣化を押しとどめるために、世界各国で注目される「政治教育」。一六歳選挙権を導入したオーストリアの、ナショナリズムに動員された過去から、現在のコンピテンシー重視の教育まで「民主主義工房」の挑戦から、政治教育の変容と深化を跡づける。

978-4-8158-0913-3

博士号のとり方[第六版]
―学生と指導教員のための実践ハンドブック―

E・M・フィリップス／D・S・ピュー著　角谷快彦訳

A5判・362頁・2700円

誰も教えてくれなかったガイドの決定版。技術マニュアルを超えて、博士号取得をその考え方から解説、論文の執筆計画から教師、学生のコミュニケーションにいたるまで、誰もが経験するプロセスへの対応をわかりやすく論じ、学生・教員から絶大な支持を集める世界的ベストセラー。

978-4-8158-0923-2

「テロとの闘い」と日本
―連立政権の対外政策への影響―

宮崎洋子著

A5判・382頁・5400円

湾岸戦争の教訓を胸に、補給支援などの協力に乗り出した日本が、米国の圧力を受けながらも、主要同盟国にくらべ抑制的な関与にとどまりえた理由とは何か。連立小政党の機能からそのメカニズムを解明、国際／国内政治の連動をとらえ、「テロとの闘い」の十年を初めて包括的に描き出す。

978-4-8158-0917-1

大陸関与と離脱の狭間で
―イギリス外交と第一次世界大戦後の西欧安全保障―

大久保明著

A5判・532頁・6800円

平和を維持する仕組みはどのように構想され、なぜ脆弱化したのか。国際連盟を含む複数の安全保障観やヨーロッパ派と帝国派のせめぎ合いなかで、西欧への関与のゆらぐイギリスの外交姿勢と諸国との交渉過程を、膨大な史料から精緻に描き出し、現ায়への示唆に富む気鋭による力作。

978-4-8158-0918-8

中国芸術というユートピア
——ロンドン国際展からアメリカの林語堂へ——

範 麗雅著

菊判・590頁・11000円

中華文人の生活芸術か、想像された国民芸術か。第二次大戦前、中英の協力によって開かれた東西文化交流の一大転換点となった、日本の影響深いウェイリーらの研究から、在英中国知識人の活動、パール・バックの後押しした林語堂の傑作まで、中国芸術とは何かを問う力作。

978-4-8158-0909-6

歴史は現代文学である
——社会科学のためのマニフェスト——

イヴァン・ジャブロンカ著 真野倫平訳

A5判・320頁・4500円

文学的ゆえに科学的ゆえに？ 真実と物語のあいだで揺れ動き、その意義を問われてきた歴史。ポストモダニズムの懐疑を乗り越えたあとで、いかにして「歴史の論理」を立て直すことができるのか。自らの実践に基づき、社会科学と文学の手法を和解させ、歴史記述を刷新するための挑戦の書。

978-4-8158-0908-9

歴史人名学序説
——中世から現在までのイベリア半島を中心に——

芝 紘子著

A5判・308頁・5400円

名前に刻まれたヨーロッパ社会の軌跡。家族・親族の結びつきやアイデンティティのあり方、封建制と家族・ジェンダーの関係、フロンティア社会と文化移転、キリスト教の浸透・教化など、人名という新たなプリズムをとおして過去・現在の社会・心性を色鮮やかに浮かび上がらせる。

978-4-8158-0912-6

戦後ヒロシマの記録と記憶［上］
——小倉馨のR・ユンク宛書簡——

若尾祐司／小倉桂子編

四六判・338頁・2700円

被爆後を生きた人々の物語——。原爆市長・浜井の肉声から、見出される原爆症と医師たちの葛藤、平和活動に身を投じた青年たちの歩みと心のひだ、さらには公娼制や遊郭経営、闇市やぐれん隊の抗争にいたるまで、戦後広島の再生の足どりを人々の息遣いとともに伝える第一級のドキュメント。

978-4-8158-0914-0

戦後ヒロシマの記録と記憶［下］
——小倉馨のR・ユンク宛書簡——

若尾祐司／小倉桂子編

四六判・348頁・2700円

核時代の原点としての歴史の場へ——。新たな観光事業の立ち上げや市民球場・球団設立といった広島の「復興」を描く一方、被爆者の生活苦、外国人をめぐる政策や孤児の問題、原水禁運動における政治的対立などにもフォーカスした深い爪痕をありありと伝えるレポート後編。

978-4-8158-0915-7

刊行案内

* 2018.5 ~ 2018.10 *

名古屋大学出版会

- 中国芸術というユートピア　範麗雅著
- 歴史は現代文学である　ジャブロンカ著　真野倫平訳
- 歴史人名学序説　芝紘子著
- 戦後ヒロシマの記録と記憶［上］　若尾祐司／小倉桂子編
- 戦後ヒロシマの記録と記憶［下］　若尾祐司／小倉桂子編
- 胃袋の近代　湯澤規子著
- 政治教育の模索　近藤孝弘著
- 博士号のとり方［第六版］　フィリップス他著　角谷快彦訳

- 「テロとの闘い」と日本　宮崎洋子著
- 大陸関与と離脱の狭間で　大久保明著
- 法と力　西平等著
- 力学（モータウン）の誕生　有賀暢迪著
- 〈モータウン〉のデザイン　堀田典裕著
- 自動車工学の基礎　近森順編
- 自動車の衝突安全 基礎論　水野幸治著

■■■
お求めの小会の出版物が書店にない場合でも、その書店にご注文くださればお手に入ります。
■小会に直接ご注文の場合は、左記へお電話でお問い合わせ下さい。小会の刊行物は、http://www.unp.or.jp でもご案内しております。宅配もできます（代引、送料230円）。
■表示価格は税別です。

◇第12回日本科学史学会学術賞『病原菌と国家』（小川眞里子著）6300円
◇第54回渋沢・クローデル賞本賞『イエズス会士と普遍の帝国』（新居洋子著）6800円
◇第35回日本翻訳出版文化賞『原典 ルネサンス自然学』上・下（池上俊一監修）各9200円
◇2018年日本公共政策学会著作賞『社会科学の考え方』（野村康著）3600円
◇2018年バジュ・ブック・アワード著作賞『モンゴル時代の「知」の東西』上・下（宮紀子著）各9000円

〒464-0814　名古屋市千種区不老町一 名大内　電話○五二（七八一）五三三一／FAX○五二（七八一）○六六七／e-mail: info@unp.nagoya-u.ac.jp

ものがあるとすれば）われわれの尊厳と責任を保証してくれるようなものである．……そうした類の自由意志が存在しないと判明したら，他でもなくまさに責任という考えが基礎を失ってしまうであろう」(ibid: 153)．また別の哲学者ケインが述べるところでも，「この世界で自由意志は成立可能かという一見いかにも形而上学的な問題への答えは，自由意志というものをそもそもどのようなものとして理解するかしだいで変わるのであり，そしてその理解はわれわれがどのような仕方で道徳的責任を帰属するのかという問題に応じて変わるのである．この点で，自由意志論は実は倫理学的問題でもあるのだ」(Kane, 1996: 15)．このように，責任を基礎づけるような自由意志の探求は，哲学的な自由意志論において広く共有されている．

　それゆえ係争点は，この「求めるに値する自由」をめぐるものとなる．一方で非両立論者（とくにリバタリアン）であるケインによれば，そうした自由は決定論と対立する．すなわち，「非両立論者が主張すべきこと（そして実際に歴史を通じてしばしば主張してきたこと）は，決定論と両立不可能な種類の自由というものが少なくとも一つあるということ，そしてそれこそが〈求めるに値する自由〉として重要になる類のものだということだ」(ibid)．他方で両立論者のデネットによれば，そうした自由は決定論と対立しない．彼が言うには，「リバタリアンは求めるに値する自由意志への欲求という，それ自体としては完全に理にかなったものをむやみに増長させてしまっている」(Dennett, 1984: 153)．

　こうして哲学者らは長い論争の中で，この〈求めるに値する自由〉の本性をあぶり出そうと試みてきた．とりわけ非両立論から提唱されてきたものとして，行為者因果（行為者の内外で起こる出来事を超えた行為者そのものによる因果作用）や，他行為可能性（別様に行為することが可能であったこと），あるいは源泉性（行為の起源が行為者に内在していること）といったものがある（Chisholm, 1966；Van Inwagen, 1983；Kane, 1996；Pereboom, 2001）．〈求めるに値する自由〉の本性がそういったものであれば，決定論的世界でわれわれはそれを持ちえないだろう．他方で両立論からは，様々な類の行為者性（行為が特定の仕方で本人の意志に沿っていること）が強調されてきた（Frankfurt, 1971；Watson, 1975；Wolf, 1987；

Fischer and Ravizza, 1998；Vargas, 2013).〈求めるに値する自由〉の本性がそういったものであれば，われわれは決定論的世界でもそれを持ちうるはずである[2]．

　だが自由意志論という論争を形作っているものが，このような〈求めるに値する自由〉の概念化であるのならば，それは本質的に人間心理をめぐる問題を含むはずである．それはすなわち，われわれ人間がそもそも何を自由とみなしており，そしてそれをどのような仕方で責任に結びつけているのか，という問題である．これはまさに経験的に明らかにされるべき問題であり，近年の自由意志の概念や信念に関する研究の動向は，そうした問題への積極的な応答として理解できると言えよう．

　ただし以下に見るように，そうして得られる経験的な知見は，必ずしも単純な答えを与えてくれるわけではないのである．

2　「求めるに値する自由」の心理学的記述

　4-1 で渡辺が指摘するように，人々は「自由意志とは何か」という問いに対して，他行為可能性，行為者性，制約からの自由といったものを主に挙げる（4-1；Monrce and Malle, 2010, 2014）．これらのうちで他行為可能性は，伝統的に非両立論者が求めてきたものであるという点で非両立論的な自由意志概念であり，他方で行為者性と制約からの自由は，伝統的に両立論者が求めてきたものであるという点で両立論的な自由意志概念だと推測される．さらに渡辺らが作成した質問紙による調査では，これらの三つの概念が別個の因子として弁別されている．これは，人々の自由意志概念が多元的なものであることを示唆して

---

[2] より正確に言えば，他行為可能性は両立論の枠内でも扱えるとか（Moore, 1912；Vihvelin, 2004），あるいは実は行為者性ですら実は非両立論のもとでしか成立しないのだといった見解も存在するが（Steward, 2012），歴史的に俯瞰するかぎり，これらはそれぞれ非両立論者と両立論者の好む自由意志概念でありつづけたと言ってよいだろう．以下ではこの単純化を前提として議論を進める．

いる．

　信念尺度研究からも同じような示唆を見てとれる．ある調査では，「自由意志とは，選択までにいたるすべての出来事が同一であったとしても，異なる選択をする能力である」という言明に対する人々の反応が総じて肯定的であった (Nadelhoffer et al., 2014)．これだけを見れば，自由意志は非両立論的に概念化されているように思われる．だが同じ調査において，「自由意志とは信念や欲求にもとづいて選択をする能力である（信念や欲求が異なれば，選択も異なるだろう）」という言明に対する人々の反応も総じて肯定的であった (ibid)．これは，人々が自由意志を両立論的な仕方でも概念化していることを示唆している．別の調査でも，両立論的信念の指標と非両立論的信念の指標のいずれにおいても総じて肯定的な反応が得られている (Deery et al., 2015)．

　さらにこうした多元性は，責任帰属との関わりにおいても維持されているようである．一般に，自由意志信念の強さは量刑判断といった責任帰属傾向と相関しており，それは自由意志信念の操作から影響されることも判明しているが (Shariff et al., 2014)，渡辺らによる調査では他行為可能性，行為者性，制約からの自由のそれぞれが責任帰属と相関することが見いだされている（4-1）．

　では，多元的な自由意志概念が相互に衝突するような事例においては，責任帰属はどのように展開するだろうか．

　ある研究はその実験参加者に対して，シナリオ中の主人公についての責任判断を求めた (Nichols and Knobe, 2007)．そのシナリオの世界は，すべてが因果的に決定された世界であるが，その中で主人公は自らの利益のために家族を焼き殺す．これはつまり，他行為可能性は含まれないがある種の行為者性は含まれるような出来事のシナリオである．すると参加者の大半は，この主人公は道徳的な責任を負うと判断した．すなわち，人々は行為者性を知覚するだけでもそれに基づいて責任帰属を行ったのであり，どうやら他行為可能性の欠如は必ずしもそうした責任帰属を妨げはしないようである．しかし興味深いことに，この研究からは正反対の反応も得られている．参加者に対してそうしたシナリオを示さず，端的に決定論的世界の行為者は道徳的責任を負うかと尋ねると，大半の参加者が否定的に答えたのである．人々は文脈によっては，やはり他行為

可能性の欠如を責任実践において考慮するのかもしれない．

　別の研究からも，そうした非一貫性は示唆される．ある研究が実験参加者に対して呈示したシナリオでは，主人公は他者から脅されて殺人行為をせざるをえないような状況にある（Woolfolk et al., 2006）．そして，その登場人物がその殺人行為を望んで行う場合と，その登場人物がそれをためらいながら行う場合とでは，前者の場合のほうが参加者はより強くその行為者について責任帰属を行う傾向にあった（ibid: Experiment 1）．これは，行為者性が固有の仕方で責任帰属における役割を果たしていることを示唆している．しかしこの研究では，脅迫の度合いによっても責任帰属は変化することが示されている．すなわち，主人公が強く脅迫されているシナリオほど，参加者が主人公について「実際とは違う仕方で行動できた」とみなす傾向は弱まり，またそれに相関して，責任帰属の傾向も弱まった（ibid: Experiment 3）．これは，他行為可能性が固有の仕方で責任帰属における役割を果たしていることを示唆している．

　以上から総じて，自由意志概念は人間心理として多元的なものであり，またそれぞれの自由意志概念が責任帰属において役割を果たすと考えられる．すなわち，〈求めるに値する自由〉は人間心理として，一貫して両立論的でもなければ一貫して非両立論的なわけでもないようである．実は人間の自由と責任に関する概念化がこのような仕方で多元的であるという可能性が，昨今の心理学的研究とともに哲学者らによって気づかれつつある（Doris et al., 2007 ; Vargas, 2013 ; Nichols, 2015 ; c.f. Double, 1990）．そうした多元性が経験的に確立されるためには，さらなる心理学的研究が必要であろう．しかし，このような多元性が仮に存在するとして，一体それは哲学における自由意志論にとってどのような意味を持ちうるのだろうか．

3　記述から指令へ——四つのプロジェクト

　哲学者のニコルズは，近年の心理学的研究の隆盛を踏まえて，自由意志論は三つのプロジェクトに分類できると提唱している（Nichols, 2006, 2015）．

第一に「記述的プロジェクト」は，自由や責任についての素朴な直観のありようを解明し，またその直観の背後にある素朴な概念や信念を解明することを目指す．記述的プロジェクトは，伝統的には哲学者による思弁的議論に基づいて行われてきた．そしてそれを支えるのは，人間一般が下すと思われる判断——しかしその実は哲学者自身によって下される判断——であった．哲学者らはそうした判断を体系的に説明できるような一般原理を明らかにしようとしており，そしてその原理において決定論と自由意志（および道徳的責任）が両立するものかどうかを係争点としてきたのである．だが，人間一般が下す判断は実はどのようなものか，そしてそれがどのような原理に基づいて下されているのかは，経験的に明らかにされるべき心理学的問題である．それゆえ自由意志の概念や信念にまつわる経験的探求は，記述的プロジェクトの中核にあるべきものだろう．

　第二に「実質的プロジェクト」は，そうして明らかにされる人々の概念や信念が正しいものかどうかを検討する．例えば，人々の抱く自由意志概念が非両立論的なものであると判明したら，しかし同時にこの世界が決定論的なものだと判明したら，そうした自由意志を信じる人々は誤ったことを信じていたことになるだろう．そのような検討を行うのが，実質的プロジェクトである．

　第三に「指令的プロジェクト」は，以上を踏まえて，われわれの責任実践を保存すべきか修正すべきかを検討する．もし人々が自由と責任について誤ったことを信じていたとすると，それは責任実践の修正に対して一つの重要な根拠を与えるだろう．しかし，すべてを考慮したうえで責任実践が修正されるべきかどうかは別の問題である．あらゆる理由や根拠を踏まえて，最終的にどのように責任実践を行っていくべきかを検討するのが，このプロジェクトの目指すところである[3]．

---

3) 実を言うと，これまでの哲学的な研究の多くは，ニコルズの言うこれら三つのうちどの種のプロジェクトとして議論が行われているのかという点で不明瞭であった．実際，自由意志に関する哲学論文は，概念分析や思考実験を通じて「われわれが信じていること」を分析しながら，いつのまにか「われわれが信じるべきこと」へと結論を進めるのが通例である．こうした哲学的研究をどのように合理的に再構成すべきかについては，

これら三つのプロジェクトを区別すれば，先述のような自由意志概念の心理的な多元性は，記述的プロジェクトの一つの成果として位置づけられるだろう．ではそれは，実質的プロジェクトや指令的プロジェクトについてどのような含意を持つだろうか．

　まず実質的プロジェクトへの含意ははっきりしている．自由意志概念が心理的に多元的であれば——例えば先述のようにわれわれの自由意志概念が部分的にでも他行為可能性概念で構成されているのであれば——，現行の自由意志信念は決定論のもとで真になることはない．というのもこの世界が決定論的であるかぎり他行為可能性は排除されるので，その意味での自由意志は不可能になるからだ．

　そうだとすると，指令的プロジェクトに対する含意も得られるように思われる．というのもこの世界が決定論的であるかぎり，現行の自由意志信念は真なるものとして保持できないので，責任帰属もまた不当なものとして変革を迫られるだろうからだ．

　しかし話はそれほど単純ではない．なぜなら，指令的プロジェクトはより柔軟なものとして理解できるからである．われわれが不正確な概念に基づいた実践を行っていたと判明するとき，その実践が不合理なものとして完全に排除されるとは限らない．なぜなら，むしろ実践に合うように概念のほうを修正するという選択肢が存在するからである．

　自由意志論において「修正主義」と呼ばれる立場を提唱するヴァーガスは，自由意志の概念を修正することで責任実践を保存できると論じる（Vargas, 2007, 2013）．すなわち，「もし自由意志と道徳的責任の概念によって果たされるべき仕事を果たすものが何かしら存在すると示せたら，それをもって自由意志と道徳的責任は実在するのだと信じる十分な理由になる．たとえそれが，われわれが想定してきたものとは何かしら異なるものだったとしてもだ」（Vargas, 2007 : 160）．

　　本文で後述する．いずれにせよ現在は，心理学的研究の隆盛に応じて，こうしたプロジェクトの自覚的区別が促されている段階にあると言えよう．

では，自由意志の概念は具体的にどのように修正されるべきか．ヴァーガスの提案では，それは他でもなく，道徳的観点から思考をめぐらせ，そしてそれに基づいて自己コントロールを行う能力というものである．これはある種の両立論的な自由意志概念と言えるが，彼は現行の自由意志概念はそうしたものではないと認める．「むしろ話は逆で，現行の常識から言えば，それ以上のもの，例えば頑健な他行為可能性のようなもの〔中略〕が求められているのであり，この点を私は進んで認めよう」（ibid: 161）．

こうしてヴァーガスによれば，現在のわれわれの自由意志概念は不正確でありうるが，それはわれわれの現行の責任実践の核心を否定することにつながらない．言い換えれば，彼は実質的プロジェクトとしては現行の自由意志概念が不正確だという可能性を受け容れるわけだが，しかし指令的プロジェクトとしては現行の責任実践を保存できると主張するのである．このような「ねじれ」が可能になるのは，実質的プロジェクトと指令的プロジェクトの間に，他でもなく概念修正というもう一つのプロジェクトを彼が組み込んでいるからだと言えよう．それはすなわち，自由意志概念をつくりなおすというプロジェクトである．

4　自由意志論の概念工学的性格

ヴァーガスの見解に寄せられる批判の一つは，それが結局は通常の両立論に行き着くのではないかというものである．例えばある論者によれば，「われわれは全員哲学者として，素朴な自由意志概念と道徳的責任概念に対して批判的な目を向けているのだから，またわれわれは皆（あるいは大半は），日常の常識的な考え方から多少なりともどこか別のところへと足を移そうとしているのだから，誰もが修正主義者だと言ってしまえるのではないだろうか」（McKenna, 2009: 10）．

ヴァーガスはこれに応えて，素朴な見解と整合しない指令的理論を提唱する立場として修正主義を定義している．すなわち，単に素朴な見解には含まれて

いなかった自由と責任の一般原理を見定めるだけでは，それが素朴な見解と整合しているかぎり，修正主義と呼ぶには値しないというのである（Vargas, 2013 : 85-85）．

　ヴァーガスの修正主義の定義を受け容れても，依然として上記の指摘は示唆的である．自由意志論における哲学的見解はどれも，素朴な見解と整合しようがしまいが，素朴な見解に含まれていなかった一般原理を提案するかぎりで，「別のところへと足を移そうとしている」．筆者に言わせれば，それこそがむしろ自由意志論の一般的特徴である．自由意志論とは，決定論という脅威に向き合いながら，一貫した自由の概念ないし自由についての一般原理をつくろうと試み，それを通じてわれわれの責任帰属の実践を守ったり改善したりする理由を理論的に与えていく試みなのである．

　決定論が実は自由意志にとって脅威ではないと判明するならば，そもそもその概念も責任実践も修正する必要がない．これが一方の極である．他方でこの世界が決定論的だと判明し，そしてわれわれの自由意志信念がそれに照らして偽であると判明した結果，それに対応する責任実践が放棄されるかもしれない．これが他方の極である．あるいは，われわれの自由意志信念が偽だと判明するが，自由とは何かについて再考を促すことでそれに対処できるのならば，そうすることで責任実践は維持されるだろう．これが両極の中間にある概念修正の道である．だがどの道をとるにせよ，それまでの素朴な見解に含まれていなかった自由と責任の一般条件を提案するかぎり，何か新しいものをつくりだしているのである．そしてその意味で，自由意志論は本質的に概念工学的なプロジェクトを含んだ領域だと言える．

　以上のように自由意志論を理解するとき，自由意志論における諸見解はどのようなものとして理解できるだろうか．ここでは特に，決定論から自由と責任を守ろうとする努力としての両立論的見解をいくつかとりあげてみよう．

　第一は，現代の両立論の隆盛において決定的な役割を果たしたフランクファートのアイデアである（Frankfurt, 1969）．彼は他行為可能性が責任にとって関係がないと論じたのであるが，そこで彼は，他行為可能性がなくとも責任が帰属されうるような見事な事例を描いたのであった（いわゆるフランク

ファート型事例).それは少し脚色して描けば,次のようなものである.

　ある人物 A は別の人物 B を殺そうと思っていた.これを知った悪意ある科学者 I は,A が確実に B を殺すようにするため,A の脳に電子チップを埋め込んだ.もし A が B を殺すのをやめたら,その電子チップが作動して A の行動を支配し,B を殺すように仕向ける.だがその後,A はそのまま B を殺したので,電子チップが作動することは結局なかったのであった.

　ここで A は,いずれにせよ B を殺すという行為しか行うことができず,それゆえ彼に他行為可能性は存在しない.だがそれにもかかわらず,A は自らの行為に責任を負うと思われる.そうだとすると,責任に他行為可能性は必要ではない,つまり〈求めるに値する自由〉は他行為可能性ではないというわけである[4].

　こうしたフランクファート流の両立論は,どのようなプロジェクトとして理解できるだろうか.一つの合理的な再構成は次である.われわれの思考においては〈求めるに値する自由〉の概念が他行為可能性の知覚なしに作動するのであり(記述的プロジェクト)[5],またそうした作動をする自由意志の概念は不正確なわけではなく(実質的プロジェクト),それゆえ〈求めるに値する自由〉の概念はそのように作動すべきなのである(指令的プロジェクト).このように再構成するかぎり,フランクファート流の両立論は保守的に見える.だがそこでは〈求めるに値する自由〉が他行為可能性とは異なるところにあると提案されているのであり,自由の明示的な概念化のための重大な入口を開いていると言える[6].

---

4) 正確に言って,フランクファートの 1969 年の論文はもっぱら責任にまつわる議論を展開したものであり,フランクファートによる自由意志そのものの分析(二階欲求による分析)は 1971 年の論文で展開される.脚注 6 も参照.
5) この記述的プロジェクトの経験的裏づけとしては,Woolfolk et al. (2006) や Miller and Feltz (2011) を参照.いずれにおいても,他行為可能性のない不道徳行為について責任が帰属される傾向が示されている.
6) フランクファートは,「別のことをなしえなかった」と訴えて免責を求める人について検討することを通じて,免責を成立させるのは他行為可能性の欠如ではなく,他行為可

第二に，フランクファートの洞察を踏まえた現代の代表的な両立論者であるフィッシャーとラヴィッツァの立場を検討しよう（Fischer and Ravizza, 1998）. まず彼らは，自身の目指すところが，「近代の西洋民主主義社会における，道徳的責任についての不完全ながらも共有されている見解」を明確化することだと述べる（ibid: 10）. ここで彼らは方法論として，いわゆる反照的均衡を採用する. それはすなわち，様々な仮想的事例や現実的事例にまつわる責任帰属の判断をあぶり出し，それらの判断を体系的に説明する原理を探る試みである[7].

　彼らによる追求の成果は，次の通りである. まず，責任帰属を可能にする自由とはある種のコントロールである. ここで決定論は，「われわれ自身がある種のコントロールを有するという直観的で自然な見方への挑戦」となる（ibid: 28）. だが最終的に決定論は責任帰属にとって脅威とはならない. なぜなら責任帰属にとっては，他行為可能性を前提するようなコントロール（「統制的コントロール」）は必要ではなく，むしろ行為者性に相当するようなコントロール（「誘導的コントロール」）で十分であるからだ. それはまさにフランクファート型事例を考察することから判明する. 「フランクファート型事例から得られる示唆は，道徳的責任に必然的に結びつく類のコントロールは誘導的コントロールだということである. 統制的コントロールは常に誘導的コントロールと共起するとわれわれは直観的に考えるかもしれないが，道徳的責任を基礎づけるものは，深いレベルにおいては統制的コントロールではない」（ibid: 33）. そして決定論は誘導的コントロールを排除することはないので，決定論は責任帰属にとって脅威にはならないのである.

　フィッシャーとラヴィッツァは自覚的ではないかもしれないが，彼らの提案

　　能性の欠如だけが理由になって行為がなされたことだと指摘する（ibid: 838）. さらにフランクファートはその後の別の論文において，自由の一般条件として二階欲求（すなわち自身がどのような欲求を持っていたいかという欲求）を特定している（Frankfurt, 1971）.

7）さらに言えば，彼らの反照的均衡は「広い」タイプのものである. 「われわれは，自然科学や社会科学のコアとなる真理……と合致するような説明を追求するつもりである. 言い換えれば，われわれはノーマン・ダニエルズが「広い反照的均衡」と呼んだものを追求するつもりである」（ibid: 11）.

には修正主義的な要素が含まれていると言える[8]．彼らは，われわれの現行の信念においてコントロールと責任が結びついていることを出発点として議論を始め，またそれは重要な点で真理だとするものの，フランクファート型事例の考察をはじめとする深い反省を通じて，コントロールと責任の間のより精妙な結びつきを認めるようにわれわれを促すのである．

　この点を踏まえて彼らの見解を再構成してみれば次のとおりである．われわれは行為におけるコントロールを責任帰属に結びつけている（記述的プロジェクト）[9]．だがコントロールのうちの二種類は実は解離しうるのであり，とりわけ統制的コントロールへの信念は決定論のもとでは否定される（実質的プロジェクト）．しかしだからと言ってわれわれの責任帰属の実践は否定されない（指令的プロジェクト）．なぜなら，われわれは他行為可能性とは異なる新たな仕方で——とりわけ誘導的コントロールとして——〈求めるに値する自由〉を概念化できるからである（概念工学）．

　第三に，最も修正主義的な傾向が強い両立論的議論として，先ほど見たヴァーガスの見解を位置づけることができる（Vargas, 2007, 2013）．ヴァーガスの見解は，とりわけ記述的プロジェクトとその先のプロジェクトの区分について明示的であるので，再構成をおこなうのが容易い．それによれば，まずわれわれは今のところ自由意志について非両立論的な概念を有している（記述的プロジェクト）．それゆえ決定論が正しいかぎり，われわれの自由意志への信念

---

[8] これは，反照的均衡の性格からして当然だとすら言えるかもしれない．一般に反照的均衡は，整合化のために一部の判断を棄却しうるものであるので，それを採用することは結果的に，われわれがこれまで責任について抱いていた考えを部分的に放棄するよう迫りうるのである．

[9] 実際にはフィッシャーとラヴィッツァのこの著作では現行のわれわれの信念についての論述はかなり少ないのだが，やはりフィッシャーは別のところで，われわれの現行の責任についての見解が非両立論的な考えを含むと明確に述べている．「われわれの行為者としての現象学〔的理解〕においては，未来について熟慮するさい，形而上学的な意味で真に開かれている様々な選択肢からの選択をしていると考えるのはまったく自然である．加えて言えば，われわれの道徳的責任と法的責任についての常識的理論化は，少なくとも別の仕方で〔行為〕できることがあるという前提を抱えているのである」（Fischer, 2007: 72）．

は誤りだということになるだろう（実質的プロジェクト）．だが決定論が判明するときでも，責任帰属の実践をやめてしまう必要はない（指令的プロジェクト）．なぜなら，われわれは自由意志について新たな概念化を，すなわち両立論的な概念化を行うことができるからである．それは具体的には，すでに述べた通り，道徳的考察に基づいた自己コントロールの能力として〈求めるに値する自由〉を概念化するということである（概念工学）．

　今や自由意志論の概念工学的性格は明らかだろうと思われる．それは，自由意志についてどのように考えるべきかという問いに答えることを目指しながら，それを通じて自由意志の概念を新たな仕方で明確化するという知的営みである．この営みは，とりわけ両立論の場合では，決定論のもとで責任実践を保存するという展望の中で行われてきたのである．このような工学的な営みこそが現代の自由意志論であるが，しかしこのような営みは実は古典的なものでもある．その代表は，他でもなく歴史的な非両立論者であるカントの自由意志論であろう．

5　自由意志の概念工学——超越論 vs 自然主義

　カントはいわゆる「批判期」において，自由と責任について複雑で体系的な考察を行った．彼が論じたところでは，人間のなす認識が時間という形式によって構造化されているがゆえに，人間が認識する自然界は不可避的に因果的なものとなる．だがそうだとすると，人間が身体運動によってなす行為もまた，自然界の一部として認識されるかぎり，自然界の因果性に支配されたものとなるはずである．すると，人間の自由な行為というものは一体いかにして可能になるのだろうか．

　この問題はカントにおいて次のように解決される．われわれ人間は「物自体」を認識するわけではなく，あくまで「現象」を認識しているだけである．自然界は因果性の秩序に従ったものとして認識されるが，そうした因果性はあくまでも認識された現象における秩序であって，物自体に存するわけではない．

それゆえ行為者たる人間は，その物自体としては，自然法則による因果性の秩序には従わない．こうした物自体としての行為者における自由は，それゆえ，自然法則の因果性が支配する決定論的世界に脅かされることがない[10]．

こうしたカントの世界観は，因果性についての理論化をも巻き込むような，大掛かりな仕方で自由を構想するプロジェクトである．カントより以前にヒュームが経験論的分析を徹底したところでは，因果性とは，その必然性が最終的には習慣に基づいて信じられているようなものでしかない．カントはこれに抵抗して，自然界の因果性をより強い客観性を持ったものとして回復しつつ，かつその因果性の秩序を免れる自由の領域をも確保するという試みを行ったのである．

カントにおける自由は，自然法則による因果性が支配する世界の中では存在しえないという点で，現代の分類では非両立論的なもの（すなわちリバタリアン的な自由）とみなされる．カントはこの種の自由にこだわり，両立論的な自由で満足することを「憐れむべき言い逃れ」とまで罵倒している[11]．このような彼の態度を動機づけているのは，道徳的責任を基礎づけるものは自然法則による因果性で支配された世界には見いだせない，という考えである[12]．この点でカントの自由の構想は，責任を基礎づけられるような自由の概念化をはかるという，現代の自由意志論で行われているプロジェクトとまったく同じパターンを踏襲している．先ほど筆者は，概念工学は自由意志の概念を新たな仕方で明確化するという知的営みだと特徴づけた．この意味で，批判期のカントもまたある種の概念工学者である．カントは現代の自由意志論者と同じように，

---

10)「現象における事物（これは感性界に属している）がある種の諸法則に下属しており，その同一の事物が物自体あるいは存在者自体としては，その諸法則から独立していることは，ひとかけらの矛盾をも含んではいない」(Kant, 1785 : KGS IV457；邦訳 p. 239, 強調原文)．

11)「逃げ道をもとめて，自然法則にしたがってその者の原因性を規定する根拠のありかたを，自由の比較的な概念と適合させるとするならば……，それは憐れむべき言い逃れにすぎない．」(Kant, 1788 : KGS V96；邦訳 p. 260)．

12)「……〔超越論的〕自由は，ひとりそれのみがア・プリオリに実践的なものなのであり，その自由を欠いては，どのような道徳法則も，また道徳法則に応じいかなる帰責も可能ではない」(Kant, 1788 : KGS V97；邦訳 pp. 261-2)．

〈求めるに値する自由〉の概念をつくりあげようとしているのである．

　ただしカントの自由の構想は科学的知見から完全に切り離されたものである．これはカントにとっては当然のことである．というのも，一方で自由は自然界を超えたところに成立するのであり，他方で心理メカニズムや行動メカニズムの科学的解明はせいぜい自然界の中の人間のあり方を解明するものでしかないからである．科学的解明が通用する自然界の現象とそれが通用しない物自体を峻別するカントの描像は「超越論的観念論」と呼ばれるが，それに鑑みれば，彼の自由の構想は「超越論的な概念工学」だと言えるだろう．

　現代の自由意志論の潮流は，まさにこの点においてカントと相容れない．現代の自由意志論ではまずもって，自然界の一部としての人間に自由意志を持たせることができるかどうかが重要な係争点である．それゆえ自由意志を守るために世界を二つに分けてそれが生き残ることのできる場を用意するというのは，現代の自由意志論への参加者たちにとっては適切な解答になりえない．むしろ現代の自由意志論は，自由意志を理解するかぎりはそれを自然界の一部として理解するという制約，すなわち科学的な人間理解のうちに自由意志を位置づけるという制約を自らに課している．とりわけそこで重要になるのは，意思決定と行動制御を支える神経メカニズムや，行為者性の経験に影響する身体内外の要因を特定するような研究である（c.f. Libet, 1985；Wegner, 2002；Mele, 2006 etc）．現代の自由意志論はそうした科学的知見の哲学的意義をますます重視するようになっており，その点で存在論的な自然主義の実装に向かっていると言えるだろう．

　さらに現代の自由意志論が向かおうとしているところは，もう一つの点でカントと決定的に対立する．現代の自由意志論は，自由意志についてわれわれが認識するさいの心理メカニズムの科学的解明を重視しつつある．それは他でもなく，本章の前セクションから触れられてきたような，自由意志の概念や信念の本性を明らかにする様々な研究である．われわれはそうした解明に基づいて，現行の自由意志概念の非一貫性がどこにあるのか，またそれに備わる（非）両立論的性格がどのようなものなのかを指摘することができる．そして何よりも，自由意志の概念がどのようなパターンで責任帰属に結びついているのかを明ら

かにし，責任帰属が決定論によって（脅かされるとしたら）どのように脅かされうるのかを指摘することができる．われわれはそれを踏まえて，責任実践を保存するためにどのような自由の構想が有効であるのかを，より説得的に論じることができるだろう．現代の概念工学は，このような仕方で科学的知見を参照するという点で，認識論的な自然主義の実装に向かっている．

　そうした自然主義的な概念工学の道を一つ具体的に見定めてみよう．一つの興味深い経験的知見は，自由意志信念と自己コントロールの間の関係である．いくつかの研究で示されている通り，人々は自由意志の存在を否定されると，不正行動や同調行動を行う傾向が有意に強まる（Vohs and Schooler, 2008；Alquist et al., 2013）．そうした研究から示唆されるのは，人々は基本的に自由の存在を信じており，それが日常的な自己コントロールを（少なくとも部分的に）成立させているということだ．

　面白いことに，自己コントロールの概念は，ある種の自由意志概念として哲学者（とくに両立論者）から様々な形で提案されてきたものである．フィッシャーとラヴィッツァの誘導的コントロールは，その一例と言ってよいだろう．そうだとすると，自由意志をそのようなコントロールとして概念化し，その概念を社会に普及させることができれば，たとえ決定論の正しさが判明したとしても，人々の自己コントロールは維持されるかもしれない．つまり，決定論のもとでもわれわれには自由意志（＝自己コントロール）が可能だという考えを普及させることで，本当に自由意志（＝自己コントロール）が維持されるというわけである．

　このような概念工学の戦略は，人間の行動メカニズムを通じて自己コントロールを実現させようと企図する点で，存在論的な自然主義の枠内に収まるものである．またこの戦略がうまくいくためには，現行の自由意志概念のどのような点を修正すべきかを明らかにしなければならない．例えば，現行の自由意志概念に（非両立論的な）他行為可能性概念が含まれていれば，その点で概念修正が必要であることを織り込んだ普及を試みなければならない．そうした点で，この戦略は認識論的な自然主義に基づいたものでもある．

　これは一つの両立論的な自由意志概念をつくる試みであるが，4-1 での渡辺

の示唆は，実際これに近い．彼によれば，「もし人々の自由意志概念にふくまれる非両立論的な要素を両立論的なものに改定できれば，人々の自由意志概念は決定論に関する情報や科学的知見と整合することになる」．ただし彼は同時に，「そうすると，自己コントロールや責任帰属，社会への適合といった機能の促進を通じて，人々のウェルビーイングは向上すると考えられる」と述べている．この考えは，自己コントロールの効用的な側面を目的とした概念工学として理解できる．そしてそれはかなり実質的な主張点である．というのもそれは，責任実践の維持そのものではなく，むしろ社会生活上の効用を究極的なゴールとして設定するような概念工学を示唆するものだからである．

　これが示唆する問題は，そもそも自由意志論における概念工学的プロジェクトの目的は一体何なのかというものである．自由意志論は通常，自由意志とそれに関連する責任実践をいかにして決定論から守るかという形でそのゴールが設定されるが，たしかに効用の観点からゴールを設定することもできたかもしれない．だが，自由意志論で問われる責任とは，功績 (desert) の一種としての責任である．すなわちそれは，行為の道徳的な善し悪しのみによって定まるようなタイプの責任の概念であり，「帰結主義的な考慮によらない」ものなのである (Pereboom, 2001: xx; c.f. Sommers, 2010). それゆえそれは，総体的な効用を考慮して無実の人を責める，といったことを許さないような責任の概念なのである．もしそうであれば，どのような効用が帰結するかという観点から自由の概念工学を進めるのは，全くの的はずれに思われるかもしれない．

　しかしわれわれは，そうした責任概念すら疑い，修正するという目標を立てることができたかもしれない．実際修正主義者のヴァーガスは，責任を決定する要因をより広く捉え直そうとしている．彼の提案では，責任帰属が本質的に含む非難は，非難される者を道徳的な自己統治へと導くものである．非難を行う者自身にはそうした考えはなく，むしろ（例えば）単に行為がどのようなものであったかを参照するだけだろうし，またそれで非難には十分だと考えているかもしれない．だがヴァーガスによれば，そうした非難の規範は，それが総体として人々を自己統治に向かわせるという帰結によって正当化されるのだという (Vargas, 2013). この見解は効用に関する訴えを少なくとも明示的に含ん

ではないが，責任概念の修正が帰結主義的な仕方で方向づけられる可能性を示唆している．

　自由意志論は，決定論という形而上学的な問題を前にして，自由の概念をつくりあげようとする概念工学的な探究である．そしてそこでの係争点は，〈求めるに値する自由〉，すなわち責任を基礎づける自由の概念なのである．だがそこでの責任の概念もまた，概念工学的な探究の対象になりうるのであり，それに応じて目指すべき自由のあり方も変わってくるだろう．そうだとすると，どのような責任をわれわれは求めるべきなのだろうか．

　本セクション冒頭で紹介した「自由意志論は実は倫理学的問題でもある」というケインの指摘は，自由意志論の概念工学的性格を見定めるとき，より前面に現れてくるように思われる．

6　おわりに

　本セクションで筆者は，まず自由意志論の基本的な係争点が，〈求めるに値する自由〉の本性は何かという問題だと指摘した．言い換えればそれは，責任帰属を基礎づけるような自由の概念は何か，とりわけその概念は両立論的なものか非両立論的なものかという係争点である（1節）．それは必然的に心理学的な記述をめぐる係争点となるものの，しかし実際に得られる記述から示唆されるところでは，むしろ人々が抱く〈求めるに値する自由〉の概念は心理的に多元的なものである（2節）．

　ではそうした心理学的記述の先には何が待っているのか．筆者はニコルズの三つのプロジェクト（記述的・実質的・指令的）に加えて，概念工学というプロジェクトが待っていると指摘するとともに（3節），そうした概念工学というプロジェクトの推進はむしろ自由意志論の一般的な性格であると論じた（4節）．

　最後に筆者は，概念工学をより広く，新たな概念構想のプロジェクト全般として理解したうえで，現代の自由意志論における概念工学が持つ自然主義的性格を特定した．そのうえで筆者は，そうした道の一つを自己コントロールの観

点から素描した（5節）．しかしこうした概念工学の内実を検討するにあたっては，そもそもわれわれが求めるべき責任の概念は何なのかという倫理学的な概念工学の考察も必要になってくると思われる[13]．

参考文献

Alquist, J. L., Ainsworth, S. E. and Baumeister, R. F. (2013) : "Determined to conform : Disbelief in free will increases conformity," *Journal of Experimental Social Psychology*, 49, 80-86.

Chisholm, R. M. (1966) : "Freedom and action." In K. Lehrer (Ed.), *Freedom and Determinism*, New York : Random House, 11-44.

Deery, O., Davis, T. and Carey, J. (2015) : "The free-will intuitions scale and the question of natural compatibilism," *Philosophical Psychology*, 28 (6), 776-801.

Dennett, D. (1984) : *Elbow Room : Varieties of Free Will Worth Wanting*. Cambridge : MIT Press.

Doris, J. M., Knobe, J. and Woolfolk, R. L. (2007) : "Variantism about responsibility," *Philosophical Perspectives*, 21 (1), 183-214.

Double, R. (1990) : *The Non-reality of Free Will*. Oxford : Oxford University Press.

Fischer, J. M. (2007) : "Compatibilism." In J. M. Fischer, R. Kane, D. Pereboom and M. Vargas (Eds.), *Four Views on Free Will*, Malden, MA : Blackwell, 44-84.

Fischer, J. M. and Ravizza, M. (1998) : *Responsibility and Control : A Theory of Moral Responsibility*. Cambridge : Cambridge University Press.

Frankfurt, H. (1969) : "Alternate possibilities and moral responsibility," *Journal of Philosophy*, 66, 829-839.

Frankfurt, H. (1971) : "Freedom of the will and the concept of a person," *Journal of Philosophy*, 68, 5-20.

Judisch, N. (2005) : "Responsibility, manipulation and ownership : Reflections on the Fischer/Ravizza program," *Philosophical Explorations*, 8 (2), 115-130.

Judisch, N. (2007) : "Reasons-responsive compatibilism and the consequences of belief," *The Journal of Ethics*, 11 (4), 357-375.

Kane, R. (1996) : *The Significance of Free Will*. New York : Oxford University Press.

Kant, I. (1785) : *Grundlegung zur Metaphysik der Sitten*, In Königlich Preußischen Akademie der Wissenschaften (Ed.), *Kants Gesammelte Schriften*, Berlin : de Gruyter (1902). （邦訳：イマヌエル・カント『実践理性批判／倫理の形而上学の基礎づけ』熊野純彦訳，作品社，2013 年）

Kant, I. (1788) : *Kritik der praktischen Vernunft*, In Königlich Preußischen Akademie der Wissenschaften (Ed.), *Kants Gesammelte Schriften*, Berlin : de Gruyter (1902). （邦訳：イマ

---

13) 本研究は JSPS 科研費 16H05933, 16H03726, 16H03347, 26284001 の助成を受けたものです．

ヌエル・カント『実践理性批判／倫理の形而上学の基礎づけ』熊野純彦訳，作品社，2013 年）
Libet, B. (1985): "Unconscious cerebral initiative and the role of conscious will in voluntary action," *Behavioral and Brain Sciences*, 8 (4), 529-539.
McKenna, M. (2009): "Compatibilism & desert: Critical comments on *Four Views on Free Will*," *Philosophical Studies*, 144 (1), 3-13.
Mele, A. R. (2006): "Free will: Theories, analysis, and data." In S. Pockett, W. P. Banks and S. Gallagher (Eds.), *Does Consciousness Cause Behavior?*, Cambridge, MA: MIT Press, 187-206.
Miller, J. S. and Feltz, A. (2011): "Frankfurt and the folk: An experimental investigation of Frankfurt-style cases," *Consciousness and Cognition*, 20 (2), 401-414.
Monroe, A. E. and Malle, B. F. (2010): "From uncaused will to conscious choice: The need to study, not speculate about people's folk concept of free will," *Review of Philosophy and Psychology*, 1, 211-224.
Monroe, A. E. and Malle, B. F. (2014): "Free will without metaphysics." In A. Mele (Ed.), *Surrounding Free Will*, New York, NY: Oxford University Press, 25-48.
Moore, G. E. (1912): *Ethics*. Oxford: Oxford University Press.
Nadelhoffer, T., Shepard, J., Nahmias, E., et al. (2014): "The free will inventory: Measuring beliefs about agency and responsibility," *Consciousness and Cognition*, 25, 27-41.
Nichols, S. and Knobe, J. (2007): "Moral responsibility and determinism: The cognitive science of folk intuitions," *Noûs*, 41, 663-685.
Nichols, S. (2006): "Folk intuitions on free will," *Journal of Cognition and Culture*, 6 (1), 57-86.
Nichols, S. (2015): *Bound: Essays on Free Will and Responsibility*. Oxford: Oxford University Press.
Pereboom, D. (2001): *Living without Free Will*. Cambridge: Cambridge University Press.
Shariff, A. F., Greene, J. D., Karremans, J. C., et al. (2014): "Free will and punishment: A mechanistic view of human nature reduces retribution," *Psychological Science*, 25, 1563-1570.
Sommers, T. (2010): "Experimental philosophy and free will," *Philosophy Compass*, 5, 199-212.
Steward, H. (2012): *A Metaphysics for Freedom*. Oxford: Oxford University Press.
Van Inwagen, P. (1983): *An Essay on Free Will*. Oxford: Clarendon Press.
Vargas, M. (2007): "Revisionism." In J. M. Fischer, R. Kane, D. Pereboom and M. Vargas (Eds.), *Four Views on Free Will*, Malden, MA: Blackwell, 126-165.
Vargas, M. (2013): *Building Better Beings*. Oxford: Oxford University Press.
Vihvelin, K. (2004): "Free will demystified: A dispositional account," *Philosophical Topics*, 32, 427-450.
Vohs, K. D. and Schooler, J. W. (2008): "The value of believing in free will: Encouraging a belief in determinism increases cheating," *Psychological Science*, 19, 49-54.
Watson, G. (1975): "Free agency," *Journal of Philosophy*, 72, 205-220.
Wegner, D. M. (2002): *The Illusion of Conscious Will*. Cambridge, MA: MIT Press.
Wolf, S. (1987): "Sanity and the metaphysics of responsibility." In F. Schoeman (Ed.), *Responsibility, Character, and the Emotions: New Essays in Moral Psychology*, Cambridge: Cambridge

University Press, 45-64.
Woolfolk, R. L., Doris, J. M. and Darley, J. M. (2006) : "Identification, situational constraint, and social cognition : Studies in the attribution of moral responsibility," *Cognition*, 100, 283-301.

第5章
自己の概念を工学する

5-1 心理学の側からの問題提起　　　　　　　　　　　遠藤由美

1 「自己」をめぐる二つの現実

　自己概念，自己評価，自己意識，自己効力，自己高揚，自己査定，自己決定など，接頭辞接尾辞に自己がつく現象は実に多い．社会心理学ハンドブック（第5版；Fiske, Gilbert and Linzey, 2010）のインデックスには，自己（self），自己評価（self-appraisals）など80近い項目が収容されている．パーソナリティ心理学など他の領域でも自己の研究は行われているからそれらを合わせると，さらに関連項目数は増えるだろう．これだけでも，自己が心理学において主要な研究テーマの一つだと言うに十分である．
　しかし，心理学の主要研究テーマでありながら，自己の確立した定義は未だない（Baumeister, 1998）．自己をキーワードに掲げる論文数は膨大で研究成果は蓄積されているが，研究グループや研究者個人によってその定義は異なり，ある研究で自己の本質的次元とされているものが，別の研究ではまったく触れられていなかったりする．また，一つの研究で取り扱う小テーマが自己という包括的な全体のどこに位置づくのか明確にされているケースはほとんどない．自己は誰も見たことがない，触れたことがない．銀河やカップであれば，「あれ」「これ」と指示することができ，おおよそ共有された理解が成立しやすい．銀河には触れることはできないが，「それほど遠く」にあり，遠い将来テクノロジーが発達すれば全体像写真くらいは見ることができるようになるかもしれな

い，そう思える実体だという理解はもつことができる．他方，自己はどこにどのようなものとしてあるのか不明であり，そもそもそのようなものはないと断言する者さえ現われた（例：Metzinger, 2015）．あるか否かさえ定かでない自己を，研究者は一体どのように研究してきたのだろうか．

　自己が定義にさえ難渋する厄介さをもつのは，実体ではないことが一因であろう．しかし，直接見たり触れたりできなくても，例えば恐怖はどのようなものであるか，Ekman et al. (1972) が既に示したように共通理解がある程度成立する．無論，私が感じる恐怖と，他者があるところで感じる恐怖が同じものかどうかはわからない．自己の研究における厄介さは，自己が実体でないこともあるが，他にも自己がどう考えられてきたか，つまり自己という概念をめぐる問題がある．これについては，後に述べる．

　他方，実社会に目を転じれば，学問の世界とは異なる自己の現実が見えてくる．自己はまず，個人レベルでの社会適応（Baumeister et al., 1996）を大きく規定すると考えられている．そこで，子どもの健全な自己を育てる（e.g. 髙垣, 2004）ことが教育の重要な目標として志向され，それに合わせた教育プログラムや働きかけが検討され，教育従事者の研修を通して教室の中で実践される（例：東京都, 2011）．福祉・介護では，患者・高齢者の自己が機能回復，心身の健康の鍵を握っていると指摘され（例：井上, 2012），事業体は人事管理上の観点から，働く意欲や自己コントロールやメンタルヘルスなど，働く人の自己に関心を寄せている（厚生労働省, 2009）．司法では，個人の行為が自由意志から生みだされることを前提に責任が問われ（Fischer and Ravizza, 1998），犯罪者更生プログラムは自己統制に力点を置いている（法務省, 2010）．このように，社会のいろいろな営みにおいて，自己という概念が既に用いられ，自己の育成や修正のプログラムが具体的に組まれ，制度や社会システムを支える柱となっている．つまり，自己は存在するとされ，自己とは何かという疑問は既に解決済み状態のように見える．

　また，自己はすっかり日常生活に溶け込みなじんでおり，人々が「自己」の理解で戸惑っている様子はない．書店で自己啓発本を手に取り，新入生は自己紹介に頭を悩ませる．うっかり大失敗したときは自己嫌悪に陥り，自己破産し

ないように身を慎む．こうした表現は辞書など引かずともすんなり理解され，たとえその都度意味が異なっているような場合でも，「自己」ということばの登場によって人々の会話が突然立ち往生することはないだろう．つまり一般的な使用においては，自己というものの存在や意味は人々の間で明快なものとして共有されている．好きだという想いを抑えきれずに意を決して相手に告白したところ見事にふられ，不釣り合いな高嶺の花に近づこうとした自分につくづく嫌気がさし，自分はやっぱりだめな人間だと思う．そのような一連の行動思考感情の流れを考えると，その起点に「自己というものがある」という感覚に疑いを抱く人はまずいないだろう．

　一方に自己の定義の確立に難渋している心理学があり，他方社会や人々は自己なるものへ一定の理解をし，実際に様々なやり方で用いている．この二つの相反する現実は，いかにつながるだろうか．あるいは両者の溝は埋めようなく，放置するしかないのか．いや，自己に学術的定義を与え，速やかに人々の理解をそれに向けて修正してもらうべきなのか．自己をめぐる二つの現実があるという認識を出発点として，自己という概念をどう構築したらよいかを探るのが，究極の目的である．しかし，自己をめぐる研究のあまりに多様とも混乱とも言える現状にあって，ここでそれを成し遂げるのはほとんど不可能に思われる．そこで，まず心理学において自己がどのように研究されてきたか，少し歴史を遡って簡単に振り返り，科学としての心理学という枠組みにおける「自己」の位置づけをあぶりだし，次に，心理学，とくに研究テーマが「自己」であることに内在する特殊な厄介さについて述べ，それらを踏まえて，自己という概念を構築する際の方向性を探ることにしたい．

　なお，第II部のこれまでの心理学側セクションでは，心や自由意志に対する知覚や認知，理解のあり方が，社会的判断や行動に与える影響に着目して，議論を展開している．自己についても同様の流れの研究は数多くなされてはいるが，前述したようにそもそも「自己」という語で言及しているものが研究者や研究によって異なる上，「自己」を冠しない研究によって疑問や批判を突きつけられているものも多いことから，本セクションではそのようなアプローチはとらない．

また，本書は社会心理学と哲学のコラボレーションを目的としているが，本セクションでは社会心理学以外に，哲学，心理学，性格心理学，神経認知心理学などいくつもの領域や分野名が登場する．近代科学の初期においては現代ほど領域・分野が細分化していなかった．ジェームズは哲学者であり心理学者であり生理学者でもある，といった具合に，一人の研究者がより基本的で大きな問題に関心をもち，後年より細かな領域に分化することになる下位領域・分野に影響を与えている．また自己の研究は，社会心理学だけでなく，いくつもの様々な領域分野で行われ，領域を超えた学際研究も進んでいる．そもそも，学問領域・分野を分かつ境界線にアプリオリな必然性があるわけではない．本セクションには心理学や社会心理学，神経科学などの語が登場するが，あまり区分にこだわらず時には単に「研究が……」という程度の意味しか込めていない場合もあることを承知おきされたい．

2　心理学黎明期の自己研究

　心理学は方法論において神経質で厳格である．近代心理学は，19世紀に台頭した実証主義と歩調をあわせながら発展してきた．心理学は科学であることを標榜し，「万人を説得できる証拠」に基づいて論証することになっている．根拠なしにあるいは証拠を無視してあるいは正確でない証拠を示して，声高に主張しても信じてもらえない．どのようなことであれ主張するのは自由だが，一般にそして特に科学においては，それがどれほど「確かな証拠」に裏づけられているかによって説得力が大きく異なる．そして，言うまでもなくその「確かな証拠」が本当に確かだとして信用されるかどうかは，それを生み出す方法に大きく依存する．証拠に基づいてモノを言うことは実証科学としての心理学のアイデンティティなのである．

　ヴントがドイツのライプツィッヒ大学で実験心理学を始めた19世紀後半，ジェームズはアメリカで心理学の実験所を設立し心理学の祖となった．二人とも医学生理学を学んだという共通のバックグランドを持っている．James

(1983) は「わたしたちは自動機械なのか」と題する論文において，悪魔や神に操られるのではなく，生命体は自分の目的や関心に沿って環境の諸側面に注意を向け働きかけるという論考を発表した (cf. Reed, 1997)．彼が生体の神経的条件と結びつけながら意識の流れを解明しようとした根底には，自然科学に根ざした科学的志向性があった．しかし，ジェームズのこうした業績は後世においてあまり注目されず，また感覚，脳，概念，記憶，知覚，推理，本能などおおよそ心にまつわる広範な心的活動や現象を研究したこともそれほど注目を集めることはなかった．もっぱら形而上学とは異なる問題意識から自己に関心を寄せ，自己を捉える者としての自己（I）と捉えられる者としての自己（Me）に分類し，捉えられる者を物質的自己，社会的自己，精神的自己の3領域からなるとして構造的特徴を唱えた研究者として，歴史にその名を刻んでいる．

　心理学の黎明期のジェームズはしかし，今日的意味で言う実証的研究はまったく行っていない．初期の近代心理学の研究は意識心理学であった（實川，2007）．自己で言うなら，一貫性（私はずっと私であるという）感覚や自分を誇らしく感じる感覚などリアリティある意識経験を研究対象とし思索をめぐらせたということ自体が，経験を超えたところを探究する形而上学から距離をおいた「実証」なのであった．心理学はその初期から非感覚的な指標（例：反応時間や記憶成績）をも用いたものの，実証の中心に据えたのは内観すなわち「内を観る」であった．われわれが第一にそして常に頼るべきは内省的観察である，とジェームズは述べている（James, 1992/1993）．

　観察者から突き放され分離された観察対象としての人間ではなく，観察し認識する者自身が行為者でもあると主張したジェームズのパースペクティブは，人の主体的側面を強調した後世の"cognition for doing"（Fiske, 1992）の着眼点と重なり，当時としては斬新で進歩的であった．しかし，そうした側面はとかく等閑視される傾向にあり，ジェームズは思弁によってIを切り離し，Meにもっぱら焦点を当てることを正当化し，自己への心理学的研究のその後の進路を強く方向づけた先駆者として位置づけられることが多い．

　20世紀に入り，ジェームズが切り開こうとしていた意識や自己の研究は，意識研究を否定する行動主義の台頭・席巻によって行く手を阻まれた．行動主

義は科学たらんことを第一義として掲げ，その科学性実現のため，文字通り「万人が納得する」可視的行動だけを研究対象とした．「心の内部深くにあり内省によって把握される自己」は，心理学の主流から置き去りにされたも同然の状態になった（Swann and Bosson, 2010）．だが実は，自己の心理学的研究が停滞した原因は，行動主義支配だけにあるのではなかった．内省による意識研究が経験を記述し分類しカテゴリー化するだけで，「万人を説得する」確固たる力強い証拠を示せず，行き詰まっていたのである（實川，2007）．カテゴリー化より，行動形成・矯正を視野に入れた研究のほうが社会的意義がある，という行動主義の主張（Watson, 1913）とそれを裏づける証拠が，より強い説得力をもって受け入れられたのである．厳格な行動主義（S—R）はやがて勢いを弱め，生体の積極的な関わりを考慮しようとする新行動主義（S—O—R）を経て，内的心理過程の解明を掲げる認知心理学へと移行していく．

3　自己の実証的心理学研究——内観から定量的測定へ

これからは自我・自己研究が盛んになるだろうというAllport（1943）の予言どおり，20世紀中盤以降，自己研究は急速に量的拡大を示した．20世紀半ばのこの時期，行動主義によって動物と人間の行動が同等にみなされ扱われたことへの反省から人間性心理学が興り，マズローやオールポートらが自己実現やプロプリウムなど自己に関わる研究を行おうとした．だが，有効な研究方法が見つからず，理論確立は不完全燃焼に終わった．研究者がエキスパートとして経験に対して内観から迫り，言語で記述することはもはや実証主義とはみなされなくなっていた．万人を説得するような証拠をどうすれば呈示できるか．

3.1　自己報告法

そこで案出されたのが，「本人に尋ねる」である．自己は皮膚にくるまれた身体の深部にあり（そう考えられており），外からは伺いしれない．また人には物理的に一人でいるプライベートな時間もあり，他者が常に傍らから一部始終

を観察できるわけではない．ならば，常に共にある本人に尋ねるのがよい．行動だけでなく隠された内面にも過去の経験にもアクセスしやすく，自己関連情報を最も豊富にもっているのは自分自身であるから，本人が自分を一番よくわかっているはずだ．このような前提に基づいて定石となったのが，自己報告法（self-report method）である．

　現在でも多用される自己報告法には，自由回答形式，カード分類法，インベントリーのように構造化された質問項目に回答する形式などいくつかのタイプがある．自己概念の把握に使用される 20 答法（Kuhn and McPartland, 1954）は，open-ended（自由回答）形式の 1 例である．この手法の日本への紹介者（星野，1999）によれば，元来パーソナリティ査定のツールであったものが，自己概念を把握する目的でも使用されたとある．つまり，人が持っているパーソナリティ性質と自己概念は等号で結ばれる関係にあり，換言すれば自己概念とは自分の人となりの実体としてのパーソナリティ的性質を，そのまま把握したものとみなされていたことが伺える．チェックリスト法なども基本的に同じ考えに立つ．

　人は自分自身の実体をありのまま捉えることができる，あるいは捉えているという前提は，認知的側面としての自己概念に留まらず，さらに自己への評価的側面にも敷衍される．自己関連研究でおそらくは世界で最も使用頻度が高い尺度であるローゼンバーグの自尊感情尺度（Rosenberg, 1965）も，自己報告法の一つである．この他，自己意識尺度（Fenichstein et al., 1975）など，自己の包括的レベルであれ個別下位レベルであれ，また認知的であれ感情的であれ，自己の様々な側面の解明に自己報告法は用いられてきた．その数は膨大で，心理学における自己に関する主要な知見は，ここから生み出されたと言っても過言ではないだろう．基本的には，多くの人々を対象に，回答者自身が自分について回答することを求める手法を採り，統計的処理を施して知見を生成する．

　自己報告法が広く使用されるようになったのは，実施コストが低い，情報量が豊富，回答者の回答モチベーションが高いというメリットが大きいからだ（Paulhus and Vazire, 2009）とされている．臨床心理学ではクライエントが自分をどのように捉えているかがその人の行動を理解する重要な鍵とされたが，その

人の自己は面接や観察によってしか把握するすべがなく，一度に一人しか対応できないことや専門家養成時間費用などの非経済性が問題とされ，より簡便に実施できる方法が求められていた．自己報告法はこれに応えて，実施コストを大幅に下げることに成功した（Kuhn and McPartland, 1954）．

　実証主義を掲げる心理学において，このような簡便性経済性を備えた方法の開発は，自己研究の振興につながった．自己理解を何らかの数量に変換できれば，信頼性や妥当性の検証が可能になり，他の概念間との関係も検討できる．内観による意識研究が科学的心理学としては失墜して以降，本人による自己理解を比較的容易に引き出せ，多義性の低い数値に変換できる自己報告法が，自己の研究ツールとして重用されるようになったのはいわば当然であった．また，心理統計理論や技法の発展もあいまって，科学的研究手法の洗練度は，内観に基づく研究の時代に比べて格段に向上し，実証的に自己を研究するためのルート開発が進んだのである．

3.2　自己報告法の問題

　ここで，自己報告法は本当に自己の科学的知見生成を保証するか，という問題を考えてみたい．その際，(A)「人に尋ねる」こと一般に該当する問題と，(B) 自己の研究において「人（＝本人）に尋ねる」問題，との二つに分類することができる．(A) については，本書第 2 章において唐沢が鋭く重要な論考を既に展開しており，操作的定義と概念的定義の混同ないし循環的相互規定など重複する点が多いため，ここでは自己に関して特に追記すべき点についての言及に留める．また質問紙一般に関するプラクティカルな問題，例えば一定以上の言語能力をもつ者しか対象にならないことや，どの質問項目にも同じような反応や極端反応をする者がいることなどはここでは扱わない．

　「人に尋ねる」方法においては，多くの人から採集されたデータを統計的手法によって整理するのが心理学の定石である．その結果，「複数の異なる測定により示される内容の共通部分を中心としつつ……概念が構築される」（本書第 2 章；図 2-1 も参照）．この共通部分は参加者集合に共通して該当する傾向を抽出したものであり，ある人の回答が他の人々によるそれから大きく異なるな

らば，コアではないとして捨象されてしまう．これは自己の個別性を考えるとき，とくに重要な問題となる．世界に一人しか存在しない唯一無比の自分という人間を把捉したものが自己であるなら，自己は少なくとも部分的には個別性を包含している可能性があり，換言するなら他者にはないユニークな特徴を捉えてこそ，他ならぬ私という自己像となる．だが，統計的手法を用いて，回答者群全体の共通部分だけを取り出すことは，その個別性部分をそぎ落とすことになりはしないか．

　一例として，わが国で引用されることが多い研究を紹介しよう（山本・松井・山成，1982）．この研究では，自己評価との関係から，自己概念の構造の中での各側面の重要度を明らかにすることを目的として，自己認知の諸側面に関連する多くの項目を用意し，ローゼンバーグの自尊感情尺度とともに，自己報告によって各項目の当てはまり度を測定した．その後，自己認知の項目を因子分析にかけ因子を抽出し，因子ごとの尺度得点と自尊感情得点の関係を重回帰分析を用いて検討している．その結果，「優しさ」「容ぼう」「生き方」が男女共通で，また「知性」が男性において，自己評価に強く関わる自己認知側面であることが判明した，と報告されている．

　この研究において典型的に示されるように，自己という個人的なものを問題とし，具体的には「あなた」個人の特徴を言い表すか否かを問いながら，項目の収集から結果の産出に至る過程において，マス全体で重なり合う共通項を解として求めている．河野（2006）は，人々の自己評価は産業社会において尊重される人格次元が中心となる，と指摘している．それはひとつには，多数の人々の反応から共通部分を抽出する方法で研究されているからである．

　多くの人が自分を誇らしく感じる次元として社会が尊重する性格や学校成績が取りざたされる時，一人だけ挙げた「親指が直角に曲がる」はノイズとされることになる．しかし，そのことを誇り自分の価値の源であると感じる人がいるなら，その点にこそその人の自己の特徴がある，という考えも成立しうる．あるいはまた，自尊感情尺度に含まれている「自身への尊敬」は多くの日本人にとって適切項目ではないと判断され（清水・吉田（2008）参照），「自分自身への尊敬」を持ち合わせているある日本人は，「ハズレ値」とみなされる．だ

が，自己に「自分以外の人間とは異なる他ならぬ私」に連なる何かだとすると，個別性を抜き取り去る手法で，集団内の重なり部分として抽出したものを果たして自己と呼べるかという疑問が残る．

　自己報告法には，自己の認識に関わる問題もある．自分を把捉し○○だと知る上での自己の特権的地位とは，どのようなものだろうか．一つには，豊富で広範な情報を掌握できることである．自分のあり様は四六時中共にいる自分という目撃者に観察されている．自分自身以上にある人についての情報収集ができる人物は他にはいない．また自分自身では行動の他，感覚，感情，思考など他者が利用できない情報も内部から収集できる．行動主義は多義性回避のため内面への関心を排しもっぱら行動に焦点をあてることにしたが，人の行動の多くはそれだけ（例：パンを盗む）を見ても，その行動が意味するところ（例：飢餓なのか愉快犯か他者救済か）はわからない．動機や感情など内面情報と行動の複合的検討によって，より質の高い理解が成り立つだろう．そうであれば，自己についてその人自身に尋ねる方法を超えるものがないことになる．第2に，自分自身の経験は否定しようがないという，経験のリアリティとでも呼ぶことができる点である．例えば，私が私自身を嫌悪し嫌で嫌でたまらないという感情の只中にあるとき，「あなたにもいくつか長所があり，そんなに嫌な人間ではない」と他者がいくら説得しようとしても，私が感じている嫌悪感情は現に感じられている「事実」であり，論理的に他者には否定し得ないリアルな経験である．第3に，自己なるものの内容や機能や心理過程に対して，本人は完全に気づき（awareness）十分掌握している．明日の試験を控えて，無関係の小説を読みふけってしまったのは，勉強しても満足のいく結果に手が届きそうもないから言い訳材料を作ろうとしたわけではない．こうした価値や意思決定や行為に正しく気づくことができるのは，他者とは異なり内面の心理過程にアクセスできる自分自身だからである．

　もしこれらが真であるなら，自己報告は自己に関する確固たる証拠を収集できる極めて優れた研究法だと言える．換言すれば，自己報告法によって採集された資料はありのままを反映したものであり，それに基づいて「自己というものは」と正しい概念を構築することができることになる．現時点では未だ解明

されていない部分があったとしても，同じ方法でデータを集めると，やがて自己というものの完全な図を描き出せるだろう．

しかし近年，自分自身についてよく知っていると人々が信じ，そしてまた自己研究のよりフォーマルな理論も長い間それを前提にしてきたこうした認識上の自己の特権的地位に対して，疑問を呈するような研究知見が蓄積されてきている．自分自身について十分知らない，またなぜ知らないのか，どうすれば知ることができるかについても知らない，認知と行動がかけ離れていることにも気づかない，というのである（Wilson, 2002）．この点について次項で述べる．

3.3 潜在的処理過程という問題

人は環境に適切に対処するため自分自身を「正確」に把握しようと動機づけられ，自分の診断に役立つ客観的情報を求める傾向があるとされている（自己査定理論；Trope, 1983）．しかし，「正確でありたいという動機づけ」の有無にかかわらず，自己関連情報を十分に利用しないあるいはできないという報告がある（Dunning, Heath and Suls, 2005）．自己高揚すなわち自分を望ましい者と思い込み（込ませ），不都合なことを意図的・非意図的に考慮外に置く傾向は一般にもよく知られている．それは無論，自己理解の正確性への疑念を生じさせ，「万人を説得するだけの証拠」にも関わる現象ではあるが，ここでは単に内容的歪曲に留まらず，どのような事項であれ処理過程そのものに気づかないことがしばしばあるという側面に注目したい．これは，自己報告が自己というものにアクセスできる正しいツールであることを保証するための条件「常に傍らに居る」「完全に気づき（awareness）十分掌握している」に抵触するからである．

バージが旗手となって推進してきた無意識研究は，自己の研究では当初その意義に見合う程の評価を与えられなかった．デカルト以来の意識重視と意識的精神活動の中核としての自己の位置づけの伝統の流れに加えて，どこか陰のイメージがつきまとうフロイト流の無意識の影響もあって，原因に気づかぬうちにうっかり意図しない思考行為をしてしまうことがあったとしてもそれは部分的であり，自分の，特に高次の思考行動はあくまでも当人の意図によって開始され，意識によって把握されているという自己観が根強かったからである

(Bargh and Morsella, 2008)．もし本人が意図していないのにある行動が生起し，しかもそれを意識で把握できないとなると，それでは人はまるで制御不能のゾンビではないかとして，受け入れ難かったに違いない．そのような捉え方は，一つには当初無意識が意識されないというだけで，それ以上厳密には定義されていなかったことに由来する．その後，無意識は引き金となる刺激そのものではなく，引き金となる刺激の効果ないし影響に対して気づきを欠くことだと定義され（Bargh, 1992），次第に心理学において受容される方向に推移した．

　Wilson and Dunn（2004）は，望ましくないことを隠す保管庫としてのフロイト的抑圧ではなく，内観によっては意識にアクセスすることができないノーマルな心的過程として無意識を捉え直し，それは注意，知覚，学習，判断など広範な活動を委託されている，と述べている．これに従えば，実証研究において，顕在的意識内容などを測定する測度と無意識的反応を測る潜在的測度は異なるものを測定していることになる（Kahneman（2011）参照）．事実，IAT（Implicit Association Test ; Greenwald and Farnham, 2000）などを用いた自尊感情の潜在指標とRosenberg（1965）の自尊感情尺度などの顕在指標との間には，ゼロ付近の相関しか見いだされていない（Bosson, Swann and Pennebaker, 2000）．自尊感情に関して潜在指標と顕在指標のいずれが「正しい」スケールかは基準次第であり回答できないが，潜在過程と意識過程が区別され接続的でないということは言える．環境との関わりにおいては，例えば物理的世界の認知において，無意識の視覚システムは距離や丘の傾斜を正確に把握しているのに対して（さもないと転げ落ちる可能性がある），意識的知覚は系統的な誤りを犯し，口頭による傾斜角度推測では通常実際よりも急勾配だと回答する（Bhalla and Proffitt, 1999）．ここから示唆されるのは，思考や行動は様々な要因に影響されるが，それらをすべて意識的に把握するのは難しく，また意識されるものが正しいという保証はどこにもないということだ．

　ある実験（Nisbett and Wilson, 1977）は，まったく同一の商品を数個，陳列位置を変化させて，店の来店客に選好判断を求めた．その結果，顕著な位置効果が得られたが，参加者は自分の選好が陳列位置によって影響されていることに気づかず，商品の品質を見て自分が判断したと強く主張した．これは，人が自

分の反応がどのようなものであるか（この商品を選択した）を知っていても，その判断・意思決定過程にアクセスできないことを示している．選好判断は陳列位置による影響を受けていないかと問われた参加者は，真向からそれを強く否定した．「品質をよく吟味する」「この商品を良質だと判断・選択する」という行為と「自分は熟慮的だ」「賢い消費者だ」「見極める力がある」などの特徴が関連づけられ，自分のものと捉えられることになる．自己報告法で引き出すことができるのは，意識で捉えられたこのような自己理解に限られる．それは「陳列位置による影響を受けて選択・購入する自分」とは別に作られた理解である．

　一般に因果律によれば，まず原因があって，時間的にその後に結果が生じる．原因とは結果を引き起こすもののことだからである．人の行動（例：腕を上げる）においては，意志と行動がそのような関係で結ばれており，時間的に先に存在する意志――腕を上げよう――を起点として生じる，と一般に考えられてきた．例えば，スポーツ選手が「今日はあきらめずに最後まで攻撃的に攻めようと思っていました」と発言するとき，その攻めの姿勢（意志）が積極的攻撃行動を生み勝利した，と考えるのである．しかし，Shimojo (2014) は事後言 (postdiction；著者訳) 説を唱え，結果（ここでは勝利）を知ってから後知恵的に「積極的に攻めようと思った」と認知を構成している可能性がある，と主張している．実際，負けたときはそうは言わない (Kadota et al., 2009)．つまり，「こうしているのは私だ」という主体 (agency) 感覚や意識的意志は，行動の原因をつじつまがあうように後から作り上げる認知的錯覚である，というわけである．もしそうだとすると，自己という内面奥深くにその人らしさの源泉があり，そこに気づき概念化し評価し，調整や管理を施されて表出・行動の段階に至る一連の自己過程がある，という前提の上に立つ意識的意志の自己像は，根底から否定されることになる．

3.4　認知実験法と神経科学的実験法

　1970年代半ば頃，情報処理科学や認知心理学の理論的枠組みと実験手法が導入され，Markus (1977) が，参加者をコンピュータの前に座らせる新しいス

タイルの自己研究法を開発したのを契機として，自己の研究法は広がった．そこで多用されたのは記憶成績や反応時間など直接数量化される指標である．それらは，自己報告法につきまとう回答者の自己呈示や言語解釈上の問題がより注意深く除かれ，言ってみればpHや融点のように，「科学的物証」としての体裁を整えていた．自己概念や自尊感情などの質問紙法による研究は，「深部にある自己」の内容物を取り出し並べて見せるという成果を生んだが，彼女はセルフ・スキーマ（self-schema）という概念を新たに提唱した．そして，その内容物が箱の中に収蔵されている静的陳列品のようなものでなく，組織的構造をもつがゆえに新規関連情報を積極的に取り込む機能が備わっていると論じ，反応時間や記憶成績などの「科学的指標」を使ってそれを鮮やかに証明した．効率的情報処理というそれまで知られることがなかった機能を備えたセルフ・スキーマは，自分自身への捉えという点では重なるはずの自己概念と区別されて別の名称を与えられ，内容について本人に直接尋ねる従来型の自己研究とは一線を画すものとして研究がスタートした．

　認知的アプローチは実証的と呼ぶにふさわしい精度の高い実験を通して，多くの研究成果を生み出した．自己概念のうち中心特性に関しては知識表象が特に発達しており，関連次元（例：独立性）の情報処理に優れることが報告された（e.g. Markus, 1977）．セルフ・スキーマ研究はその代表例の一つであるが，自己が情報量の豊富さと統合度の高さの点で，他者表象や事物表象など他のいずれの表象とも異なる特殊性をもつ唯一無二のものであることを示した自己参照効果（self-reference effect ; Rogers et al., 1977）も，認知実験の成果としてよく取り上げられる．こちらは，属性などを刺激語として呈示し，自己関連づけ条件（自分に当てはまるか否か）と他者や事実関連づけ条件の課題を課し，反応時間などを比較するというのが典型的実験パラダイムである．

　21世紀に入る頃，心の座と考えられてきた脳の活動を非侵襲的に画像化できるようになった．そして脳波（EEG），ポジトロン断層法（PET），機能的磁気共鳴画像法（fMRI），脳磁場計測法（MEG）などの測定機器の開発・洗練を背景に，神経科学による自己の研究が登場し勢いを増した．それらの研究は端的には，自己の脳マッピング，すなわちいったい「自己」を司っているのは脳

のどの部位か地図を描くことをテーマとしており，実験において具体的な課題を課し，参加者がそれに反応する際の脳の活動を計測する．認知的実験よりも一層本格的に自然科学的で，客観的研究の条件が整った神経科学的実験によれば，人の内深部にあって見えないと思われてきた自己を可視化でき，謎の多くが明らかになる．そう期待させる研究法の出現であった．

既に紹介した自己報告法もそうであるが，認知的実験や神経科学的自己の研究はいずれも現在進行形で行われているところであり，また筆者がそのすべてを熟知しているわけではない．したがって，ここでその成果や問題点を論じるのは見当違いであろう．しかし，両者に共通する問題が少なくともいくつかの研究に見られる．

認知的実験や神経科学的実験には無論さまざまなものがある．そのうちの一つのタイプは，自己条件と他の条件が設けられ，それぞれの課題遂行時の参加者の記憶や反応時間または脳の活動が計測され，(1) 自己知識は他者知識や一般知識とは異なる特殊なものか，(2) そうであるとすればどのような性質をもつか，どのような脳地図が描けるか，というリサーチクエスチョンを明らかにしようとするものである．例えばある神経科学の研究は，前述した自己参照効果の実験デザインを応用し，呈示した特性形容詞に対して自分にあてはまるか（自己条件），有名人にあてはまるか（他者条件），望ましいか（一般条件）の判断を求め，ポジトロン断層法（PET）で計測している（Craik et al., 1999）．自己と比較対照される条件としては，事実条件（例：「生きるためには水が必要だ」）が設けられることもある（Johnson et al., 2002）．

これらの研究が見いだした答えは，「様々」である．(1) については，自己は他とは異なる (e.g. Johnson et al., 2002 ; Kuiper and Rogers, 1979)，異なるとは言えない (e.g. Craik et al., 1999 ; Lord, 1980 ; 苧阪，2014 ; Ruby and Decety, 2004) という報告がある（詳細は，Gillihan and Farah (2005) ; Legrand and Ruby (2009) 参照）．また (2) については，内側前頭前皮質，側頭極，中心前回，海馬，紡錘回状，後頭皮質等々多岐にわたる (Legrand and Ruby (2009) 参照)．中には類似したタスクを用いながら，自己記憶システムでの処理には左半球が特別の役割を果たしている (Turk et al., 2002) という報告がある一方，右半球の優位性を見

いだしているものがある（Keenan et al., 2001）．結果として，「様々な側面を包括するような統合されたシステムとしての自己」を示す証拠はこれまでのところ存在せず（Gillihan and Farah, 2005 : 94）「統一的な地図」が描き切れていない．このような現状は，「自己」を冠する研究は無数に存在するが，神経認知科学領域の自己研究全体を貫く知識は存在しないことを示している．この様相は，研究結果は交流のある少数の研究仲間うちでしか参照されない，と評されている（Keenan et al., 2000）．

　脳活動をリアルタイムでそのまま計測できる最強とも思えるツールと方法を用いて，なぜ結果が明快に収束しないのか．参加者側の微妙な揺らぎや繊細な信号の解析方法の問題（田中ほか，2016）など，それにはいくつもの要因が関わっていよう．だが，少なくとも部分的には，自己という概念を曖昧もしくは不問にしたまま，操作・計測を行う傾向が関係している．この領域のミッションが脳のどこに自己はあるかを解明することに置かれており，自己という概念についてそれほど議論されていないのかもしれない．例えば，Craik et al. (1999) は，"In the search of the self" と題する論文で，自己とは何かをことばのレベルで定義しないまま，直截的に自己参照課題について述べている．自己の確立した定義は未だ存在しないと指摘されているが（e.g. Baumeister, 1998），この点について研究結果が蓄積すれば，定義はやがて出現してくるだろう，という研究者もいる（Gillihan and Farah, 2005）．

　しかし，研究対象の定義・本質的特徴を明らかにしないまま実験操作・計測を行うのは問題ではないか（Legrand and Ruby, 2009）．自己は脳のどこに位置するかという問いを立てるとき，自己参照課題を用いた研究では，自己，友人，事実などそれぞれ個別の容器に情報が貯蔵され，当該容器を開けているときはその中味だけが処理されることを仮定している．ところが，具体的には，次のようなことが起きる．各条件には共通要素が含まれ，例えば，自分の顔・性格と他者の顔・性格ではどちらも人の顔・性格というものについての判断が共通する（e.g. Ochsner et al., 2005）．また比較対照として用いられる事実においても，例えば「東日本大震災が起きたのは2011年3月である」という事実記憶が，もし「そのニュースをテレビで見たときは衝撃を受けた」という経験につな

がっているとしたら，これを自己とは無関係の「事実」とすることができるか，という疑問が生じるであろう．そもそも，どの条件も判断している主体は脳，心，それとも私（I）のいずれなのだろうか．さらに，①自己条件と他者X条件を比較する場合，②自己条件と他者Y条件を比較する場合，③自己条件と事実条件を比較する場合，①②③いずれの自己条件も自分についての判断だから同じと言えるかという問題もある．いずれの自己条件も判断時にはたらく自己は同じで処理プロセスも同一だと言えるのは，自己というものがどのような文脈においても，あるいはどのような他者や事物と向き合うときでも変わらずに独立に屹立して存在する表象の塊であることを前提としているからである．これらの前提の真偽はそれ自体問われることなく，条件設定・計測に落とし込まれている．

　研究者にとって，先行研究で既にある研究成果を生み出すのに用いられた方法は，学問的にその正しさが一応「保証済み」であることを意味する．それを踏まえて自分の研究を組み立てることは推奨こそされ，何ら抑制すべきことではない．そうして，自己の実証的研究は，紙と鉛筆を用いた自己報告法から出発し，認知的実験法，そして神経科学的実験へと方法論的に多様性と広がりを示しつつ発展してきた一方，自己そのものについての概念はこれまでほとんど議論の焦点にならないまま持ち越されてきた．その結果，自己研究の究極のテーマである「自己とは何か」については問われることなく，測定方法がより科学的方向へ進んでも，「自己については本人に尋ねよ」がそのまま採用され続けてきた．その背後にはいくつもの前提があるが，それらも含めて，実証的に「うまくいく」方法と研究結果とが学術遺産として次へと引き継がれてきたことになる．最先端テクノロジーを測定に駆使する神経科学において，研究対象の自己という概念が傍らに置かれたまま半ば「直感的に自明」とされ（Gillihan and Farah, 2005），研究が遂行されているのだとすれば，その自己像が異なる人・領域の間では議論が成立せず，話が通じる同じ学派内で閉じることにつながるだろう．

4 自己という概念を構築すること

4.1 とりわけ厄介な「自己」

　測度が紙上の評定であれ反応時間であれ脳画像であれ，「人々に尋ねる」自己報告によって引き出されるのは，あくまでも人々の理解する自己というものである．人々の「素朴な概念理解」の特徴を解明することが研究目的であれば，それは十分理にかなった方法かもしれない（本書第 2 章）．だが往々にして，人々が素朴ながら自己というものをこのように理解しているのだという意味での概念理解と，自己というものは混同されやすい．Baumeister（1998）は，「自己概念」と「自己」が混同されやすく，しばしば互換性のある語として用いられていると指摘している．前者は人々から引き出された自己であり，後者は研究者が探究すべき疑問「本当のところ，（有無も含めて）自己とは何ぞや」への解であり，構築すべき概念である．

　このような混乱・混同は，自己を研究することの特殊な困難さになかば由来し，自己が不可視不可触であることと密接な関係があることは前述したとおりである．加えて，研究者自身が日常生活において人々と同じように自己を感じ取り，人々の素朴概念を自己報告法によって取得した際，それに妥当性を与えるからではないか．言い換えれば，研究者としてのトレーニングを受け日々学問的関心を持ち続けている人も，市井の人々と同じように自己を経験し感じ取るからだと考える．例えば，私の真の感情や思考は親しい人以外には他者の目に触れないように押し殺して表出しないようにコントロールし，強い意志をもってやり通し，あるいは恋人にふられて「自分はだめな人間だ」と思うとしよう．研究者自身が内観によって把握できるのは，他の人には知られない（隠すことができる）深部に核なる自己が存在すること，いくつかの属性次元（意志が強い）が含まれていること，そこから行動（やり抜く）が生み出されること，そのような有り様を自分自身が評価している（自分を誇りに思う）こと，そのような自己である．そしてそれは人々から引き出された「自己」と同じ方向にあり，180 度異質な捉えではないだろう．研究者が，人には意識できない

心的過程があり，思考や行動の真の原因に気づくことは困難だという知識をもっていたとしても，だからと言って，自分の無意識過程が意識できるわけではないのである．研究者も人として，一般の人々と同じような認識上のそして生物学や生理学上の制約条件を背負って生きているがゆえに，人々の「自己」への捉えと多かれ少なかれ類似した捉えから自由ではない．Peters (1960) は，科学としての心理学の発展が難しいのは，ぎこちなくではあるが，われわれがすでに人間の行動について多くを知っているからである，と述べている．自己は直感的自明だという発言（Gillihan and Farah, 2005）は，科学的心理学の研究者が理論的にも方法論的にも自己という概念をあまり深く考えず，何となくある種の素朴概念を受け入れていることを端的に表している．

　種々の慎重な方法的手続きを経て人々から聞き取った「自己」を「万人を説得できる証拠」だとし，自己という概念と混同してしまうのは，このような理由によるところがあるのではないか．自然科学であれば，太陽が東から上り天空を回って西に沈むと人々が言い天動説を信じていたとしても，そして研究者自身の目にもそうとしか映らないとしても，そのような見えに影響されずに，研究者は地球の公転をデータによって事実として証明できる．心理学，特に社会心理学と他の科学が異なるのはこの点である（Fletcher, 1995）．

　要するに，科学としてのアイデンティティを掲げる心理学は，自己に関する諸現象に迫ろうと様々な実証研究を行ってきたが，「自己のことは本人に尋ねよ」を基本方針としてきたため，人々の素朴心理学が方法や回答の中に入り込み，それが研究の「自己というもの」の理解を下支えし，次の研究の前提や方法に取り込まれる可能性があるのである．

　社会心理学の多くの教科書は，素朴心理学は実証データに基づく科学的心理学によって書き換えられるべきだと述べている．では，素朴心理学の影響を排除して，科学たり得る自己という概念を構築するにはどうすればよいか．実は，この問題は，「自己とは何か」に答えを出すことと同じくらいに困難である．自己という言葉の下で扱われている現象が多岐にわたるため，今，比較的わかりやすい自尊感情を例にとろう．自尊感情はことばによる定義や測定に用いられる次元などに違いがあるものの，やや乱暴ながら簡単に言えば，当人が自分

をよし（悪くない）と感じることである．本質は「当人が感じる」にあって，ここは崩せない．他者のあるいは普遍的・科学的基準を当てはめ，脳画像を見ながら「今，この人は自尊感情を感じている最中です／感じていません」という判定は無意味である．ある人が○○した時に満足げにうなづき自分に対してよしと感じるなら，他者がそれを否定するのは意味をなさない．「自分を誇らしく感じますか」と直接尋ねるかどうかは別にして，本人の経験を基にするしかない，そのような現象を対象としているのである．自己の代わりに，幸福で考えると理解しやすいかもしれない．幸福は当人が感じてこそ幸福なのであり，例えば他者からみて惨い状態にあっても「神に見守られているから幸福だ」という人がいるなら，それはそうなのである．主観的現象について，自然科学のように人々から独立した概念・定義や検証は成立しない．

　個人の経験を客観的に取り出せれば，素朴心理学の影響は排除できるのではないか，という考えもあるが，そもそも個人の認知や経験・行動は，社会的相互作用の中に埋め込まれている規範やルール，文法などによって規定され，社会的文化的基盤の上に構築される（e.g. Gergen, 1985）とすれば，素朴心理学は既に経験のありようを構成しているのである．つまり，人々の素朴な概念・理解いかんにかかわらず運行し続ける天体や生命活動を続ける細胞とは違って，初めから絶対的事実として自尊感情が存在し機能するわけではなく，そもそも社会的（人々的）に埋め込まれているのである．通常使う言語の中に既に，人々の共通感覚（common sense）が包含されている．したがって，研究者が自然科学のような科学性をもって自尊感情を断じることはできず，ここに素朴心理学を完全に切り離すことが困難な心理学，とくに社会心理学，そしてとくに自己の性質がある．

4.2　自己という概念の構築

　では改めて，心理学における自己という概念の構築について考えたい．科学を自然科学的という意味で用いるなら，その科学において，素朴心理学を完全に切り離し，自己を定義し概念からズレない精緻な研究法を確立し知見を積み上げ，概念を精錬することになるが，自己に関しては，それが実現可能だとも，

また唯一の目指すべき方向であるとも思わない．自己や自己関連下位概念がそもそも人々の区切り方や受け止め方感じ方関わり方と結びついている限りにおいて，素朴心理学の浸透はゼロにはできないだろう．心理学あるいは社会心理学は，自己という概念について考えなくてよい，素朴心理学的な自己なる概念をそのまま心理学的研究に導入し利用すればよいということではない．他方，きちんと積み上げた実証研究結果の蓄積とともに自然に結晶化するのを待つ，というわけでもない．

　人々が自己という（素朴）概念をもち，それが教育や司法や人事管理など社会の様々な営みに関わり，それが人々に影響しているならば，心理学の自己研究は，「自己」なる概念をより妥当なものに作り変えることで，よりよい社会よりよい人生の創出に貢献できる．問題は，いかにすれば「自己」という概念をより妥当なものとして構築できるかである．

　前述したように，これまでの自己の研究において，自己という概念はあまり深く議論・検討されることなく実証に持ち込まれる傾向があり，また具体的実証研究の背後に置かれている前提も，多くの場合それが白日の下にさらされることはほとんどなかった．それを踏まえて，ここでは考えられる二つの可能性について述べたい．一つ目は，「自己関連」テーマかどうかを超えて心理学領域の様々な研究を学び，また議論・対話することである．冒頭で述べたように，自己は心と同義語と言ってもよいほど幅広い心的事象とつながっている．学問の急速な発展に伴い，米国心理学会は1892年に31名で発足したが2000年には88500名を有するほど研究者が増加し，研究数も増えている．各研究者のinputのための資源は，細分化された専門領域内の研究の流れを知るのにほとんどが費やされ，一見して「無関連」のテーマまで関心や渉猟が及ぶことは少ない．しかし，実証に先立って暗黙裡に置いた仮定が，人の能力や他の心の活動から見て妥当なものかどうか，他の知見とぶつかり合うことはないか検討する必要がある．例えば，意識がどのようなものでどのように働くかなど意識について知ることは，「自分自身を意識すること」（押見，1992）というシンプルな定義を与えられている自己意識への問いや，自己把握と意識との関係への理解を深化させることにつながるはずである．また，身体と心が分かちがたく連

動していることを示す知見が近年次々と報告されており，自己もまた身体との関係において捉え直されてきている．1例としては，手や身体を洗浄すると，人は自分が道徳的に浄化されたように思う（Zhong and Liljenquist, 2006）．これは実際，古くから世界各地の宗教施設で人々が営々と実践してきたことであり，素朴心理学の知でもあろう．そのような知見と，自己が表象の塊で不動のものとしてあるという見方は整合しない．

　素朴心理学はあちらこちらに浸透しているが，中には他の現象と整合しないものであったり，断片的であったり意味を持たないものであったりもする．それらと様々な領域の心理学的知見とを丹念に突き合わせて取捨選択し統合し系統化することは，心理学における自己という概念の構築に有用であると考える．暗黙裡の前提は自己に限らず，他の下位領域にも多かれ少なかれあるだろう．それはその領域では「常識」となっているために気づかれにくい．議論対話が，それぞれの前提への気づきと問い直しにつながり，群盲評象の弊害の乗り越えを後押しするはずである．また，どの領域でも，明らかにされた知見の背後に，研究者が密かに「この概念」「この方法」の限界に気づいている場合もある．そうした隠された情報が概念や前提を考える手がかりにもなる．

　二つ目は，心理学以外の領域から学ぶことである．心理学は文字通り，人の心理に強い関心を寄せる学問領域である．それは，往々にして内向きベクトルの研究を生み，特に自己に関してはその私秘性ゆえに個や孤としてとらえ，また個人の内面の諸要素をどんどん細かくして（例：自己評価，自尊感情，自己受容など），その関係に関心を向ける傾向がある．しかし，研究者がそれらを弁別しことばで定義を述べたとしても，人々は恐らくそれらの区分にリアリティを感じない．「自己」について明らかにしたいと願うあまり，あるいは学問的精緻を一筋に追究し，そこだけに焦点を絞り込みながら進んで行くことは，人々を置き去りにして，研究者による偶像を作り上げることになる可能性がある．自己なるものがそもそも人々の生活の中で感じ取られ使われている素朴概念に端をもつものならば，人々はどのように生き暮らしている存在か，どのような生物学的条件をもっている存在か，生態学的妥当性の点において，人間観を豊かなものにする必要があるのではないか．

心理学は実証的であることをアイデンティティとしており，データを採集することが求められることから，多くの場合，研究対象をプレパラートの上に固定するかのごとくそれを実践してきた．自己研究において，自己の属性（性格特性や顔）を本人に同定させる課題はその典型である．研究対象が動いたり急速に変化したりしては，心理学の現有の方法では測定が難しいからである．しかし，ある個人のある心理側面だけ他の諸々と切り離されて真空室内に存在し，何らかの心的活動をしているわけではない．人は長い歴史において，自然や人や人々と向き合い働きかけ，その中で自己なるものが生まれ，何らかの働きをしてきたのである．そのような観点から見ると，プレパラート上に固定された「自己」は，環境や他者に働きかけ働きかけられるインタラクティブ性を欠き，それを自己と呼んでよいかという疑問が生じる．

　人の有り様は，哲学，倫理学，文化人類学，社会学，教育学，言語学，法学，宗教学，歴史学，人文地理学，経済学，霊長類学，生態学，生理学，神経科学などの諸学問で描かれ，また学術以外の文学や芸術作品にも描かれている．歴史学や文化人類学や人文地理学などは，人々の営みが時代や地域によって異なること，あるいはそれらを超えて共通することのその両方があることを教えてくれる．また，霊長類学や生態学などは，他の生物のそれと比較することによって人の外界との相互作用にはどのような特徴があるかを教えてくれる．自己（ないし自己らしきもの）の系統的発生や発達を辿る，あるいは生物学的基盤を探ることで，ある機能（例：外見の自己認識）だけ部分的に存在するのかそれとも諸機能統合的なのかが明らかになるかもしれない．このように，様々な角度から人の営み，人がいったいどのように存在しているかを知り，豊かな人間像を作ることが，自己という概念の構築に必要だと考える．

5　おわりに

　自己の研究に，生態学的妥当性を取り戻す必要がある．聡慧なる先達は，とうの昔にこの点に気づいていたかもしれない．だが，インタラクティブという

本質をもつ人間の自己を（実証）研究しようという志に応えるような研究法はこれまでほとんどなかった．例えば，fMRI は人の活動を極度に制限した状態で測定される．眼前の他者も頭の中で想起された他者も個人にとっては同じ意味をもつとする見解もあった（Allport, 1968）が，それは「社会的」とは言えても，インタラクティブとは言い難い（佐藤，2016）．インタラクションとは働きかけに対して（無反応というものも含め）反応を返してくる相手があってこそ成立し，そのとき他と自の区分が生じる．最近，2 個体同時計測 fMRI が開発され，2 者間相互作用にアプローチできるようになりつつある（定藤，2016）．すると，相互作用における自己を検討できるだけでなく，我と我（あるいは 3 人以上）が心理的に一つのユニットになる we の研究にも道が拓かれ，そこから自己＝個＝孤という定式が広がる可能性も出てきた．その時代の人の生き方や利用できるテクノロジー——それは測定だけでなく人の生き方暮らし方にも影響を与える——とともに，その姿を変えるものかもしれないとすれば，その方向自体の見直しが必要であろう．

参考文献

Allport, G. W. (1943)："The ego in contemporary psychology," *Psychological Review*, 50 (5), 451-478.

Allport, G. W. (1968)："The historical background of modern social psychology." In G. Lindzey and E. Aronson (Eds.), *Handbook of Social Psychology*, 2nd ed., Reading, MA：Addison-Wesley, 1-80.

Bargh, J. A. (1992)："Does subliminality matter to social psychology? Being aware of the stimulus versus aware of its influence." In R.F. Bornstein and T. Pittman (Eds.), *Perception without Awareness*, New York：Guilford Press, 236-255.

Bargh, J. A. and Morsella, E. (2008)："The unconscious mind," *Perspectives on Psychological Science*, 3, 73-79.

Baumeister, R. F., Smart, L. and Boden, J. M. (1996)："Relation of threatened egotism and to violence and egotism," *Psychological Review*, 103, 5-33.

Baumeister, R. F. (1998)："The self." In D. Gilbert, S. T. Fiske and G. Linzey (Eds.), *The Social Handbook of Psychology*, 4th ed., Hoboken, NJ：John Wiley & Sons, 680-740.

Bhalla, M. and Proffitt, D. R. (1999)："Visual-motor recalibration in geographical slant perception," *Journal of Experimental Psychology：Human Perception and Performance*, 25, 1076-1096.

Bosson, J. K.. Swann, W. B. and Pennebaker, J. W. (2000)："Stalking the perfect measure of implicit self-esteem : The blind men and the elephant revisited?" *Journal of Personality and Social Psychology*, 79, 631-643.

Craik, F. I. M., Moroz, T. M. and Moscovitch, M. (1999) : "In the search of the self : A positron emission tomography study," *Psychological Science*, 10, 26-34.

Dunning, D., Heath, C. and Suls, J. M. (2005) : "Flawed self-assessment : Implications for education, and the workplace," *Psychological Science in the Public Interest*, 5, 69-106.

Ekman, P., Friesen, W. V. and Ellsworth, P. (1972) : *Emotion in the Human Face : Guide-lines for Research and an Integration of Findings*. New York : Pergamon Press.

Fenichstein, A., Scheier, M.F. and Buss, A.H. (1975) : "Public sand private self-consciousness," *Journal of Personality*, 55, 544-554.

Fischer, J. M. and Ravizza, M. (1998) : *Responsibility and Control : A Theory of Moral Responsibility*. Cambridge : Cambridge University Press.

Fiske, S. T. (1992) : "Thinking is for doing : Portraits of social cognition from daguerreotype to laserphoto," *Journal of Personality and Social Psychology*, 63, 877-889.

Fiske, S. T., Gilbert, D. and Linzey, G. (2010) : *The Social Handbook of Psychology*, 5th ed. Hoboken, NJ : John Wiley & Sons.

Fletcher, G. (1995) : *The Scientific Credibility of Folk Psychology*. Mahwah, NJ : Lawrence Erlbaum Associates.

Gergen, K. (1985) : "The social constructionist movement in modern psychology," *American Psychologist*, 40, 266-275.

Gillihan, S. J. and Farah, M. J. (2005) : "Is self special? A critical review of evidence from experimental psychology and cognitive neuroscience," *Psychological Bulletin*, 131, 76-97.

Greenwald, A. G. and Farnham, S. D. (2000) : "Using the implicit association test to measure self-esteem and self-concept," *Journal of Personality and Social Psychology*, 79, 1022-1038.

法務省（2010）：犯罪白書，H22年版.

星野命（1999）：「我が国における20答法（Twenty Statements Test＝T.S.T./Who am I? 法）の普及と効果」，日本性格心理学会第8回大会　発表論文集，32-33. http://ci.nii.ac.jp/naid/110001223924

井上由里（2012）：「高齢者の転倒予防自己効力感と転倒および生活活動能力の関係」https://www.jstage.jst.go.jp/article/jpem/13/1/13_1/_pdf

James, W. (1992/1993)：『心理学』上・下，今田寛訳，岩波文庫.

James, W. (1983) : "Are we automata" and "The spatial quale." In W. James, *Essays in Psychology*, Cambridge : Harvard University Press.

實川幹朗（2007）：「心理学と実証主義の〈存在妄想〉：独占の「意識信仰」から共存の〈うぶすな〉へ」，『科学基礎論研究』，34, 71-82.

Johnson, S. C., Baxter, L. C., Wilder, L. S., et al. (2002) : "Neural correlates of self-reflection," *Brain*, 125, 1808-1814.

Kadota,K., Okumura, M. and Shimojo, S. (2009) : "Postdictive mental revision of expectation of success in sports." Japanese Society of Sport Psychology annual Meeting, in Tokyo. Nov., 20, 2009.

Kahneman, D. (2011) : *Thinking, Fast and Slow*. Farrar, Straus and Giroux.

Keenan, J. P., Nelson, A., O'Connor, M., et al. (2001): "Self-recognition and the right hemisphere," *Nature*, 409, 305 (18 January).

Keenan, J. P., Wheeler, M. A., Gallup, G. G., et al. (2000): "Self-recognition and the right prefrontal cortex," *Trends in Cognitive Sciences*, 4, 338-344.

河野哲也 (2006):『〈心〉はからだの外にある──「エコロジカルな私」の哲学』NHK ブックス.

厚生労働省 (2009):心の健康づくり事例集 https://kokoro.mhlw.go.jp/brochure/supporter/files/H21_kokoro_jirei.pdf

Kuhn, M. H. and McPartland, T. S. (1954): "An empirical investigation of self-attitudes," *American Sociological Review*, 19, 68-76.

Kuiper, N. A. and Rogers, T. B. (1979): "Encoding of personal information: Self-other differences," *Journal of Personality and Social Psychology*, 37, 499-517.

Legrand, D. and Ruby, P. (2009): "What is self-specific? Theoretical investigation and critical review neuroimaging results," *Psychological Review*, 116, 252-282.

Lord, C. G. (1980): "Schemas and images as memory aids: Two modes of processing social information," *Journal of Personality and Social Psychology*, 38, 257-269.

Markus, H. R. (1977): "Self-schemata and processing information about the self," *Journal of Personality and Social Psychology*, 35, 63-78.

Metzinger, T. (2015):『エゴ・トンネル──心の科学と「わたし」という謎』原塑・鹿野祐介訳, 岩波書店.

Nisbett, R. and Wilson, T. (1977): "Telling more than we can know: Verbal reports on mental processes," *Psychological Review*, 84, 231-259.

Ochsner, K. N., et al. (2005): "The neural correlates of direct and reflected self-knowledge," *Neuroimage*, 28, 797-814.

苧阪直行 (2014):『自己を知る脳・他者を理解する脳──神経認知心理学からみた心の理論の新展開』新曜社.

押見輝男 (1992):『自分を見つめる自分──自己フォーカスの社会心理学』サイエンス社.

Paulhus, D. L. and Vazire, S. (2009): "The self-report method." In R. W. Robins, R. C. Fraley and R. F. Krueger (Eds.), *Handbook of Research Methods in Personality Psychology*, New York: Guilford. 224-239.

Peters, R.S. (1960): *The Concept of Motivation*, 2nd ed. London: Routledge & Kegan Paul.

Reed, E. (1997): *From Soul to Mind: The Emergence of Psychology, from Erasmus Darwin to William James*. Yale University Press.(邦訳:『魂から心へ──心理学の誕生』村田純一他訳, 青土社, 2000 年)

Rogers, T. B., Kuiper, N. A. and Kirker, W. S. (1977): "Self-reference and the encoding of personal information," *Journal of Personality and Social Psychology*, 35, 677-678.

Rosenberg, M. (1965): *Society and the Adolescent Self-image*. Princeton: Princeton University Press.

Ruby, P. and Decety, J. (2004): "How would you feel versus how do you think she would feel? A neuroimaging study of perspective taking with social emotions," *Journal of Cognitive Neuroscience*, 16, 988-999.

定藤規弘（2016）：「We-mode neuroscience に向けて——2 個体同時計測 fMRI を用いた相互主体性へのアプローチ」,『心理学評論』59, 274-282.
佐藤　徳（2016）：「We-mode 研究の現状と可能性」,『心理学評論』59, 217-231.
清水和秋・吉田昂平（2008）：「Rosenberg 自尊感情尺度のモデル化——wording と項目配置の影響の検討」,『社会学部紀要』（関西大学）, 39 (2), 69-97.
Shimojo, S. (2014): "Postdiction : Its implications on visual awareness, hindsight, and sense of agency," *Fronties in Psychology*, 5, 1-19.
Swann, W. B. and Bosson, J. (2010): "Self and identity." In S.T. Fiske, D. Gilbert and G. Linzey (Eds.), *The Social Handbook of Psychology*, 5th ed, Hoboken, NJ : John Wiley & Sons, 589-628.
高垣忠一郎（2004）：『生きることと自己肯定感』新日本出版社.
田中忠蔵・樋口敏広・村瀬智一ほか（2016）：「脳機能画像（fMRI）の賦活領域の意味するもの：安静時脳機能画像と測定・処理系の話題」,『洛和会病院医学雑誌』27, 1-6.
東京都（2011）：子どもの自尊心や自己肯定感を高めるための Q & A http://www.kyoiku-kensyu.metro.tokyo.jp/09seika/reports/files/bulletin/h23/materials/h23_mat01a_01.pdf
Trope, J. (1983): "Self-assessment in achievement behavior." In J. M. Suls and A. G. Greenwald (Eds.), *Psychological Perspective on the Self*, Vol.2, Mahwah, NJ : Erlbaum, 93-121.
Turk, D. J., Heatherton, T., Kelly, W. M., et al. (2002): "Mike or Me? Self-recognition in split-brain patient," *Nature Neuroscience*, 5, 841-842.
Watson, J. B. (1913): "Psychology as the behaviorist views it," *Psychological Review*, 20, 158-177.
Wilson, T. D. (2002): *Strangers to Ourselves : Discovering the Adaptive Unconscious*. Cambridge, MA : The Belknap Press of Harvard University Press.
Wilson, T. and Dunn, E. (2004): "Self-knowledge : Its limits, value and potential for improvement," *Annual Review of Psychology*, 55, 493-518.
山本真理子・松井豊・山成由紀子（1982）：「認知された自己の諸側面の構造」,『教育心理学研究』30, 64-68.
Zhong, C.-B. and Liljenquist, K. (2006): "Washing wasy your sins : Threatened morality and physical cleansing," *Science*, 313, 1451-1452.

5-2 哲学の側からの応答　　　　　　　　　　　　　　島村修平

1　自己の概念工学を始めるために

　自己という主題は，ギリシアの昔から哲学者の関心を集めてきた[1]．とくに，デカルト以来，ロック，ヒュームといった近代の哲学者たちが提起した自己に関する様々な問いや見解は，現代もなお，多くの哲学者によって盛んに論じられている[2]．心理学においてはどうだろう．筆者にそれを判断する資格はないが，本書 5-1 の遠藤の論考が心理学における自己研究の変遷を非常にわかりやすく整理している．それによれば，自己は科学としての心理学の初期からその関心の対象であり，研究方法や着眼点の変化・深化を経つつ，現在もそうあり続けているようである．こうした状況を踏まえれば，心理学と哲学の協働を目指す概念工学にとって，自己は実りある研究主題になる見込みがあると言えるかもしれない．

　筆者は，本セクション全体を通して自己の概念工学と呼べるような試みに実際に取り組んでみることで，この見込みに一定の裏づけを与えたいと思う．そのための下準備として，1 節ではまず，1.1 で，（筆者の考える）自己の概念工学が取り組むべき問いが，従来哲学で研究されてきた自己に関する多くの問いとどの点で異なるのかを指摘する．次に 1.2 で，遠藤の論考に触れつつ，自己の概念工学における問いの焦点と，自己に関する先行する多くの心理学的研究の焦点との違いと関係を明らかにしたい．こうした相違点を踏まえ 1.3 で，より積極的に，自己の概念工学が取り組むべき三つの課題を提示する．

---

1) Barresi and Martin (2011) を参照．
2) 例えば，Gallagher (2011b) を参照．

1.1 自己 vs 自己の概念

　自己に関して哲学で中心的に問われてきたのは，自己とは何か，それはどういう種類の存在なのか，という存在論的問いだと言ってよいだろう．自己とは不変・不滅の魂のようなものなのか，思考を本性とする心的実体のようなものなのか，身体および統合された意識と思考から成る独特の存在者（しばしば「人物（person）」と呼ばれる）なのか，あるいは自己などというものは本当は存在しないのではないか，等々．これらのいずれの立場をとるかに応じて，心身問題や人物の同一性の問題など，さらなる哲学的問題が派生してくることもある．

　これに対して，自己の概念工学が研究対象とするのは，自己という存在そのものではなく，自己の概念である．したがって，自己の概念工学の課題は，上のような形而上学的問いに答えることではない．もちろんだからと言って，前者の研究成果が後者に何の関係も持たないとは限らない[3]．しかしここで強調したいのは，自己の概念工学は，自己の本性に関してどの特定の哲学説を支持するかという（厄介な）決断とは差し当たり独立に進めることができるという点である．

　ただし，自己の概念工学に属す（と筆者がみなす）問いが，これまで哲学の中で全く触れられてこなかったというわけではない．筆者は，それらの問いに取り組む上で，「私」という指標詞をめぐる言語哲学における成果が重要な役割を果たすと考えている．しかし同時に，概念工学という視点は，それらの成果の間の興味深い関係を浮き彫りにし，それらに新たな意義を与えるはずである．この点については，2節以降で詳しく論ずる．

---

3) 例えば，ちょうど約束が成立するために約束の概念が習得されていなければならないのと同様に，自己が成立するためには自己の概念が習得されていなければならないと考える立場がある（そう考える理由は様々だが，古典的には，Locke (1690/1975: 335) を参照．近年では，例えば，大庭 (1997)(2003) や Schechtman (2011) を参照）．このような立場に立つ場合，自己の概念とは何かを解明することは，自己とは何かを解明することの一部であることになるだろう．

1.2 「自己の概念」の二つの意味

　概念工学がターゲットにする自己の概念とは何なのか．まずは出発点となる仮説として，それを，「私」という一人称単数の代名詞[4]を使いこなすようになるとき，われわれが身に付ける何かであると規定してみよう[5]．それでは，「私」という言葉を習得するとき，われわれは何を習得するのだろうか．ここで「私」は，例えば「ありがとう」や「おはよう」などと違って，通常それ単独で用いられる表現ではないという点に注意してほしい．「私」はふつう，「私は男性です」，「私は日本人です」，「私は 12 月中に論文を仕上げるつもりです」などのように，文に埋め込んで用いられる．したがって，「私」という言葉を習得するということは，このように「私は○○です」という形をした文——「私文(わたしぶん)」と呼ぼう——を一定数使いこなせるようになるということに他ならない[6]．

　様々な私文を使いこなせるようになるとき，われわれが身に付ける明白な事柄の一つは，私は○○であり，△△であり，……，××であるという一定の豊かな内容を備えた自己認識（自分自身についての信念）である．ここで認識の対象となっている自己は，ジェームズが提示したという「知るものとしての自己（主我）」と「知られるものとしての自己（客我）」の区別に照らせば，後者に相当すると考えてよいだろう．すると，知られるものとしての自己についての上述の認識は，ちょうど遠藤が「自己概念」と呼ぶものに相当することになる[7]．

---

[4] 実際には，例えば男の子が最初に身に付ける一人称単数の代名詞は，「私」ではなく，「僕」や「俺」等々だろう．しかし以下では，論述の簡潔性を優先して，「私」をこの種の代名詞の代表として扱う．

[5] この規定は言語を持たない動物が自己の概念を持つ可能性を初めから排除しているという不満を持つ人がいるかもしれない．しかし，それは誤解である．動物が何らかの自己の概念を持つか否かはここでの問題ではない．たとえ動物がそうした概念を持つとしても，それは概念工学の対象にはならないというだけである．言葉を持たない動物の「概念」をエンジニアリングしても，当の動物にその成果を享受する術はない．概念工学という試みに意味があるのは，言葉を介してその成果を享受しうるわれわれ自身の概念を対象とする場合に限られる．

[6] 現在形や能動形以外の形ももちろんあるが，それらは以下の論旨に影響しないので，差し当たり考慮に入れない．

こうして,「自己の概念」の一つの意味として,心理学者たちが言うところの自己概念——われわれが自身について信じている事柄の総体——が浮かんでくる.

さて,遠藤によれば (p. 153),ジェームズ以降,自己に関する心理学研究は,主として主我よりも客我,すなわち,自己概念に焦点を当て進められてきたという.しかし概念工学の研究対象として考える場合,自己概念はあまり相応しくないように思われる.もし自己概念の概念工学というものがあるとすれば,それが目指すのは,われわれが自身について信じている事柄を調べ,評価し,場合によってはそれらを改変するといったことになるだろう.これは,悪く言えば洗脳であり,もう少し穏やかに言えばある種の自己啓発活動ということになるかもしれない.しかしいずれにせよ,それらは概念工学が目指している事柄ではないだろう.

そこでもう一度,自己の概念とは,「私」という言葉が習得される——つまり,「私は○○です」という様々な私文が使いこなせるようになる——とき身に付けられる事柄だという出発点の仮説に立ち戻ろう.私文の述部に着目すると,われわれは自己概念へと導かれることを先程確認した.そこで今度は,私文の主部に着目してみよう.私文を使いこなせるようになるために,われわれはまた,日本語の単数形一人称代名詞としての「私」の正しい使い方を身に付ける必要がある.もちろん,われわれはそれを明文化された規則を通じて学んだわけではない.しかし,「私」には正しい用法と正しくない用法の区別があり,その区別が(少なくとも一定程度)日本語話者の間で共有されているということは確かであると思われる.本セクションでは,「私」の適切な用法に関するこうした暗黙の了解を,心理学における自己概念 (self-concept) と対比し

---

7) ただし,厳密には,心理学における自己概念に呼応するのは,私文の述部に現れる内容の中でも経験的に(アポステリオリに)知られるものであると限定すべきかもしれない.例えば,「私は今ここにいる」や「私はものを考える主体である」のような私文の述部は,経験に依らず,およそ私文を使いこなす人であれば誰であれ同意するであろう内容(つまり,アプリオリな内容)を持っている.こうした内容は,自己概念というよりも,むしろ(後述する)自己という概念の一部であると考えるべきかもしれない.

て，自己という概念（the concept of self）と呼ぶ．自己概念も，自己という概念も，共にわれわれが「私」という言葉を習得するとき身に付けるものである．しかし両者が別物であることは，自己概念の内実が各人で千差万別であるのに対して，自己という概念の内実はそうではないことからも明らかだろう．

　筆者の考えでは，概念工学が研究対象とすべきは，自己概念ではなく，自己という概念の方である．このように主張すると，知るものとしての自己（主我）という概念の曖昧さを嫌い距離を置こうと考える人を警戒させてしまうかもしれない．それでは結局，自己とは何かという哲学的な問いに再び巻き込まれるはめになるのではないか．しかし 1.1 で触れたように筆者は，自己という概念とは何かという問いに答えるために，自己とは何かという問いに答える必要はないと考えている．理由は単純である．われわれのほとんどは，自己とは何かなどと哲学的に問われても，答えることはできない．それにもかかわらずわれわれはみな，「私」の正しい用法を識別できる．自己という概念とは何かというのは，われわれがすでに暗黙的に了解しているそうした識別の規則を言葉で表現したらどうなるかという問いなのである．

　さてここで，注意深い読者は，遠藤の論考においても（4 節以降），いまここで導入したのと同じ「自己概念」と「自己という概念」という二つの言葉が半ば対比的に使い分けられていることに気づくかもしれない．こうした用語上の一致から，これらの用語は両セクションでそれぞれ同じ対象を指しているのだと考えたくなるとしても無理はない．しかし，筆者の考えでは，それは誤解である．それがなぜ誤解なのかを示すことは，自己の概念をめぐる遠藤の考察と本セクションの考察の関係を明確化することに役立つので，以下でやや詳しく論じておきたい．

　まず，両セクションの明らかな共通点から指摘しておこう．それは，「自己概念」という言葉の用い方である．本セクションでは，「自己概念」という用語を心理学における専門的用法に倣って用いている．したがって，本セクションの「自己概念」と遠藤の「自己概念」は同じものを指すと考えてもらってよい（ただし，注 7 で述べた微妙な点をどうするかという問題は残る）．

　問題は，「自己という概念」という言葉，とりわけその指示対象である．本

セクションにおいてこの言葉は，われわれが「私」という言葉をマスターする際に理解する事柄の一部を指す．自己概念もそうした事柄の一部だが，「自己という概念」が指すのはそれとは異なる一部である．これを「自己という概念（S）」と呼ぼう．他方で，遠藤は同じ「自己という概念」という言葉を，次のような仕方で用いている：

> だが往々にして，人々が素朴ながら自己というものをこのように理解しているのだという意味での概念理解［＝自己概念］と，自己というものは混同されやすい．（中略）前者は人々から引き出された自己であり，後者は研究者が探究すべき疑問「本当のところ，（有無も含めて）自己とは何ぞや」への解であり，構築すべき概念である．(p. 166.［ ］による補足と下線は引用者による)
>
> 種々の慎重な方法論的手続きを経て人々から聞き取った「自己」［＝自己概念］を「万人を説得できる証拠」だとし，自己という概念と混同してしまうのは（後略）(p. 167.［ ］による補足と下線は引用者による)

これらの引用文から読み取れるのは，遠藤が，自己に関するわれわれの素朴な理解を「自己概念」と呼び，それとの対比で，心理学者が構築する，より洗練され，自己というものの本当のあり方を正確に捉えた理解を「自己という概念」と呼び分けているということだろう．これを「自己という概念（E）」と呼ぼう．

この読みが正しいなら，以下に挙げる三つの理由から，自己という概念（S）と自己という概念（E）は異なる対象であると言える．第一に，自己という概念（S）は，「私」という言葉をマスターした人ならば誰であれすでに持っているものである．これに対して，自己という概念（E）は，心理学者がこれからその構築を目指すべきものであって，現在のところまだ誰もそれを持つ者はいない，そのような何かである．

第二に，遠藤は p. 167 で，自己という概念（E）が，例えば天文学や生物学で構築される理論的概念とは対照的に，人々の対応する素朴な自己概念を全く考慮に入れずに構築することはできないような特殊な理論的概念であるという

点を強調している．これに対して，自己という概念（S）は（上述の通り）自己概念とは別種の内容を持った理解であって，前者が後者に（たとえ部分的にであれ）基づくというような関係には立っていない．

　第三に，上の引用文によれば，自己という概念（E）は，「本当のところ，自己とは何ぞや」という自己の本性に関する問いと切り離して問うことができないような何かである．これに対して，自己という概念（S）は，（前述の通り）「私」という言葉の用法の理解に他ならないため，自己（=「私」の指示対象）の本性に関する特定の見解とは差し当たり独立に探究されうる．

　以上，「自己という概念」というキーワードに対する遠藤の扱いと本セクションの扱いの違いを，やや詳細に確認した．こうした違いが意味しているのは，結局のところ，自己の概念という共通の主題に対して両セクションが二つの異なる角度から接近を試みているということである．遠藤のアプローチは，従来の心理学研究の成果を踏まえ，それらを統合し，適切な仕方で拡張することによって，素朴な自己概念の延長線上に自己の概念の構築を目指すものと要約できるだろう．これに対して，本セクションのアプローチは，自己の概念とは何かという捉えどころのない問いを，「私」という言語表現の適切な用法というより明確な問題に置き換え，後者の分析を介して間接的に前者に迫ろうとするものである．

　本セクションのようなアプローチは，分析哲学では珍しくないが，心理学者にはややとっつきづらく感じられてしまうかもしれない．しかし筆者は，もし本セクションの試みがうまくいったなら，それは心理学者の興味を引くものにもなるはずだと信じている．遠藤は，従来の心理学研究において，主我（I）の研究は，客我（Me）の研究と比べ，「とかく等閑視される傾向」にあったと指摘している（p. 153）．本セクションが示唆しようと試みるのは，心理学者と哲学者が協働して取り組むことができる，主我と深く関わる研究課題の可能性である．

1.3　自己の概念工学に含まれる三つの作業

　1.1 と 1.2 を通じて，自己の概念工学が研究すべき対象は，自己そのもので

も，自己概念でもなく，自己という概念であると論じた．それでは，自己の概念工学とは，自己という概念に対して何を行う試みなのか．概念工学とは，概念を対象とした工学的営みなのだった．すると，機械部品を対象とした実際の工学の営みを参照することで，概念工学が果たすべき課題を見定めるための何らかの手掛かりが得られるかもしれない．

　自己という概念に関して概念工学者が置かれている状況は，ちょうど未知の機械部品を前にした工学者が置かれている状況になぞらえることができる．状況をより具体的に思い描くために，この部品を「テンプ」と呼ばれる時計の一部品であるとしてみよう．ただし，アナロジーが崩れぬよう，工学者はそれが何らかの機械の部品であるという以上のことは何も知らないとする．この仮想的な工学者が，テンプをエンジニアリングするためになす必要があるのは，一体どんな作業だろうか．

　まずすべきは，テンプという部品を調べることだろう．テンプはどんな素材でできており，どんな形をしていて，どんな挙動を示すのか．工学者は，テンプを観察することで，これらの問いに答える必要がある．これを作業（1）と呼ぼう．作業（1）に取り組むと，例えば次のようなことがわかる．テンプは中心軸が固定された車輪状の円盤で，中心には髪の毛のような細い金属のゼンマイが巻きついている．試しに車輪を軽く回して手を放すと，左右に一定のリズムで揺れる運動をしばらく続けて止まった．等時的な振り子運動のようだ，等々．

　こうして一通り観察が終わると，湧いてくるのは次の問いだろう．テンプは何のための部品なのか．この問いに答えるには，まず，テンプを部品として含む様々な機械を集めてくる必要がある．その結果，工学者の下には様々な時計が集まるだろう（テンプは時計の部品なのだった）．本題はここからである．テンプは，それらの時計において，一体何の役割を果たしているのだろうか．この問いに答える方法には，様々なものがありうる．例えば，テンプを元の時計に戻して，それが他の部品（歯車や針）とどう連動するのか観察するのは，一つのやり方だろう．しかし，もっと手っ取り早い方法がある．それは，部品に手を加えてみることである．この加工プロセスを作業（2）と呼ぶことにする．

いま，試しにテンプ内部のゼンマイを剝ぎ取ってみよう．この改造テンプを元の場所に戻し，時計のねじを巻いてみる．すると，時計の針はすごい勢いで回転し，あっという間に止まってしまった．ここから工学者は，テンプの役割は時計の針が進むリズムを一定に保つこと（調速）だと推測することができる．このように，作業（2）の結果に基づいて，機械の中で部品が果たす役割を突き止める作業を，作業（3）と呼ぼう．

作業（1）（2）を経て作業（3）を達成したことで，いまや工学者はテンプをよりよいものにするために加工する——すなわち，エンジニアリングする——ことができる立場に立っている．例えば，調速という役割に照らせば，振動の周期は，異なる気温や湿度の下で変化しない方が望ましいし，一定であれば一定であるほど望ましい．それでは，テンプをどのように作り変えれば，これらの基準をよりよく果たすことができるようになるだろうか．この種の問いは，実際に振り子からゼンマイへ，ゼンマイからクオーツへという調速機（ひいては，時計そのもの）の工学的進歩を促してきたものに他ならない[8]．

以上のアナロジーから，われわれが概念工学者として自己という概念のエンジニアリングを行うために為すべき三つの作業が浮かび上がってくる．元の文脈において，テンプに呼応するのは自己という概念であったことを思い出そう．作業（1）に呼応して，まずわれわれは（1）自己という概念（部品）をよく調べてみる必要がある．この作業の内実についてはすでに1.2で示唆したが，ここでさらに敷衍しておこう．いま，Aが使う私文を集めたものを，Aの「私文集合」と呼ぼう．Aの私文集合は，Aの自己概念を反映しており，Bの私文集合とは異なる．つまり，Aの私文集合内で「私」が述語づけられる述語は，Bの私文集合内でのそれらとは異なる．しかし，AとBが共に日本語を話しているなら，Aの私文集合内で「私」が様々な述語に述語づけられる仕方と，Bの私文集合内でのそれとの間には，何らかの共通パターンが見出されるはずである．その一段抽象化されたパターンこそが，「私」という言葉の用法，すな

---

[8] この点は次のサイトから学んだ：http://museum.seiko.co.jp/kids/know/type.html （最終アクセス日：2017.4.24）

わち自己という概念に当たる．概念工学の作業（1）は，様々な個人の私文集合を収集・調査して，こうした「私」の使用規則を抽出することである[9]．

（1）は，従来哲学で概念分析と呼ばれてきた作業とよく似ている．一つの違いは，われわれが正しいとみなす「私」の用法を探るに当たって，概念分析では哲学者のアプリオリな直観を特別視しがちなのに対して，概念工学では実際にどれだけ多くの人がその用法を正しいとみなすのかという経験的データを重視する点だろう．しかし，自己の概念工学のより重要な特質は，単に「私」の用法を特定するだけではなく，さらに一歩踏み込んで「私」がそのような仕方で用いられていることのポイントを問うことが不可欠であるという点——これは作業（3）に呼応する——にある．そうした用法を持つ「私」は，私文集合，さらに言語実践全体の中で一体どんな役割を果たしているのか．言い換えれば，「私」の用法（自己という概念）を身に付けることで，われわれが初めてできるようになることは何だろうか．

この種の問いが従来の概念分析の文脈で全く触れられてこなかったと言うつもりはない．しかし概念工学者の強みは，作業（2）に呼応する形で，「私」の用法（自己という概念）にあえて手を加え，そのとき「私」を含む言語実践から何が失われることになるのかを調べるという介入的な手法を使って，（3）の問いに取り組むことができる点にある．こうした介入的手法は，単に概念を（非介入的に）分析するだけの手法と比べ，よりきめ細やかな概念のポイントの推測を可能にするはずである．そして，一度概念のポイントが明らかになれば，それを踏まえ，よりよい自己という概念のエンジニアリングという構想も現実味を帯びてくるはずである．

概念と機械部品のアナロジーを手掛かりにこのように論を進めることに違和

---

[9] もし「テンプ」に相当するものを「私」という語，「時計」に相当するものを「私文集合」と捉えてしまうと，様々な私文集合を集め，それらの間で共通する「私」の用法を特定する作業がなぜ作業（2）ではなく，作業（1）に当たるとされているのかが不可解に思われるかもしれない．しかし，ここで意図しているアナロジーは，これとはやや異なる．正確なところ「テンプ」に相当するのは，「私」ではなく，「私」が様々な私文集合間で共通に持つ用法である．よって，そうした用法を調べるという作業（1）の内に，私文集合を集めるという作業が含まれる．

感を持つ人がいるかもしれない．そもそも時計やその部品はみな，正確に時間を測るという明確な目的の下で設計された人工物である．テンプという部品のポイントは調速であるという考えも，この目的に照らして初めて意味をなすように思われる．しかし，「私」の使用（という「部品」）を含む自然言語の実践（という「機械」）は，この意味での人工物ではない[10]．そうだとすれば，単に「私」の用法を調べること（＝(1)）を超えて，「私」がその用法を持つことのポイントを問うこと（＝(3)）は，そもそも意味をなすのだろうか．

しかし，設計者がいないからといって，概念のポイントを問うことができないとは限らない．それはちょうど，創造主の存在を仮定しなくとも，心臓が体の中で果たす役割を問うことができるのと類比的である[11]．とは言え，人工物ではない以上，自己という概念のポイントは何かという問いにアプリオリに答えることはできない．以下では，この問いに答えるために，まず (1) 自己という概念を観察する作業（2節）や，(2) 自己という概念に手を加えてみる作業（3節）に取り組みたい．これらの作業を通して (3) 自己という概念のポイントを明確化することができれば（4節），われわれは自己という概念のエンジニアリングに向けた最初の一歩を踏み出すことができるはずである（5節）．

2 自己という概念を調べる

本節ではまず，(1)「私」という言葉の正しい用法（自己という概念）を調べ

---

[10] もちろん中には，何らかの目的のために人工的な定義と共に実践に導入された術語もあるだろうが，少なくとも「私」はそうではない．

[11] ただし筆者はここで，概念のポイントとは，その概念の生物学的機能であると示唆しているわけではない．ここで言う概念のポイントとは，あくまでその概念を使わずには行うことのできない事柄全般を指す．したがって，もしある概念が生物学的機能を持つなら，そうした機能はその概念のポイントに含まれるだろう．しかし，逆は必ずしも成り立たない．おそらく，ポイントに対するこうした規定は緩すぎて，本来意図したものを捉えるには，さらなる厳密化（何らかの評価的な条件の追加）が必要となるだろう．しかし，本セクションの目的に関わる限りでは，差し当たりこの緩い規定で用は足りる．

る作業に手を付けよう．はじめに一点断っておきたい．一口に「私」の用法と言っても，そこには日本語に特有の要素が数多く含まれているだろう．例えば，しばしば省略できることや，男性による使用は比較的フォーマルな文脈に限られるといったことである．これらは興味深い特徴だが，差し当たりここでの関心ではない．ここでの関心は，「私」の用法のより中核的な部分にある．例えば，英語の"I"は，上のような特徴を持たないが，だからと言ってそれを「私」と訳すことにふつうわれわれは反対しないし，英語話者が自己の概念を持たないとも考えない．ここで言う中核的用法とは，日本語の「私」と（例えば）英語の"I"に共通して観察されるような用法を指す．以下では，「私」のそうした中核的用法を構成する（と筆者が考える）二つの側面に着目する．

2.1 「私」の指示に関する用法

「私」という言葉の用法を探るとき，一つの出発点となるのは，次のような観察だろう．いま，誰かが「私は北海道出身です」と言ったとする．もしこれを言ったのが太郎であるなら，われわれは「太郎は北海道の生まれなのだ」と受け取るだろう．しかし，もし同じ文を言ったのが次郎であるなら，われわれは「次郎は北海道出身なのだ」と受け取る，等々．これは，話し手当人も含め，およそ日本語の「私」を使いこなす人であれば誰であれ了解している事柄だろう．

この一見ありふれた観察からは，「私」という言葉の用法に関するいくつかの基本的な論点を引き出すことができるように思われる．第一に，「私」は，「太郎」や「次郎」といった固有名と同様，何かを指すために用いられる単称名の一種であるということ．この論点は，一部のラディカルな例外を除けば，現在ほとんどの論者によって受け入れられている．

こう述べると，では「私」は何を指すのかと問いたくなるかもしれない．異論の余地はあるものの[12]，常識的な答えは，「私」は状況に応じて太郎や次郎

---

12) 例えば，もし固有名が身体を持った生物としての人間を指すとすれば，デカルトは，「私」がそうした身体と独立の自我を指すと主張するとき（Descartes, 1644/1971: I.

……等々を指すというものだろう．こと指示対象そのものを問題にする限り，「私」と他の固有名の間に何ら特別な違いはないように思われる[13]．

　もちろんだからと言って，「私」が「太郎」や「次郎」と同じ固有名の一種であるということになるわけではない．例えば，誰もが，「太郎」という言葉を使って，太郎を指すことができる．しかし，「私」という言葉を使って太郎を指すことができるのは，ただ太郎本人だけである．つまり，「私」と固有名では，たとえ同じ対象を指示する場合にも，その対象を指示する仕組みが大きく異なっているように思われる．

　それでは，「私」の指示対象はどのように決まるのか．再び本項冒頭の観察に目を向けよう．そこから見出される第二の論点は，「私」は，固有名とは異なり，一定した指示対象を持たないという点である．むしろ「私」は，それが発話される個々の文脈毎に，その文脈にある特定の仕方──「私」の場合，発話者であるという仕方──で関与する対象を指示する．この種の文脈依存的な指示の決定メカニズムを持つ表現は一般に「指標詞（indexical）」と呼ばれる．代表的な指標詞には，「私」の他にも，「ここ」や「今」がある[14]．

　こうして，固有名との比較を通して，「私」の用法に特有の性質が一つ明らかになった[15]．指示対象そのものに注目する限り，「私」と固有名の間に特別

　　LX），固有名と「私」の共指示性に異議を唱えていることになるだろう．
13）ここでさらに，では「私」（や「太郎」や「次郎」……）が指すのはどのような種類の存在者かと問うこともできる．しかし，これは自己とは何かという哲学的問題に他ならない．先述の通り，この問題と「私」（や「太郎」や「次郎」……）の用法を理解するという現在の課題は独立している．
14）この種の指示決定メカニズムの形式的な分析としては，Kaplan (1989) を参照．他方，固有名の指示決定メカニズムに関してはいまだに係争中である．古典的な見解としては，Kripke (1980) と Evans (1985) を参照．
15）ただし，「私」の指示に関する用法における特異性は，指標性に尽きるわけではない．この他にしばしば指摘される論点としては，例えば次の二つがある．第一に，固有名は指示に失敗することがあるが，「私」には指示の失敗の余地がない．例えば，歴史学の研究からキケロがじつは架空の人物であったことが判明したとしよう．この場合，ローマの哲学者を指すものとしてわれわれが用いてきた「キケロ」は，じつは何者も指示しない（指示に失敗する）ことになるだろう．これと対照的に，使用された「私」に関して，それが指示対象を欠くという状況を想定することは不可能である．第二に，われわれ

な違いは見当たらない．むしろ，「私」の特殊性は，その指示対象が決定される次のような仕組みにある．

「私」の指標性：「私」は，それを発話したところの発話者を指示する．

すると，次のような疑問が湧いてくる．様々な対象をただ名指すだけなら，固有名さえあれば，十分に用は足りるはずである．それにもかかわらず，何のためにわれわれは「私」のような指標詞を使ってそれらの対象を指示する必要があるのだろうか．いま問われているのは，自己という概念のポイントに他ならない．しかし，この問いに取り組み始める前に，「私」の用法に関するもう一つの際立った特徴を確認しておきたい．

2.2 「私」への述定に関する用法

1.2 で強調した通り，通常「私」という表現が用いられるのは，文（私文）の中においてである．よって，「私」の用法の全体に目を配るためには，「私」だけでなく，「私」と述語の関係へも視野を広げる必要がある．

まずは，「私」に述語づけることができる述語の種類に着目してみよう．実際に述語づけられる具体的な述語は，個々の私文集合毎に多種多様だろう．しかし，それらの述語はみな一定のカテゴリーに収まるように思われる．例えば，身体の状態・運動・位置（「太っている」，「机と向き合っている」），社会的属性・関係（「長男である」，「日本人である」），心的性質や能力（「怒っている」，「法律家に興味がある」，「日本語を話せる」）などである．反対に，例えば，もし「私がしんしんと降っている」とか「私は 1 と自分自身以外では割り切れない」など

れはしばしば，指示対象についてあやふやなまま，固有名を使うことがあるが，「私」に関して同様の状況を想定することはできない．例えば，上の文章を書くためにウィキペディアを調べるまで，筆者はキケロについて，哲学の論文によく出てくるギリシアかローマの偉人という程度の認識しか持っていなかった．しかしそれでも筆者は「キケロ」という固有名を使うことができる（例えば，「キケロって誰だっけ」と人に尋ねる場合など）．他方，「私」がどの対象を指示するのかに関してあやふやなままで「私」という言葉を使う人を想定することはできない（例えば，「ここはどこ，私は誰」と問う記憶喪失の人でさえ，そのように解釈されることはない）．

と言い出す人がいたら，その人は「私」の用法を（かなり大胆に）誤解しているとみなされることになるだろう．

このように，「私」に述定されうる述語の種類は，「私」の用法を制約する規則の一部である．しかし，そうした制約は必ずしも「私」の用法に特有のものではない．同じ制約は，人の固有名の使用一般にも働くはずだからである（指示対象だけを見る限り，「私」と固有名の間に特別な違いは見出されない，という前項の論点を思い出してほしい）．ここで再び，「私」への述定に関する用法の特殊性は，述定される述語の種類ではなく，むしろそれらの述語が述定される仕方に現れるように思われる．

この点を確認するために，「〜は背筋が伸びている」という述語を例にとろう．まず，この述語が，「私」ではなく，固有名（「太郎」とする）に述語づけられる場合を考えてみる．私が「太郎は背筋が伸びている」と主張するとしよう．一般に私のこの種の主張は，様々な誤りの可能性にさらされている．例えば，改めてよく見たら，太郎がじつは微妙に猫背だと判明するかもしれない．あるいは，私が見た背筋の伸びた人物がじつは太郎ではなく次郎であったと判明することもありうる．これら二種類の誤り方を区別し，前者を「述定における誤り」，後者を「同定における誤り」と呼ぶことにしよう．ここで押さえておきたいのは，固有名に対する述定には，このように，述定における誤りばかりでなく，同定における誤りの可能性も開かれているという点である．

では次に，同じ「〜は背筋が伸びている」という述語を「私」へと述語づける場合を考えてみよう．「私は背筋が伸びている」という私文に関しても同様に，述定における誤りだけでなく，同定における誤りの可能性を見出すことはできるだろうか．

同定の誤りの可能性を許すような仕方で「私」に対する述定が行われる場合も考えられなくはない．例えば，猫背を矯正したい私は鏡を見つけたら自分の姿勢をチェックするよう心掛けているとしよう．そんなある日，私は少し離れた所に鏡を見つけ，「（私は）背筋が伸びている」とつぶやく．ところが，鏡だと思ったものはじつはガラス板で，私が見た背筋の伸びた人物は太郎だった．そう気づいたとき私は，「背筋が伸びているのは，私ではなく，太郎だった」

と言って，同定の誤りを認めることになるだろう．

しかし，「〜は背筋が伸びている」という述語をこのような仕方で「私」へと述語づけるのは，どちらかと言えば特殊な場合である．問題の述定を行うとき，ふつう私は，いちいち鏡で自分の姿を確認したりはしない．多くの場合，私の背筋が伸びているかどうかは，私が足を組んでいるか，私が歩いているか，私はお腹が空いているか等々と同様，私にとって端的に判断される事柄である．そして，ここが大事な点なのだが，そのように端的な仕方で私が「(私は)背筋が伸びている」と言う場合，そこに同定における誤りの可能性を見出すことはできない．

例えば，ゼミ中についウトウトしていた私は教授に突然質問され，ハッと目を覚ますとしよう．答えに窮しながら思わず心の中で私はこうつぶやく．「私は今背筋が伸びている．」もちろん，ここにも誤りの可能性がないわけではない．私は突然指名された緊張感から，自分の背筋が伸びていると錯覚したのかもしれない．だが，これは述定における誤りにすぎない．「背筋が伸びているのは，私ではなく，隣の太郎だった．」端的に発せられた上の私文に対して，私がこのように同定の誤りを認めざるをえなくなる状況を想定することは困難である．

このように，ある場面で用いられた私文に対して，「○○なのは他の人だったのに，誤ってその人を私だと思ってしまった」という同定における誤りの余地を見出すことができないとき，その私文の使用は「誤同定免疫（immunity to error through misidentification）」を伴うと言うことにしよう[16]．誤同定免疫という考え方は，一見少し込み入っている．しかし，それが意味しているのは，要するに次のことである．

「私は○○だ」の使用に伴う誤同定免疫：「○○なのは，他の人ではなく，本当に私だろうか」と自問することが意味をなさない．あるいは，第三者が「○○なのは，他の人ではなく，本当にあなたですか」と疑うことが意味を

---

16) この論点は，Wittgenstein（1958：67）によって最初に指摘された．なお，「誤同定免疫」という表現は Shoemaker（1968：81）に依る．

なさない.

「太郎は背筋が伸びている」という文の使用に対しては,「背筋が伸びているのは, 他の人ではなく, 本当に太郎ですか」と疑うことは常に可能である. それに対して, 上述の教室で発せられた私文「私は背筋が伸びている」に対して,「背筋が伸びているのは, 他の人ではなく, 本当にあなたですか」と疑うことは意味をなさない. 誤同定免疫という視点が捉えようとしているのは, 固有名への述定と「私」への述定の間に観察されるこの違いに他ならない.

以上の観察を一般化すれば,「私」への述定に関わる用法について, 次のような特殊性を指摘できる.「私」には, ある種の述語の述定において,（固有名と同様）誤同定免疫を持たない用法だけでなく, 誤同定免疫を持つ用法が存在し, かつ後者の用法の方が前者よりも一般的である.「〜は背筋が伸びている」はその一例だが, 同種の例は, 本項冒頭で挙げた一群の述語の中でも, とくに身体的な述語と心的述語の内に多数見出される. 心的述語における典型例としては, 感覚（「お腹が痛い」）, 感情（「怒っている」）, 態度（「法律家に興味がある」）などが挙げられる. また, 身体的な述語としては, 姿勢に加え, 行為に関わるもの（「駅に向かっている」）が典型的である. この他に, 身体の相対的位置（「机と直面している」）に関わる述語が挙げられることも多い.

ここで再び, 自己という概念のポイントという当初の問いに立ち戻ろう. われわれは, 一体何のために, 固有名だけでなく,「私」という表現を持っているのだろうか.「私」への述定という側面に着目する場合, この問いは, 次のように言い換えられる. 述定の文脈で「私」に誤同定免疫を伴う用法があるということのポイントは何だろうか. 言い換えれば,「私」からそうした用法を取り除くと, われわれが私文を使って現在行っていることのうち, 一体何が失われることになるのか.

3 自己という概念をいじってみる

　1.3 で指摘した通り，ある部品が機械の中で果たす役割を突き止める一つの有効な方法は，その部品に手を加えてみることである．本節では，このアナロジーに従って，自己という概念のポイントを見極めるための一つの手段として，あえてそれ——すなわち，「私」の用法——に手を加えてみたい．手を加えるのは，前節で確認した「私」の用法の中でも，とりわけ「私」に特有であると思われる部分である．すると候補として，指示に関する指標性と述定に関する誤同定免疫を伴う用法の二つが浮かび上がってくる．

3.1 主体用法を取り除く

　まずは，後者の誤同定免疫に注目してみよう．「私」への述定に関する用法からこの一見幾分謎めいた特質を（そして，それだけを）取り除くことは可能だろうか．

　Shoemaker (1968: 86) が指摘するように，「私」への述定から誤同定免疫を伴う用法を完全に取り除くことはおそらく不可能である．いま，「私は背筋が伸びている」という判断が誤同定免疫のない仕方でなされたとしよう．誤同定免疫がないということは，この判断が同定に基づくということである（もし同定に基づかずに判断が下されたなら，その判断に同定における誤りの余地は生じえない）．例えば，この判断が「鏡に映った人物は背筋が伸びている」という述定と「鏡に映った人物は私である」という同定に基づくとしよう．それでは，この同定はいかにしてなされたのか．それが可能となるには，「鏡に映った人物は ϕ である」，「ϕ である者は私である」と私が判断する何らかの特徴 ϕ がなければならない．では，この後者の判断はいかにしてなされたのか．もしそれが同定であるなら，再び「ϕ であるなら ψ である」，「ψ であるなら私である」と私が判断する何らかの特徴 ψ がなければならない．以下同様．こうした遡行が無限に続くと想定するのでない限り，最初の同定がなされるためには，どこかで同定に依らない「私」への述定——したがって，誤同定免疫を持つ「私」

への述定——がなされる必要がある．

とは言え，同定を行うために同定に依らない述定が要求されるということ自体は，何ら「私」に特有の事情ではない．このことは，上の論法が「私」を他のどんな単称名と置き換えても成り立つことから明らかである．さらに言えば，ある種の述定が同定に依らずなされうることもまた，「私」に特有の性質ではない．単称名への述定が同定に依らずなされる典型的な場面は，その単称名が規定されたり，初めて学ばれる場面である．「太郎はこの子です」，「エジソンは電球を発明した人物だ」[17]．これらの述定を受け入れることで「太郎」や「エジソン」を使い始める際，われわれは同定を行っていない．同定を行うには，先に確認したように，事前に被同定項に一定の情報が結び付けられていなければならないからである．

どんな単称名もどこかの時点で使われ始めたものである以上，同定に依らない述定と無縁な単称名は存在しない．このことは当然「私」にも当てはまる．しかし興味深いことに，「私」への述定が誤同定免疫を示すのは，この種の場面には限られないように思われるのである．例えば，「私は背筋が伸びている」と述べるとき，私は決してそれによって「私」という言葉を規定したり，学んでいるわけではないだろう．それにもかかわらず，普通の場合，この述定は端的に，同定に依らずなされる．同じことは，「私は駅に向かっている」など，先に挙げた他の様々な述語に関しても当てはまる．このように，「私」への述定のうち，規定や習得の場面ではないにもかかわらず誤同定免疫を示す用法を「私」の主体用法[18]と呼ぼう．また，そうでない用法を「私」の客体用法と呼ぶことにする．上で指摘した理由によって「私」への述定から誤同定免疫を根絶することは不可能だとしても，主体用法を根絶することが不可能だと考える

---

17) 他の例もいくつか挙げておこう．「神は全能である」，「私は今ここにいる」．前者は神の概念規定の一部（すなわち，いわゆる分析命題）であり，後者も，「私」の指標性から直ちにその正しさが帰結するという点で，前者とよく似た性格を持っている．

18) この呼称は Wittgenstein (1958: 66-7) による．ただし厳密には，ここでの「主体用法」の規定は，誤同定免疫のみに着目するウィトゲンシュタイン自身による特徴づけよりも，やや限定的なものとなっている．

べき理由は差し当たり見当たらない．以下では，この後者を試みたい．
　いま，次のような仮想の言語共同体を考えてみよう．その共同体はわれわれの共同体とよく似ているが，メンバーの名前に関してのみ，やや異なる規則に従っている．その共同体では，赤ん坊が生まれると，額と左手首の内側に一つずつ記号を刺青する．額の記号は，一人の赤ん坊に一つずつ割り当てられるもので（B, C, D,…等），記号間に重複はないものとする．それらの額の記号は，もっぱら共同体のメンバーが互いの身体について語るために用いられる．例えば，誰かが足を組んでいて，その者の額に「B」とあるのが見える場合，「Bは足を組んでいる」という述定がなされる．他方で，左手首の内側には，全ての赤ん坊に共通して「A」という記号が刺青される．共同体のメンバーは互いの額の記号は直に見ることができるが，例えばBはBの額の記号（「B」）を直に見ることはできないし，同じことは他のどのメンバーにも言える．そこで各々のメンバーは，体の構造上額の記号を直に見ることができない身体（つまり，われわれの概念を用いて表現すれば，当人の身体）について何か述べるときに限り，額の記号の代わりに左手首の「A」を用いてよいことになっている．例えば，誰かの足が組まれているのが見えるが，その足の持ち主の額の記号が身体の構造上直に見えない位置にある場合，「Aは足を組んでいる」という述定がなされることになる．
　この仮想的な言語実践を，この種の想定を初めて行った哲学者の名前をとって，アンスコム実践と呼ぶことにしよう[19]．アンスコム実践とわれわれの実践とは，ある面ではよく似ている．彼らの「B」「C」「D」は，われわれの固有名と同様に，つねに決まった対象を指示するために用いられる．また，彼らの「A」は，それが発話される文脈に応じてそれを発話した身体を指すために用いられている．つまり，「A」と「私」は同じ指標性を持っており，またそのことが使い手にも聞き手にも了解されている．2.1で確認した通り，このこと

---

19) Anscombe (1975: 143-4) を参照．ただし，アンスコムがこの想定を持ち出した元々の目的は，主体用法で用いられた「私」は指示表現ではないという（驚くべき！）主張を擁護することにあるため，ここでの目的とは大きく異なる．

は「私」の指示に関する用法を特徴づける特質の一つだった．

　しかしまた，「A」と「私」の間には，重要な違いもある．問題の共同体において，「A」はあくまで他の単称名の代わりとして用いられているにすぎない．すなわち，「A」とその他の記号の間には，上で指摘した指標性に関わる違い——「A」はそれを発した身体を指すのに対し，「B」，「C」等はそれが額に刻印された身体を指す——を除けば，他の用法に関して何の違いも存在しないのである．例えば B は，「A は足を組んでいる」と言うときと「C は足を組んでいる」と言うときのどちらの場合にも，「何かが足を組んでいる」，「その何かは〜だ」という同定を行わねばならない．唯一の違いは，前者の場合その何かは（B にとって）額の記号を体の構造上直に見ることのできない身体（すなわち，われわれの概念を使って表現すれば，B 自身の身体）と同定されるのに対して，後者の場合にはそれが額に「C」と刻印された身体と同定されるという点にすぎない．要するに，仮想的な共同体における「A」への述定は主体用法を欠いているのである[20]．

3.2　指標性も取り除く

　もし上のような想定が意味をなすとすれば，そこから帰結する一つの興味深い論点は，「私」の用法が持つ二つの特質——指示に関する指標性と述定に関する主体用法——は，異なる要素だということである[21]．「私」から主体用法だけを取り去ったものが，アンスコム実践における「A」だった．それでは，この実践からさらに指標的な表現である「A」を取り去ったら，どうなるのだ

---

20) 「私」と「A」とのもう一つの興味深い違いは，「私は私の身体と独立の存在である」という文は（正しいかどうかはさておき）少なくとも意味をなすと思われるが，「A は A の身体と独立の存在である」という文は，「A」は身体を指すというここでの規定上，意味をなさないという点にある．この意味で，「A」は反デカルト主義的な一人称代名詞であると言うことができるかもしれない．

21) ただし，たとえアンスコム実践が可能だとしても，「私」の指標性と主体用法が独立だという結論は直ちには出てこない．その結論を導くにはさらに，固有名が，あくまで指標性を欠いたまま，主体用法で使われうるということを示す必要がある．これは，単に「私」と言う代わりに自身の固有名を用いること（こうした用法自体は，幼児の言語使用にしばしば見られる）とは異なるという点に注意してほしい．

ろうか.

　この問いの答えは明白だろう．残るのは，「B」，「C」，「D」といった固有名である．このさらにシンプルな言語実践において，各メンバーは，他のメンバーを呼ぶときばかりでなく，そのメンバーにとって額の記号を身体構造上直に見ることのできないメンバーを呼ぶときにも，当のメンバーの額の記号を用いる．もちろんそれができるようになるためには，どこかの時点で他のメンバーに尋ねたり鏡を見たりする必要があるだろう．だが，そこに何ら原理的な困難はない．この実践を，固有名をこれとよく似た仕方で印象的に用いることで知られるロックシンガーにちなんで，矢沢実践と呼ぶことにしよう．

4　自己という概念のポイントを特定する

　自己という概念，すなわち，「私」の用法に手を加えてみるという作業が済んだところで，本節ではいよいよ，自己という概念のポイントは何かという問いに取り組みたい．自己という概念のポイントとは，「私」の用法からその特質を取り除いていったとき，そのせいでわれわれが行うことができなくなる事柄のことだった．それは言い換えれば，われわれの実践では行えるが，矢沢実践やアンスコム実践では行えない事柄のことである．以下では，われわれの実践と後二者それぞれとの比較を通じて，それらの内部でなすことのできる事柄の差分を明らかにすることを試みる．

4.1　自己概念？

　まずは，われわれの実践と矢沢実践を比較してみよう．矢沢実践とは，われわれの実践から「私」と他の人名を取り除き，代わりにメンバーの身体を指す「B」，「C」，「D」等の固有名を加えた実践のことだった．この単純化された実践において，どれだけのことが依然としてできるのだろうか．例えば，われわれの実践では，われわれは互いや自分の身体の状態や身体の運動ばかりでなく，直接観察することのできないその心的状態や心的出来事についても語ることが

できる．矢沢実践においても，そうした心的述定は依然として可能だろうか．

　筆者の見立てでは，答えは肯定的である．われわれの実践において心的述定がなされる仕方は，大きく二通りに分けられるように思われる．いま，太郎は法律家になることに興味があるか否かが問われているとしよう．この問いに決着をつける一つのやり方は，太郎に直接尋ねてみることである．もし太郎が主体用法で「(私は) 法律家になることに興味がある」と答え，彼が嘘をついていると疑う理由がないなら，われわれは差し当たり問題の心的述定を行ってよいと考えるだろう．しかし，別のやり方もある．それは，太郎の挙動を注意深く観察することである．太郎が書店で司法試験の参考書を買ってきて，付箋を貼りながらそれを熟読している．この種のふるまいの積み重ねもまた，われわれが先の心的述定を行う十分な根拠となるだろう．矢沢実践には主体用法を持った「私」はない．したがって，前者の仕方で心的述定を行うことはできない．しかし，後者の仕方での心的述定であれば，矢沢実践においても何ら支障なく行うことができるはずである[22]．

　もし矢沢実践においても依然として心的述定がなされうるとすれば，われわれがなしえている事柄の多くについて，矢沢実践でもその対応者を見つけることができるだろう．例えば，矢沢実践のメンバーは，彼らの固有名に身体的・社会的・心的な各種述語の述定を積み重ねることで，われわれと同様，互いに関する複雑な情報を蓄積していくことができる．そのようにして蓄積される情報の中には，当のメンバーにとって額の記号を体の構造上直に見ることのできないメンバーに関する情報も含まれるだろう．こうした情報は，他のメンバーに関する情報と同様，当のメンバーが矢沢共同体の中での自身の生存を最適化する上で重要な役割を果たすだろう．つまりそれは，われわれが自己概念と呼

---

[22] このような，観察に基づく三人称的帰属のみを含む心的帰属実践の可能性は，例えば Sellars (1956：§48-59) によって，思考実験の形で素描されている．他方，これとは反対に，観察に依らずなされる一人称帰属を欠いた心的帰属実践は成り立ちえないと主張する哲学者もいる．代表的な論者としては，Shoemaker (1996) を参照．彼らはおそらく，矢沢実践における心的帰属の可能性を否定するだろう．このような立場に対する批判と筆者自身の見解については，島村 (2012) を参照のこと．

ぶものと同じ役割を果たすように思われる．

　矢沢実践とは，「私」に何らかの点で呼応するような表現を一切持たない言語実践なのだった．すると驚いたことに，ここからは，自己概念を形成するために自己という概念を習得する必要はないという結論が導かれる．つまり，自己概念の形成は自己という概念のポイントの一部ではないということになる．

4.2　自己定位

　ではわれわれの実践ではできるが，矢沢実践ではできないことはあるだろうか．これは，2.1 で触れた次の問いへも言い換えられる．単純にある対象を名指すことだけが目的ならば固有名さえあれば事足りるはずなのに，その対象を「私」を使って名指すことのポイントは何だろうか．

　いま，矢沢言語（指標詞を持たない言語）の表現力の限界を見極めるために，次のような世界を想定してみよう[23]．その世界には二柱の神が存在する．一方は最も高い山の頂上からマナを投げ落としており，他方は最も寒い山の頂上から雷を投げ落としている．神々は矢沢言語の使い手であり，その言語で前者の神は「X」と呼ばれ，後者の神は「Y」と呼ばれている．いま，X と Y の言語は，その矢沢性が損なわれない限りで（つまり，指標詞を含まない限りで），最大限に豊かであると想定しよう．さらに，X と Y は彼らの世界で成り立つ任意の事実を，それが彼らの豊かな矢沢言語で表現可能である限り，全て知っている（「矢沢全知」である）とする．われわれの問いは，もしこのような神々に持つことのできない知識があるとすればそれは何か，というものである．矢沢全知な神々の知識の限界は，すなわち，矢沢言語の表現力の限界に他ならない．

　X と Y は等しく矢沢全知なので，どちらの知識に注目しても結論は変わらない．そこで X の知識に注目してみよう．X は，例えば，世界には X と Y の二柱の神がいることを知っている．また，X は最も高い山に住みマナを投げ落としていることや，Y は最も寒い山に住み雷を投げ落としていることを知っている．さらに，前項の考察が正しければ，矢沢言語は心的述語を含みうる．し

---

23) 以下の想定は Lewis (1979: 520-1) から借用した．

たがってXは，Xの種々の心的状態，例えば，XやYが上に挙げたような知識を持っているということをもまた知っている．それでは，このように矢沢全知なXが知らないこととは何だろうか．Xは，自分がXであるのかYであるのかを知らない．もちろん，Xは，XがXであるということは知っている．XはXであり，YはYである．しかしこれは，自明なトートロジーに過ぎない．Xが知らないのは，こうしたトートロジーではなく，他ならぬこの自分自身がXなのかYなのかということである．

こうした知識の欠落は，（矢沢）全知の神であるXにとっては大した問題ではないかもしれない．Xは自分がどこで何をしているかにかかわらず，世界のどこで起こっていることも等しく，いわば無視点的に，知ることができるからである．しかし，そのような便利な認識能力を持たないわれわれ人間にとって，事情は大きく異なる．例えば，太郎はスカイツリーを見るために地方からはるばる上京してきたとしよう．ところが，運悪く道に迷ってしまった．用意周到な太郎は，事前にガイドブックを熟読し，東京の地図を暗記済みである．しかし，それにもかかわらず，太郎はスカイツリーに辿りつくことができない．なぜなら，太郎は自分がその地図のどこにいるのかを知らないからである．

いま，（Xや太郎が欠いている）この種の知識を「自己定位的（self-locating knowledge）」知識[24]と呼ぶことにしよう．視点に縛られた認識主体としてのわれわれにとって，自己定位的知識は欠くことのできないものである．しかし，矢沢言語では，この知識の内容を表現することができない[25]．われわれはここに，本項冒頭の問いに対する一つの答えを見出すことができる．「私は太郎である」，「私は錦糸町にいる」．このような私文を用いて自己定位的知識を表現

---

[24] "self-locating" という表現は，Perry（1979）に依る．ただし，Lewis（1979 : 522）は，本論には影響しない理由からこのネーミングを退け，同じ知識を「還元不可能な仕方で自己に関わる（irreducibly de se）」知識と呼んでいる．

[25] ここで，自己定位的知識の内容を表現する手段を持たない矢沢実践の参加者であっても，暗黙的な仕方で自己定位的知識を持つこと自体はできるのか，という問いが生ずるかもしれない．もし答えが否定的なら，「私」を捨てることで，矢沢実践者は本文で指摘したよりもさらに多くのことを失うことになる．他方，この問いに肯定的に答える立場をとる論者として，Brandom（2008 : 66）がいる．

することこそ，われわれの実践ではできて，矢沢実践では行うことのできない事柄——すなわち，自己という概念のポイント——の一つに他ならない．

　すると残る疑問は，いま指摘した自己という概念の役割は，われわれの「私」を使ってしか果たすことができないものなのか，それともアンスコム実践の「A」を使っても果たすことができるものなのかというものである．例えば，先の神 X が，アンスコム言語を学び，「A は X である」と言うようになったとき，われわれはその発言を X による自己定位的信念の表明として解釈することはできるだろうか．

　筆者の考えが及ぶ限り，それを否定すべき理由は見当たらない．まず，「A」は，「私」と同様に，各々の文脈に応じて指示対象が決まる指標詞である．さらに，これもまた「私」と同様，「A」のそうした指標性を了解していることは，「A」の用法を身に付けているとみなされうるための条件の一部である．もちろん「A」の場合，そこで指示されるのは，当の発話を行った発話者の身体ではある．とは言えその身体は，すでに確認した通り，物理的な状態や出来事に加え，心的状態や出来事をも帰属されうるような身体である．よって，ここまでのところ，指示対象とその指示対象の決まり方（またそれについての了解）のいずれに関しても，「私」と「A」の間に実質的な違いを見出すことはできない．

　「私」と「A」の決定的な違いは，述定に関する主体用法の有無にあるのだった．では，主体用法の欠如は，「A」が自己定位的知識を表現する妨げになるだろうか．いま，太郎が，記憶喪失によって自分が太郎であるという自己定位的知識を欠いているとしよう．記憶回復の助けになればと太郎は生家に連れてこられ，そこで昔の写真やビデオなどを見せられる．それらに登場する人物と自身の身体的特徴がよく似ているということに気づいた太郎が，「私はこの太郎という人かもしれない」と言い出すとしよう．この私文は，太郎の失われていた自己定位的知識の一部が取り戻されつつあることを表していると解釈するのが自然だろう．しかし，この私文が客体用法で用いられていることは明らかである（太郎に対して，太郎であるのは本当にあなたですか，他人の空似ではありませんかと疑いを投げかけることは，この場合意味をなす）．したがって，客

体用法で用いられているということと自己定位的知識を表現するということは両立可能である．そうだとすれば，「A」が主体用法を欠くことも，「A」を用いて位置づけを行うことの妨げにはならないように思われる．

4.3 動能的コミットメントの引き受け

考えをさらに一歩進めて，われわれの実践では行うことができるが，アンスコム実践では行うことができないような事柄はあるのだろうかと問うてみよう．言い換えれば，客体用法ではなく，主体用法で用いられた私文によってしか行うことができないような事柄はあるだろうか．もしそのような事柄があるなら，「私」という指標詞が，アンスコム実践におけるような仕方ではなく，まさにわれわれの実践におけるような仕方で用いられていることには，さらなる独自のポイントがあることになる．

ここで，「私」という言葉の使い道は，「A」とは違い，自己概念や自己定位的知識を表明する場合のように，発話者に関する既知の事実を述べることには限られないことに注意しよう．「私」という言葉はまた，ある種のコミットメントを引き受けるためにも用いられる．その種のコミットメントの中には，「私」を主体用法で使うことによってしか引き受けることのできないものがある．筆者がその典型例と考えるのは，約束である．

次のような場面を考えてみよう．B は，研究室で酒の失敗をして，教授からこっぴどく叱られた．翌日 B は教授の所に出向き，「A はもう二度と酒を口にしません」と言ったとしよう．われわれは，B のこの発話を約束として解釈することができるだろうか．

ここで，「A」という表現は主体用法を持たないことを思い出そう．すると先の発話は，客体用法で——すなわち，「ϕ な者は二度と酒を口にしない」という何らかの前提と「A は ϕ な者である」という同定に基づいて——なされたことになる．例えば，やや SF 風だが，ϕ に「禁酒ピルを飲んだ」を入れてみよう．「禁酒ピルを飲んだ者は二度と酒を口にしない．A は禁酒ピルを飲んだ．よって，A は二度と酒を口にしない．」先の文の発話がこのような三段論法の結論としてなされたならば，B が禁酒を約束したのだとみなすことはできない

だろう．このことは，Bが「Cは禁酒ピルを飲んだ．よって，Cは二度と酒を口にしない」と言うとき，それによってBが（Cに代わって？）Cの禁酒を約束したことにならないのと同様である．いずれの場合にも，Bが行っているのは薬学的根拠に基づくある種の予測に過ぎない．両者の違いは，前者の場合，たまたまその予測の対象がB自身であったという点だけである．同じことは，より現実的な例として，φに「酒の失敗を深く反省している」を入れた場合にも言える．「酒の失敗を深く反省している者は二度と酒を口にしない．A／Cは酒の失敗を深く反省している．よって，A／Cは二度と酒を口にしない．」この場合，三段論法の前提は，薬学的なものではなく，素朴心理学的なものである．しかしいずれにせよ，そこでなされているのは予測であって約束ではないという点は変わらない．

　一般に，「私はφする」という私文が客体用法——自己同定を介し，それゆえ誤同定に起因する誤りの余地を残す仕方——で用いられる場合，そこでなされるのはある種の予測である．そして，予測することは，約束することではない[26]．したがって，約束をするには，この種の私文を主体用法で用いる必要がある[27]．しかしそれこそ，アンスコム実践のメンバーが「A」を用いては行うことができない事柄なのだった．

　もし上の考察が正しいなら，それと同様の理由から，決意を表明することもまた，アンスコム実践の成員が行うことのできない事柄の一つに数え入れることができるかもしれない．決意の表明は，約束とは違い，私文の実際の発話を伴う必要はないし，状況次第では当人の一存で撤回することもできる．しかし，内語としてつぶやくのであれ，外的に発声するのであれ，決意の表明が私文の

---

[26] 筆者は別の場所（島村，2011：第3章）で，予測することと約束することとは相容れないと論じたことがある．しかし，ここでの目的にとっては，このより強い両立不可能性の主張を支持する必要はない．

[27] 約束を行うための私文の「私」は必ず主体用法でなければならないというここでの論点は，「私はφすると約束します」という明示的な約束文に着目すると，一層明白だろう．「私はφすると約束します」と言う人に対して，「φすると約束するのは，他の人ではなく，たしかにあなたですか」と同定の誤りの可能性を疑うことは，明らかに意味をなさない．

使用を伴う限りにおいて，その私文は主体用法で用いられていなければならないように思われる．例えば，私が内心で「私は二度と酒を口にしない．なぜなら，私は禁酒ピルを飲んだからだ」とつぶやくとする．これを決意とみなすことができないのは，「私は必ず試験に合格する．なぜなら，私は誰よりも努力したからだ」という内なるつぶやきを決意とみなすことができないのと同様だろう[28]．

「（私は）φする」という約束や決意には，ある共通点があるように思われる．それは，私がφするか否かは「私次第（up to me）」であるという点である．そこで，この種のコミットメントを「動能的コミットメント（conative commitment）」と呼ぶことにしよう．すると，本項の考察から，自己という概念に固有のポイントに関して次のことが言える．われわれは普段，自分自身や周囲の人々を，動能的コミットメントの担い手——ある事柄を当人次第で行ったり行わなかったりする者——とみなし合って生活している．しかし，そのような者として実践に参加するために，われわれは私文を主体用法で用いることができなければならない．つまり，動能的コミットメントの担い手として実践に参加することは，自己という概念に固有のポイントの一つである[29,30]．

---

[28] ここで，注 25 の問いとパラレルな形で，決意を表明する手段を持たないアンスコム実践の参加者であっても，暗黙的な仕方で決意すること自体はできるのか，という疑問を持つ人がいるかもしれない．もし答えが否定的なら，「私」から主体用法を取り除くことで，アンスコム実践者は本文で指摘したよりもさらに多くのことを失うことになる．他方，この問いに肯定的に答える立場をとる論者としては，先程と同様，Brandom (2008: 66) が挙げられる．

[29] Dennett (1992) は，素朴心理学における心的帰属をある種の物語と捉え，自己をそうした物語における「重心」のような抽象的対象だと説明する．Velleman (2006) は，デネットのこの枠組みを引き受けつつ，デネットが見落としている自己の役割として，決断を下すことを挙げている．自己に対するこのベルマンの捉え方は，本文で指摘した自己という概念のポイントと密接な関連を持っているように思われる．彼らの論争を含む，自己への物語的アプローチの包括的なサーベイとしては，Schechtman (2011) を参照．

[30] ただし筆者は，一人称代名詞を主体用法で用いることのポイントが動能的コミットメントの引き受けに尽きると主張したいわけではない．例えば，英語の謝罪表現は，（ときに省略されることもあるが）いずれも "I" やその所有格を含むように思われる："I'm sorry that…"，"I apologize that…"，"My apologies for…"，"My bad" など．"I'm sorry" と言う人に対して "Are you sure that it is you who are sorry?" と疑うことが意味をなさない

5 自己という概念のエンジニアリングに向けて

5.1 ここまでの議論からわかったこと

本セクションではまず，自己の概念工学の一つの特徴として，単に自己という概念の現在のあり方を問うだけでなく，それをエンジニアリングする可能性を見据え，そのポイント——それが実践の中で果たしている役割——をも問うという点に注目した．その上で，前者のみならず後者の問いに答えることをも目指して考察を進めてきた．前者の問いは，さしあたりわれわれの言語実践において「私」という言葉がどう使われているのかという問いに置き換えられる．この問いに対しては，言語哲学の先行する成果を踏まえ，「私」の用法が持つ特質として，指示に関する指標性と述定に関する主体用法の二つがあることを指摘した．それでは，そうした特質を持つ「私」は，われわれの言語実践の中でどんな役割を果たしているのか．筆者はこの後者の問いに，「私」の用法から問題の特質を取り去ったときに，そのせいでわれわれが行えなくなる事柄に注目するという手法を用いて答えようと試みた．

例えば，矢沢実践は，われわれの実践から指標性か主体用法のいずれかを備えた表現を全て排除した（つまり，「私」に類似した表現を一切持たない）実践である．そのような実践においても，固有名を用いて，他人に関するのと同様，自己に関する有益な情報を表現することはできるだろう．この観察から，自己

ことから明らかなように，ここでの"I"は主体用法で用いられている．すると，少なくとも英語に関する限り，"I"を主体用法で用いるポイントには謝罪することが含まれると主張したい誘惑に駆られる．注意深く探せば，このような例が他にも見つかる可能性は十分あるだろう．ただし，謝罪が自己という概念のポイントと言えるかどうかに関しては，疑問の余地もある．というのも，興味深いことに日本語の謝罪表現は，ふつう「私」を含まないし，それが省略されているとみなすこともできないからである．例えば，「申し訳ありません」，「すみません」，「ごめんなさい」，「悪いね」など．よって，もしわれわれが自己という概念を言語や文化を跨いで共有される何かだと考えるなら，謝罪を自己という概念のポイントの一部と考えるべきではないかもしれない（ただし，反対に英語圏と日本語圏では自己という概念が異なると考えた上で，謝罪を前者における自己という概念のポイントの一部と位置づけることも可能である）．

概念を形成することは必ずしも「私」に特有の役割——すなわち，自己という概念のポイントの一部——ではないということが明らかになった．

では，われわれの実践では表現できるが，矢沢実践では表現できないような事柄はあるのだろうか．世界で成り立つ事実のうち，無視点的に記述可能なものは，原理的には全て矢沢実践内で表現しうる．矢沢実践で表現できないのは，そうした事実をそれぞれの認識主体がそれぞれ特定の視点から認識しているということである．では，そうした諸認識主体（視点）のうち，どれがこの自分自身なのか．「私」という言葉の指標性が本質的な役割を果たすのは，このこと——すなわち，自己定位的知識——を表現する場面においてである．

ここまでの考察から，「私」が指標詞であることによって果たす特有の役割の一端が明らかになった．それでは，述定に関して主体用法を持つことは，「私」がどのような特有の役割を果たすことを可能にしているのだろうか．私文が用いられるのは，既知の事実を描写するためばかりではない．そして，私文のそのような非記述的用途の中には，主体用法の私文を用いてしか果たすことができないものがあるように思われる．筆者はその一例として，約束したり決意を表明したりすること（すなわち，動能的コミットメントを引き受けること）を指摘した．

こうして，自己という概念の二つのポイントに目星をつけることができた．先に示した工学の比喩を使って言えば，われわれはようやく，テンプという未知の機械部品について，その機能（の少なくとも一部）に目星をつけたことになる．しかし，それは，テンプのエンジニアリングという企てにとってのスタートラインに過ぎない．同様に，われわれはようやく自己という概念のエンジニアリングを始めることができる地点に辿りついたに過ぎない．次項では，以上の点を踏まえ，自己の概念工学者が今後取り組むべき課題について考えてみたい．

5.2 自己という概念のエンジニアリングに向けて

自己の概念工学者に残された課題は，大きく二つに分けられる．第一に，自己という概念やそのポイントをめぐる本セクションの考察は，もっぱらこれま

で哲学者が行ってきた「私」という言葉に関する言語哲学的分析や思考実験に依拠しており，思弁的な推測の段階に留まっている．例えば，本セクションでは一部の哲学者と共に，「私」への述定には客体用法だけでなく主体用法があるという言語的な直観を議論なしに前提した．しかし，こうした考えがどれほど多くの人の間で共有されているのかは，本来，経験的に確かめられるべき事柄だろう．同じことは，「私はϕする」のような私文がもし客体用法で用いられるならば，約束や決意がなされたことにはならないという筆者の論点に対しても言える．これらの論点が本当に日本語話者の間で広く受け入れられているかどうかを調査することは，自己の概念工学に残された課題の一つと言ってよいだろう．

　かりに本セクションで示した自己という概念の現状とポイントの分析に一定の経験的裏づけが得られたとしよう．するといよいよ次に控えているのは，それらを踏まえて，われわれは自己という概念をどう変えていくべきかというエンジニアリングの問いである．自己という概念には，自己定位的知識の表明と動能的コミットメントの引き受けという，少なくとも二つのポイントがあるのだった．すると，原理的にはこれらそれぞれに照らした自己という概念のエンジニアリングの可能性が考えられる．だがここでは，第二のポイントに的を絞って考えてみたい．

　4.3 で論じたように，「私はϕする」という文を主体用法で用いて動能的コミットメントを引き受けるということは，ϕするか否かを「私次第」の事柄として扱うことを意味する．ここで注意したいのは，ϕの中には私次第の事柄として扱われるものと，そうでないものとがある，という点である．例えば，パラシュートで降下中の太郎が「私はいずれ地面に着地する」と言ったとしても，私たちはふつう，それを太郎次第の事柄（例えば，約束）であるとはみなさない．それでは，私次第の事柄とみなされうるϕの範囲はどうあるべきか．以下で論ずるように，これは，様々な選択の余地を持つ工学的な問いである．この問いに答え，私次第とみなされる事柄の範囲を改変するならば，私文の主体用法の潜在的な適用範囲を改変したことになる．それは，結局のところ，自己という概念（「私」の用法）を改変することに他ならない．

上の工学的問いに対する一つの（極端な）答えとして，アンスコム実践を挙げることができる．アンスコム実践の「A」には主体用法が存在しない．だが，主体用法なしに動能的コミットメントを引き受けることはできない．すると，アンスコム実践では，何事も「A次第」であるとみなされることはないことになる．このように当人次第の事柄が皆無の実践における自己という概念（すなわち，Aという概念）は，われわれが持つ自己という概念とは大きく異なるだろう．つまり，アンスコム実践は，自己という概念の大規模な改変の一例と言える．

とは言え，このような選択は，理論的には想定可能だが，工学的に見てあまり魅力的であるとは言えない．動能的コミットメントの典型である約束や，約束に依拠して成り立つと思われる種々の制度（例えば，法律や貨幣など）は，現代社会を支える土台の一部である．アンスコム実践を選ぶということは，それらを一切放棄して，一から新しい社会制度を作り直すことを意味する．これは現実的とは言い難い．

おそらく，より実りある概念工学的選択肢は，私次第と扱われうるϕの範囲をいまよりももう少し狭めたり，広げたりする中で見出される．ただし，そうした概念工学的改造は，工学的改造と同様，何の制約もなく恣意的に行えるわけではないという点に注意してほしい．ちょうどテンプの改造が，自然法則を始めとして，素材の調達可能性，要求される技術の水準など，様々な工学的制約の下でなされるのと同様に，私次第の範囲の改造も，一定の概念工学的制約の下でなされざるをえない．

それでは，私次第の範囲の改造における概念工学的制約とは何か．この問いに答える一つの手掛かりは，「私次第（up to me）」ということの意味について考えてみることである．ϕが「私次第」であるということは，一面で，ϕしないという選択の余地が私に残されていることを意味する．例えば，パラシュートで降下しているとき，私に地面に着地しないという選択の余地は残されていない．したがって，地面に落下することは「私次第」の事柄とは言えない．このように，私次第の範囲は，それをしないという選択の余地が私に残されている事柄の内部に限られるように思われる．

この条件を、慣例に倣い、他行為可能性の条件と呼ぼう。しかし、ここが重要なのだが、他行為可能性の条件は必ずしも私次第の範囲を一意には決定しない。一つの理由は、「しないという選択の余地」という言葉の曖昧さにある。例えば、深刻な抑鬱状態にあるとき、私に会社を休まないという選択の余地は残されているだろうか。われわれは、この問いに肯定的に答える実践と否定的に答える実践を共に思い描くことができる。前者の実践では、抑鬱は「気持ちの問題」とされ、休むかどうかは私のがんばり次第であるとされる。他方、後者の実践では、抑鬱は一種の病的状態とされ、私が会社を休むこともやむをえないとされる。もちろん、抑鬱状態に関する心理学的・神経生理学的研究が進めば、それを一つのきっかけとして、前者から後者へと移行することもありうる。しかし、それは必ずしも強制的な移行ではない。われわれは、それでもあくまで前者に踏みとどまるという選択(いわゆる「精神論」的な実践)を整合的に想像することができるからである[31]。

私次第の範囲が一意に定まらないもう一つの理由として、選択の余地は、場合によっては社会的な取り決めの問題であるという点が挙げられる。例えば、現在のわれわれの社会では、職業選択は私次第の事柄の一部とされている。しかし、われわれはまた、生まれが将来の職を決めてしまうような社会を想像することができる。そのような社会では、もし私が農家に生まれたなら、私にそれを継がないという選択の余地は残されていない。つまり、農家を継ぐことはもはや私次第の事柄ではない。

このように、様々な理由から、他行為可能性の条件は、私次第の事柄の範囲を一意には決定しない。言い換えれば、ここには、私次第の範囲に関する概念

---

31) このような選択の余地がなくなるのは、抑鬱状態の生理学的特性が完全に解明され、抑鬱状態にある主体の行動傾向を高精度で予測できるようになった場合だろう。同じことはまた、抑鬱状態での選択に限らず、選択一般に関しても当てはまる。もし神経生理学が著しく発展し、われわれのあらゆる行動傾向に関する高精度の予測をもたらすようになったならば、そのような社会で私次第の余地を維持することは困難となるだろう。その場合、アンスコム実践への移行は、今よりずっと現実味を帯びるかもしれない(ただし、アンスコム実践への移行は、フォークサイコロジーの大規模な改変ではあるものの、その消去ではないという点に注意してほしい)。

工学の余地が開かれていることになる．それでは，重度の抑鬱状態にある人に会社を休まない余地を認める／認めない社会，あるいは，成員に職業選択の余地を認める／認めない社会など，二つの選択肢が開かれている場面で，われわれはどのような基準に基づいて選択を行うべきだろうか．これは非常に複雑な問題で，十全に答えるにはおそらく個別の選択に特有の事情を考慮に入れなければならないが，ここでそうした考察を展開する余裕はない．以下では，そのための予備的な考察の一部を提示するに留めたい．

あるφを私次第の範囲に含めるか否かを選択する際には，非常に大雑把に言って，二つの側面を考慮に入れる必要があるだろう．まず，すでに指摘したように，φを私次第の事柄とみなすということは，そうしないこともあり得るという他行為可能性を認めることに他ならない．一般に，他行為可能な領域を広げることは，自由の領域を広げることにつながると言ってよいだろう[32]．すると，私次第の事柄の領域を広げることは，自由の領域を広げることだとも言える．このように述べると，一見，それは可能な限りとことん推進されるべきことだと思われるかもしれない[33]．

しかし，かりに自由を増大させることはそれ自体よいことだと認められるとしても，それに伴ってわれわれが担うことになる負担の増大もまた忘れられてはならない[34]．そうした負担の中にはアプリオリに予期できるものもある．例えば，φが私次第（up to me）であるということは，その反面として，φを選んだ責任を私に負わせるということでもある．重度の抑鬱状態にある私の事例を思い出してほしい．そのような状態にある私にさえ会社を休まない余地を認

---

[32] ただし，他行為可能性が自由の十分条件だという主張には異論の余地がある．古典的な反論としては，Frankfurt (1971) を参照．

[33] 個々の三体の自由と自律性に大きな価値を置く啓蒙主義が志向するのは，こうした方向かもしれない．

[34] 例えば，村上春樹の次の一節にわれわれが共感するとしたら，その背景にはこの種の負担に対する懸念があると言えそうである：「でもきっとアリにせよ，蠅にせよ，自分がアリであることの，蠅であることの意味なんてなんにも考えないんだろうな．アリとして生きて，アリとしてただ死んでいく．蠅として生きて，蠅としてただ死んでいく．そこにはもちろん選択の余地なんてない．生きる目的とは何か，なんて考える必要もない．そういう人生もアリかもなあとときどき，冗談抜きで，思います．」（村上, 2016：105）

める社会は，そうでない場合と比べ，ある意味で私により大きな自由を認めていると言える（そのような社会では，私はいわば強固な意志の力を備えたスーパーマンである）．その代わり，そのような社会で会社を休むには，私はそれを選び，その責任を引き受けなければならない．このことは，自由の拡大という側面だけを念頭に置いて私次第の範囲を拡大することが，全体として考えた時に，必ずしも望ましい結果をもたらすとは限らないということを示していると思われる．

　さらに，私次第の範囲を広げることに伴う様々な負担の中には，そのようにアプリオリに予見することができないものもありうる．例えば，私次第の領域を広げることは，私の中で喚起される欲求の数を増すことを誘発するかもしれない．だが，私が持つ能力や時間は変わらない以上，選択肢が広がっても，その中で私が実際に選び取ることのできる行為の数が増えるわけではない．すると私は，私次第の領域が拡大する前と比べ，より多くの欲求不満を抱えることになるかもしれない．

　あるいは別の懸念の例として，いま，私は当たりを引けば1億円をもらえ，はずれを引けば何ももらえないという二本の紐の前に立っているとしよう．この状況と，私がただランダムに50％の確率で1億円を与えられるという状況を比べてみよう．どちらの状況でも，1億円を手に入れた場合の私の喜びはさして変わらないように思える．しかし，前者の状況下ではずれを引いた場合には，後者の状況下で私が単に1億円をもらい損ねた場合とは異なり，私は後悔することになるのではないか．このように，他様にもなしえるということは，そうでなければ存在しなかった，新たな後悔の源となるかもしれない．

　もちろん，これらの懸念は，過度に単純化されているし，筆者のランダムな思いつきにすぎない．しかしここで強調したいのは，この種の懸念の是非を問うには，われわれの欲求や後悔が喚起される傾向性や仕組みについての心理学的知見が必要不可欠だという点である．

　近代以降の大きな流れとして，われわれの社会は，科学技術や社会制度の力を借りて，私次第の範囲を押し広げる方向に進んできたと思われる．おそらく，こうした方向は今後も変わらないだろう．だが，私次第の領域を広げることは，

自由を増すと同時に，われわれが背負う負担も増加させる．あるϕに関して，それを私次第の範囲に含めるか否かの概念工学的決断を下す場面では，われわれはこの後者の要因をも考慮に入れねばならない．しかし，そうした負担を十全に予測するためには，われわれが持つ様々な心的傾向に関する経験的知見が必要不可欠である．この意味で，心理学と哲学の協働なくして，自己の概念工学を進めることはできない[35]．

参考文献

*文献が再録されている場合，頁数への言及は再録先に基づく．

Anscombe, G. E. M. (1959): *Intention*, Oxford, Basil Blackwell (2nd edition, 1963). (邦訳：G・E・M・アンスコム『インテンション——実践知の考察』菅豊彦訳，産業図書，1984年)

Anscombe, G. E. M. (1975): "The first person." In S. D. Guttenplan (Ed.), *Mind and Language*, Oxford University Press, 45-65, reprinted in Cassam (1994), 140-159.

Barresi, J. and Martin, R. (2011): "History as prologue." In Gallagher (2011a), 33-56.

Brandom, R. (2008): *Between Saying and Doing*. Oxford University Press.

Cassam, Q. (Ed.) (1994): *Self-Knowledge*. Oxford University Press.

Castañeda, H. (1994): "On the phenomeno-logic of the I." In Cassam (1994), 160-166.

Descartes, R. (1644): *Principles of Philosophy*. Translated by G. E. M. Anscombe and P. T. Geach in *Philosophical Writings: Descartes*, 1971. (邦訳：ルネ・デカルト『哲学原理』山田弘明他訳，筑摩書房，2009年)

Dennett, D. (1992): "The self as a center of narrative gravity." In F. S. Kessel, P. M. Cole and D. L. Johnson (Eds.), *Self and Consciousness: Multiple Perspectives*, Hillsdale, NJ: Lawrence Erlbaum Associates, 103-115.

Evans, G. (1982): *The Varieties of Reference*. Edited by J. McDowell, Oxford University Press.

Evans, G. (1985): "The causal theory of names." In A. P. Martinich (Ed.), *Aristotelian Society Supplementary Volume*, Oxford University Press, 187-208.

Frankfurt, H. (1971): "Freedom of the will and the concept of a person," *Journal of Philosophy*, 68, 5-20.

Gallagher, S. (Ed.) (2011a): *The Oxford Handbook of the Self*. Oxford University Press.

Gallagher, S. (2011b): "Introduction: A diversity of selves." In Gallagher (2011a), pp. 1-29.

---

[35] 本セクションの元になった草稿は，本書の編集会議とアプリオリ研究会において，それぞれの会の参加者によって詳しくご検討いただいた．それらの機会に得られた批判の全てに本稿で答えられたわけではないが，それらを踏まえることで，本セクションのいくつもの箇所を改善できたと思う．記して感謝の意を表したい．

Kaplan, D. (1989): "Demonstratives." In J. Almog, J. Perry and H. Wettstein (Eds.), *Themes from Kaplan*, New York: Oxford University Press, 481-614.

Kripke, S. (1980): *Naming and Necessity*. Basil Blackwell and Harvard University Press.（邦訳：ソール・A・クリプキ『名指しと必然性――様相の形而上学と心身問題』八木沢敬・野家啓一訳, 産業図書, 1985 年）

Lewis, D. (1979): "Attitudes De Dicto and De Se," *Philosophical Review*, 88, 513-543.

Locke, J. (1690/1975): *An Essay Concerning Human Understanding*, P. Nidditch (Ed.), Oxford: Clarendon Press.

村上春樹（2016）:『村上ラヂヲ 3 サラダ好きのライオン』大橋歩（画）, 新潮文庫.

大庭健（1997）:『自分であるとはどんなことか 完・自己組織システムの倫理学』勁草書房.

大庭健（2001）:『私という迷宮』専修大学出版局.

大庭健（2003）:『私はどうして私なのか』講談社現代新書.

Perry, J. (1979): "The problem of the essential indexical," *Nous*, 13, 3-21, reprinted in his *The Problem of the Essential Indexical and Other Essays*, Oxford: Oxford University Press, 1993, 33-52.

Ryle, G. (1949): *The Concept of Mind*, London: Hutchinson.（邦訳：G・ライル『心の概念』坂本百大他訳, みすず書房, 1987 年）

Schechtman, M. (2011): "The narrative self." In Gallagher (2011a), 394-416.

Sellars, W. (1956): "Empiricism and the philosophy of mind." In H. Feigl and M. Scriven (Eds.), *Minnesota Studies in the Philosophy of Science*, Vol. 1, University of Minnesota Press, 253-328, reprinted in *Empiricism and Philosophy of Mind*, Harvard University Press, 1997.（邦訳：W・S・セラーズ『経験論と心の哲学』中才敏郎他訳, 勁草書房, 2006 年；ウィルフリド・セラーズ『経験論と心の哲学』浜野研三訳, 岩波書店, 2006 年）

島村修平（2011）:「自分自身の心を知るということ――命題的態度の自己知を巡る哲学的ジレンマとその解決の試み」東京大学大学院人文社会系研究科, 博士学位論文.

島村修平（2012）:「なぜ私たちは自分自身の心を知っていなければならないのか――自認・合理的行為者性・一人称特権」,『科学哲学』45-2 号, 29-46.

Shoemaker, S. (1968): "Self-reference and self-awareness," *Journal of Philosophy*, 65, 555-567, reprinted in Cassam (1994), 80-93.

Shoemaker, S. (1996): *The First-Person Perspective and Other Essays*, Cambridge University Press.

Velleman, J. D. (2006): "The self as narrator." In *Self to Self: Selected Essays*, Cambridge University Press, 203-223.

Wittgenstein, L. (1958): *The Blue and Brown Books*, Blackwell Publishing (2nd edition, 1969).（邦訳：『ウィトゲンシュタイン全集 6 青色本・茶色本』大森荘蔵訳, 大修館書店, 1975 年）

III

展望編

第6章
心理学者によるまとめと今後に向けて

唐沢かおり

1 はじめに

1.1 三つの概念をめぐる議論の概要

　心，自由意志，自己——第3章から第5章までは，これら三つの概念について，社会心理学者と哲学者がペアを組み議論の交換が行われた．概念工学への呼びかけに応答し，心理学からは「概念を科学してきた」成果が示され，さらにそこでの議論を踏まえ，それぞれの概念に関して哲学がこれまで行ってきた考察，あらたな概念分析の試み，そして概念工学に向けての課題が指摘された．
　まずは，三つの概念について述べられてきたことの概要を簡単に確認しておこう．心について社会心理学側から提示されたのは，心的機能の素朴理解に関する知見である．橋本はグレイらの研究を主たる参照点としつつ，心の知覚が「行為者性（する心）」と「経験性（感じる心）」の二次元から構成されること，さらには，この二次元に沿った心の知覚が道徳的判断や，保護・加害に関わる取り扱い・責任の付与と密接に関係していることを議論した．鈴木は，これらの知見を展開し，二次元の独立性，二次元と被行為者・行為者の関係など，心理学がさらに解くべき課題を提示した．さらに，心の概念工学が記述的な側面と実践的な側面の両者を併せ持つ営みであること，心知覚の制御の困難さ，心の概念工学が環境工学的な介入をも視野に入れることの必要を指摘した．
　自由意志に関して渡辺が論じた社会心理学の研究成果は，主に次の二つである．一つは人々が「自由意志」に対して持つ素朴理解についてであり，自由記

述の分析や自由意志信念を測定するための尺度構築の結果が紹介された．もう一つは，私たちが自由意志を持つと信じることの影響に関することで，信念が強いほど道徳的な責任の付与につながることや，自己コントロールを高めるという実証的な知見が示された．それに対して太田は，自由意志と決定論の関係，およびわれわれが自由意志を持ちえるのかどうかをめぐって展開してきた哲学者たちの議論を俯瞰した．その中で現代の自由意志論が，科学が示す世界観に整合する形で，道徳的責任とおりあいをつけながら「工学」される必要を説いた．

さて，このように，自由意志や心については，心理学が素朴な概念理解を解明してきた成果を示し，それらが概念工学の基盤となることを前提とした哲学からの応答がなされてきたわけだが，自己については，そこからの脱却が主要な論点となった．遠藤は，自己概念の研究が，自己知識（自分が認識している自己）に偏っていること，また，自己報告から脳内過程の測定にいたる多用な手法のもとでの自己研究が，実のところ自己の定義を欠いたまま進められているという問題を指摘した．その上で，自己という概念を「自己理解」に閉じ込めることなく，意識や身体問題と関連づけながら生態学的妥当性を取り戻す研究の必要を主張した．そのような問題意識を踏まえた島村の議論もまた，自己という言葉の意味理解を問うというアプローチから距離を置いたものだった．代わりに採用されたのは，「私」という代名詞を含む文が言語実践の中でいかに用いられるのかを分析するという方略である．これにより引き出されたのは，「私」の固有性が約束や決意など「私次第」で決まる動能的コミットメントを引き受けるところにあること，また，その範囲を探求することが自己を対象とした概念工学の課題だという提案であった．

1.2 本章の課題

第 2 章の締めくくりでの「Let's 概念工学」という呼びかけに対して，心，自由意志，自己を題材に繰り広げられた議論から，心理学と哲学の協働が進んでいること，また，その成果にのっとり概念工学というプロジェクトが形作られつつあることがみてとれる．本章はこのような概念工学への明るい見通しを

継承しつつも，各章から考えるべき課題，対象とすべきことや進めるにあたって考慮すべきこと，また立ちはだかる困難を拾い出して議論する．概念工学が，概念に関する心理学と哲学の協働研究の域を超え，よい生き方や社会の構築という目標に対して実効性のあるプロジェクトとなるに必要なことや，そこでの心理学の貢献を示すことが，本章の目指すところとなる．

次節からは，各概念に対して示された心理学と哲学の議論のセットを一つの単位として論を進めていく．まず心理学側の論点の整理と確認をしつつ，そこで着目すべきことがらを指摘する．つぎにそれに呼応して示された哲学からの議論から，概念工学への問題提起や課題を明らかにし，「心理学がなしうる貢献」について考える．これらを通して，各章が取り上げている概念固有の議論はもちろんのこと，概念工学全体がいかなるプロジェクトであるべきかについても考察を進めていきたい．

2 生活実践と概念工学——心の議論から

2.1 心的機能の知覚

「心とはなにか」といきなり問われたら，われわれはどう答えるだろうか．自分の精神や気持ちのことだとか，内部にある本質だとか，様々な言葉が出てきそうな一方，あまりに漠然としていて，答えるのに苦労するかもしれない．誰もがよく知っている対象であるにもかかわらず，目に見えて把握することができず，とらえどころがなく，どこにあるのか本当のところ，よくわからないようにも思える．しかし，橋本が述べるように「心は，われわれの知覚の上では存在する」．

ある概念について考える際，それを「知覚や認知の対象」として捉え，いかに認識されうるのかを明らかにしていくことは，心理学の得意技だ．第2章で「人に尋ねる」手法が用いられることを（またその問題を）指摘したが，他の章の議論をみても，このことがわかるだろう．自由意志については，それに対してわれわれがどう考えているかを，概念理解の自由記述分析や，自由意志に関

わる態度や考え方を測定する「自由意志信念」の尺度化という形で明らかにしてきた．また自己については，認知される対象として（客我として）の自己概念に着目し，自己理解のあり方を自己報告に基づいて記述すること，さらには，それを一定の信頼性と妥当性を持って評価するような，自己認知関連の尺度が多数開発されてきた[1]．これらの知見は，素朴理解の具体的内容を解明するのみならず，素朴理解が社会的な行動に及ぼす影響を明らかにする上でも，貢献するものであった．

心についても，知覚される対象として捉える方略が成功している．心的機能の知覚に着目した分析は，「する心」である行為者性と「感じる心」である経験性の二次元を明らかにした．これら二次元の上で，他者に心を見出すことは，橋本が述べるように道徳的判断との関わりはもちろんのこと，人間が生きる上での基本的な動機——外界を理解し予測することと他者との関係性を構築し調整すること——を支える役割を持つ．行動を生み出す心を他者の中に知覚することで，他者のふるまい方の予測が可能になる．またそれにとどまらず，どのような心を知覚するかで，責任の付与，非難，保護，支援などをめぐる他者との関わり方が決められる（Heider, 1958；Waytz et al., 2010）．

心的機能を「する心」と「感じる心」という二次元にまとめた概念化が概念工学にもたらす利点については，橋本の議論にのっとり以下の二つを確認しておこう．一つは，「特定の個人の心の知覚」という範囲にとどまらず，心を持たない存在であるロボットなども含めた様々な対象にも二次元モデルを当てはめて，心の知覚の役割を一般化して検討できることである．科学技術の進歩により，社会的な生活の中に関与してくるエージェントが拡大し（例えば，ロボットなどはその典型だろう），それらが実行可能なことも拡大している現在，心の知覚の影響についても対象を広げて検討することは必須であろう．

もう一点は，二次元上の知覚が，心の持ち主に対する道徳的な判断や行動に

---

[1] ここで述べるように，自己に関する研究のかなりの部分が，自己認知を様々な角度から明らかにすることを目指しているが，遠藤は，研究がこのような方向に偏っていることに対して批判的な議論を展開していることに留意されたい．

つながるという枠組みにより，日常生活での道徳に関わる多様な社会的行動の背後にあるメカニズム——責任帰属や非難，非人間化と偏見，環境や人工物の保護や破壊といった態度など——が，統一的な枠組みの中で理解できるようになることだ．この点は，心の知覚という枠組みを用いて解明すべき問題が多様化していることを踏まえると，いっそう重要だ．インターネットの普及により人間関係がバーチャルな世界にまで拡張し，グローバル化により「未知の他集団」に属する人たちとの接点が増加し，また，技術革新による自然環境や人工環境の操作がいっそう顕著になる中，あらたな道徳的な判断や行動に関わる問題が生まれているのが今の社会である．よりよい社会や生き方という概念工学的課題に向き合う上でも，二次元による心の概念化は，重要な役割を果たすことが期待できるのである．

　橋本のレビューの中で参照されてきた諸研究は，もちろん概念工学というスローガンの下に行われてきたわけではない．しかし，心理学という領域は，基礎的な心的過程の解明のみならず，知見を実社会が抱える諸問題に応用することも重視してきた．これは，概念工学の構想と整合する．個人間関係や集団間関係の中で生じる葛藤や攻撃，偏見や差別を低減し，受容的態度や支援を促進すること，また，自然環境を守ったり，災害対応行動を進めたり，AIとのよりよい関係を築くことなど，知見を近年の社会問題の解決に応用しようとするのは，よりよい生き方や社会を求めてのことだ．心理学が概念を科学してきた成果と概念工学のつながりは，このような点にも見出すことができるのである．

2.2　記述的活動と実践的活動

　さて，鈴木はこのような成果をさらに展開するかたちで「心の概念工学」について，記述的な活動と実践的な活動の両者の必要を指摘する．心の概念工学は，対象を正確に記述することを目的とする「記述的な営み」と，われわれと存在との関係をできるだけ望ましいものにする「実践的な営み」から構成されるというのである．その上で，正確さと望ましさをつなぎつつ概念工学を実現するにおいては，心知覚の正しさや制御がポイントとなりつつも，問題をはらむことを述べる．

われわれの心の知覚のあり方は，心がないものに心を知覚すること一つとっても，対象の状態を「正確に」捉えているわけではない．心の知覚が様々なバイアスを持つことは，数多くの研究により明らかにされている（e.g., Ickes, 2011）．そうだとすると，バイアスを修正するような試みをも実践の中に導入するべきなのか．

　確かに，他集団に人としての心を見ないがゆえに，攻撃的にふるまい傷つけたり，動作不良のパソコンに悪意を読み取り，手荒く扱い壊してしまうようなことがあるなら，それは望ましくないから正しい知覚に導くべきだといえるのかもしれない．しかし，一方で，自然に心を見るようなアニミズム的な「誤った」知覚が，環境保全に資することもまた事実である．正しいことが常に望ましいわけではない．さらに，鈴木は，より複雑な問題として，正しい，または正しくない心の知覚がもたらす当面の効果と長期的，副次的にもたらされる効果が矛盾する可能性や，知覚から導かれる判断や行動の適切さを評価する基準が一義的には決められないことにも言及する．

　バイアス修正の是非をめぐる問いかけには単純明快な答えがなく，その実践的営みには困難がつきまとう．とはいえ，困難さを前提としつつ，概念工学という営みを萎縮させることなく，有意義なものとして構築するために求められることは何なのかを考えていくことが必要だろう．したがって，何が正しいのか，何がよいのかという問題は，ここではいったん横に置く．その上で，概念工学が記述的活動のみならず実践的活動を行うために必要なこと，またそこにおける心理学の役割について，環境のデザインという視点からの考察を試みる．

2.3　環境設計も含む概念工学

　心の概念工学における心理学の貢献としてまず指摘できるのは，われわれの心の知覚のあり方，および知覚と道徳的判断との関係を科学的に捉えてきたことだ．これは，記述的な活動に属する．われわれの素朴判断が，正しいものなのか，よいものなのかという問いはさておき，素朴判断のありようをなるべく正確に記述しようとしてきたし，科学的妥当性のある知見を産出してきたと評価してよいだろう．

では，そのような記述的な活動を実践的な活動へとつなげるには何が必要だろうか．記述的な活動で得た知見に基づき，心の知覚に関わる日常の実践的な道徳判断や行動，例えば，責任の追及や回避，非人間化ゆえの偏見，差別，攻撃，弱者に対する保護などに対して提言を提供するとして，それが有効なものであるためには，どうしたらよいのだろう．

提言は「他者の反応をコントロールしたければ，このようにしたほうがよい」というような，ある種のノウハウの提供を含む．例えば，p. 81 で言及されている英雄アピールと被害者アピールに関する研究が示唆する，「不道徳な行為をしてしまった後は，過去の善行を強調するよりも過去の被害に言及するほうが効果的」という言説は，まさにそのようなものだ．他者からの非難を避け，許しを得るためにはどうしたらよいのかという問いに対して，答えを提供する内容になっている．

もちろん，このような提言に従うことで 100％ うまくいくというわけではない．提言の基盤となる知見は，物理法則のような確度の高い結果予測を可能にするものではなく，様々な条件で変わり得るものである．例えば，許す相手との関係がどのようなものなのか，被害の程度がどの程度なのかといった諸要因に左右されることは容易に想像がつくだろう．また，「諸要因」などといわなくても，自らの道徳的直感との齟齬ゆえに，「そんなアピールをされたって，私は許さない」という感想を持ち，提言をおかしいと思う人だっているだろう．提言が示しているのは，特定の変数間の関係に着目して収集されたデータから示唆される「確率的な事実」なので，ある固有のケースについて狙った効果を確実にもたらすことを保証するものではない．

もっとも，知見の応用可能性の評価を，提言に従った特定のケースがうまくいったとか，うまくいかなかったという点に矮小化してしまうのもフェアではない．確かにあるケースにおける成否は，それが実現しなければわからない．しかし，「確率的な事実」であることはその通りなので，多数の実践例の集約を対象とするなら，狙った効果を得るケースのほうが多くなると期待できる．提言の質を向上させていけば，「うまくいく」事例は増える．

この点について，心理学は有益な知見を示すことができる．道徳判断や行動

に関連する多様な要因の効果を精緻に検討する研究は数多く行われており，その成果を体系的に見ていけば，よりうまくいくために整えるべき条件を示すことはできる（もちろん，これは，道徳的判断や行動に限ったことではない）．

ではこのような心理学の知見を活かした概念工学は，どうあるべきだろうか．鈴木の議論が示唆するのは，概念工学が，概念の設計のみならず，概念を適用する環境の設計までも含んだ提案を見据える必要だ．心の概念工学に基づいた実践に関する議論は，環境（刺激）の操作をとおして，われわれの認知システムに影響を与えることを含意するので，「ある特定の心の知覚」を導くような環境設計の提案も概念工学の射程に入るのだ．

心理学の知見は，その目的を果たすにあたって有用である．環境内の諸要因と判断や行動との関係を明らかにする研究知見は，人の判断や行動をある方向に導きやすくする環境設計について示唆を与える．特定の誰かの反応をコントロールすることは難しいけれども，「全体として」ある反応を導きたいとき，少なくともそれが実現しやすい環境と実現しにくい環境の違いについて語ることはできる．

概念工学がよりよい生き方や社会の実現に貢献するための実践的な活動をも含むのであれば，概念が適用される環境設計に関する提案を含むものとして構想すべきだろう．概念を作ったりその内容を明らかにするだけではなく，当該の概念が適用される場のあり方についても工学していくことになる．そのような概念工学を実現するためには，教育システムまで考える必要があるのかもしれない．哲学や心理学の教育を修め，概念を学術的に分析することに興味関心を抱くだけではなく，研究成果を実践的営みに組み込むための制度設計や社会設計に関する知識と洞察を持つ人材が求められる．概念工学は哲学と心理学との協働としてまずは出発しているが，社会科学や環境設計に携わる工学分野との連携が次のステップとなるかもしれない．

2.4　心理学ができることとできないこと

ここで，さきほどいったん横に置いた問題に戻り，考察を加えておこう．心理学は，人の判断や行動が，ある条件のもとでどのようになるかを明らかにす

るし，その知見を応用することで望ましい環境を作ることができる……のであるが，そこには目指す方向が本当によいのかどうかという問いが付きまとう．よい生き方，よい社会というが，いったいどのような生き方や社会がよいのだろうか．

竹村（2017）は，意思決定研究について言及する中で，心理学が，いわば常識的な意味でのよさ（または悪さ）に頼ることで，このことに対応してきたと指摘する．意思決定研究は，われわれがある選択を行う際の心的メカニズムや関連する要因を明らかにしようとする領域だ．様々な商品の中からどれを買うのか，タバコをすうのかすわないのか，内定をもらった企業のうちどこに就職するのかなど，われわれの日常生活は，意思決定の連続であり，その過程の解明は，よい意思決定を支援するという応用研究にも資するものとなる．ただ，その際，何が「よい」のかについては，値段が安い，高い性能を持つ，健康や生命を脅かす危険度が低い，経済的・社会的利得が大きいなど，常識的な価値観に即した合理性を持つことに頼り，よいこと自体がなにを意味するのかという問いに正面から向きあってはこなかった．つまり，よい（とされる）決定がどうなっているのかは，考えてきたけれども，なにがよい意思決定かについて，常識の適用の範囲を超えて考えることはなかったのである[2]．

もちろん常識を軽んずる必要はない．常識は一種の集合知であり，多数がそうあるべきと考えていることに従うことが，おおむねよい結果をもたらすことも論じられている（Surowiecki, 2004）．しかし，常識に基づく判断がよりよい生き方や社会を築く基準として絶対的な位置を占めるわけではないだろう．「よ

---

[2] 常識への依拠という点では，渡辺が展望した心理学的な自由意志研究もそうである．応用的な議論として，おおまかには自由意志信念を保持することの「望ましい効果」が主張されるが，そのときの「望ましい効果」とは，具体的には，嘘をつかないなどの道徳的価値に即した判断を生むことや，自己コントロールが維持できることをさす．それらが「本当に望ましいかどうか」に関する議論には触れず，人々が共有する望ましさに関する常識的信念との合致を前提とする．その上で，人がよりよく生きるためには自由意志信念を放棄しないほうが良いという結論を導き，自由意志の存在を認める世界観の利点や，存在に対して脅威となるようなコミュニケーションの効果などに関わる知見に，応用的な役割と価値を持たせるのだ．

りよい」を語る多様な軸の一つとして尊重すべきものだとした上で，なにが「よい」のかを論ずる諸学問と連携しつつ，注意深く心理学的知見の応用を進める必要がある．それを怠れば，人に尋ねた結果よいとされた何かが安易に研究からの提言に入り込む危険もある．

　心理学は，人々の概念に対する素朴理解やその背後に潜む認知構造を明らかにすると共に，当該概念に関わる判断や行動の規定要因を解明してきた．これらの役割は，概念工学を記述的活動としても実践的活動としても充実させるために不可欠だ．概念工学は概念を記述するだけではなく，よい生き方やよい社会に向けての実践も含まれるので，それらにつながる環境の設計に関する提言にも関わる必要がある．これが心の概念工学に関する議論から得たことだ．その中にあって，何が「よい」のかを決める原理原則について，心理学が直接答えることは難しい．したがって，上に述べた役割を通して環境設計に資することで，「よい」の実現に貢献していくというのが，当面の立ち位置なのではないだろうか．

3　求めるに値する概念——自由意志の議論から

3.1　心理学と自由意志

　自由意志に関する心理学の知見として渡辺が論じていることの一つは，自由意志信念の高低が，責任の帰属や非難などの道徳的判断，攻撃やずるい行為などの自己制御に影響するということである．道徳的判断や自己制御は心理学——特に，社会心理学——が以前から関心を持ち，心的なメカニズムと関連する要因を検討してきた話題だ．いずれも，初期の著名な研究は1960年代にさかのぼることができるだろう．しかし，自由意志という概念を導入して検討が行われ始めたのは，かなり最近のことである．渡辺が引用している論文の刊行年を見ても，最も古いものが2008年であり，実証的な検討の歴史が浅いことがわかる．つまり，つい最近まで，社会心理学は道徳的判断や自己制御を研究するにあたり，自由意志，または自由意志信念という概念を必要とせず，知見

を蓄積してきたということになる．

　では自由意志信念に焦点が当たる以前の研究は，どのような概念に着目して研究を進めてきたのだろうか．一つには行動の原因に関する認知を挙げることができる．態度のような内的で統制可能な要因，意図への帰属などに着目した研究は，それらが責任の判断や道徳的感情，非難，支援などと連合していることを示してきた．例えば，行為者が持つ怠惰な態度が原因で望ましくない結果を招いたり，意図的に他者を加害したと認知されれば，道徳的非難を受けるというようなことだ．また，統制の所在（locus of control）や自己統制感，自己効力感などの個人差要因は，失敗の後の努力の継続など自己統制を発揮することにつながることが明らかにされてきた（Weiner, 1995）．

　ここで確認しておくべきことは，行為者自身が行動選択の余地を持っていたのかどうか，また，行為者（自分の行為の場合は自己）が行動の源泉であることが，これらの概念のポイントとなっていることだ．行動が行為者の内的な属性や意志による，また意図的選択に由来するのか，自らある目的を持って行っていることなのか，または外的な要因，やむをえない事情によるのか．このような認知が道徳的判断や自己制御を決めるのである．

　一方，渡辺が紹介している自由意志概念の素朴理解や信念を測定する尺度研究をみると，道徳的判断や自己制御に関連する主要な認知として，「他行為可能性，行為者性，制約からの自由」が列記されている．これらは，自由意志の素朴理解や信念を構成する下位次元であるが，自由意志概念が導入される以前に着目されてきた原因の認知や統制の所在のような概念と同じような内容をもっていることがわかるだろう．

　もちろん，そうであるからこそ，自由意志信念の操作や個人差が道徳的判断や自己制御に影響するという知見が，従来の研究知見と齟齬なく統合可能なものであったと考えられる．しかし，そうであるなら，旧来扱われていた概念との共通性が高いと思われる自由意志（自由意志信念）という概念に，改めて着目する「必要があるのか」を問い直すことが課題として浮かび上がってくる．

　確かに，これまでは用いられていなかった概念が，ある社会的な行動を説明するにあたり，重要な影響を持つ変数として提案されたなら，その詳細を明ら

かにする実証知見を重ねようとするのは，社会心理学にとって，ごく通常の営みであるともいえる．目新しい変数は注目を浴びるし，それと関連しそうな社会的反応を探して，適用範囲を拡大しつつ研究が進む．またそのことにより，一つのテーマ領域が形成されたりもする．自由意志研究についても，実験操作による，または個人差変数としての信念の高低が様々な反応に影響するさまを示す実証研究が重ねられ，適用の広がりを持つテーマとして確立した．それ自体は科学としてあるべき研究の進められ方であり，自由意志概念に着目する必要があった理由も，その観点から理解できる．

しかし先ほど見たように，自由意志概念を下位概念のレベルに砕くと，それらはすでに社会心理学が扱ってきた概念と同類である．それらをまとめて「自由意志」と呼ぶこと自体は新しいが，どのような内容の認知や態度が道徳的判断や自己制御を決めるのかという問いに対しては，従来とまったく異なる新奇な答えが得られたわけではない．むしろ（研究知見が蓄積された現時点で俯瞰的に見れば），既知であったことを自由意志という新しい概念のもとにまとめ直したともみなせるのである．

そのような事情を踏まえてなお，自由意志という概念を社会心理学が獲得したことにに意味があったのだろうか．もし意味があったのなら，それはどのようなことなのか，また，概念工学という営みの観点からどう評価できるのだろうか．これらの点について考察することは，概念工学において「求めるべき概念」の性質を示す上で，重要なポイントになるのではないだろうか．以下，哲学との連携という観点からこの問題について考えてみよう．

3.2 哲学が自由意志研究で求めてきたこと

哲学は人間のあり方や道徳を支える基本的な概念として古くから自由意志を考察してきたが，太田はその際の条件として，道徳という人間の根幹をなすシステムを基礎づけるために必要な概念としての自由意志であらねばならないと述べる．自由意志であればどのようなものでもよいというわけではなく，「道徳的責任を基礎づける自由意志」として「求めるに値する」ものであることが，自由意志の存在や本質を論ずるときに要求される．

太田はこのような視点を軸に，哲学が行ってきた議論の歴史をレビューする．その中で，決定論の立場をとるとしても，道徳的に人がふるまうことを可能にする形で自由意志を掬い取ることを目指す哲学者たちの存在が浮かび上がる．そこには，自由意志概念を分析することのさらに背後にある，「道徳的責任を正当に問う」という課題の重さが示されている．なお，この課題は，議論の方向をいわばトップダウン的に定める要求事項になっていることを確認しておこう．

　さて，太田はそれに加えて，心理学がもたらす科学的知見との整合性の必要も主張する．道徳的責任が実社会での倫理実践に関わることであり，人々の判断や行動の問題でもあるという点において，われわれがいかに考えふるまうかに関する実証的な知見とは切り離せないというのである．「現代の自由意志論は，自由意志についてわれわれが認識するさいの心理メカニズムの科学的解明を重視」(p. 142) しなければならないのだ．これは概念を分析する上で，実証的データが示す様々を無視できないということであり，先に確認したことと対比すれば，いわばボトムアップ的にその内容を規定する要求事項となる．

　つまり，自由意志の概念を定めることは，道徳的責任を基礎づけるというトップダウンの要求事項と，私たちの心理メカニズムに関する実証的知見がボトムアップ的に規定する事項との合間に成り立つのである．そうだとするなら実証的知見は，その場での議論が円滑にすすむように提供されることが望ましい．道徳的判断，道徳的行為を可能にする自己制御に関する知見が，「自由意志」という概念の観点から検討され，旧来の知見ともあわせてその成果が提示されたことは，その点においておおきな意味を持つ．哲学が行ってきた自由意志に関する諸議論が，自由意志信念に関する実証的知見と連携することが可能になるからだ．

　このような心理学と哲学の相補的関係による検討の成果は，渡辺と太田の双方の論考の組み合わせが描き出すことである．心理学の実証的知見と哲学者の近年の自由意志論の展開を踏まえ，自己コントロールを中心とした自由意志概念の効用という論点に到着する経緯は，よい協同の事例を示したものだといえるだろう．判断や行動を説明するという心理学自身の課題に対して，学術的な

要請に忠実に応えながら用いる概念を磨いていくことで，その成果が，概念工学へと自然につながっているようにも見えるのである．

3.3 概念工学が求める概念

さて，当初の問いに戻ろう．現代哲学の自由意志論が心理学の成果を必要としていることはすでに述べた．またその必要を背景とした両者の協働が概念工学の好例となることも確認した．では，自由意志の例から，概念工学が射程とすべき概念の作り方について，何を学ぶことができるだろうか．

概念工学は，その概念の存在により，「よりよい私たちや社会のあり方が可能になる」という条件のもとでの営みだ．自由意志は道徳的責任を基礎づけるものである点において，この条件にかなうものであった．どのような道徳や責任の付与のし方が「よりよいあり方」につながるかという問題が残るにせよ，道徳的責任を問うことが，加害的な行動の抑制や支援の促進，社会の秩序維持に深く関連しているということはわれわれの直観にかなうし，またそのことは心理学が実証的に示すことができる．

ただし，直観は恣意的だ．もちろん，素朴には，加害が悪く支援はよいといった理解があるだろうし，素朴理解を尊重しなければ，概念工学は，よりよい生き方や社会を求める実践的な営みとかけ離れてしまう．しかし，この理解自体，どのような加害，支援なのか，どのような文脈でなされるのか，その時代や地域がもつ文化的な規範とどう関係するのかなど，様々な視点から相対化されうる．また，実証的データは，それを収集する手法は客観的であったとしても，あくまでも人間の認知と感情，行動との関係を解き明かすものであり，それ自体はよいとか悪いとかを述べる根拠にはならない．

そうだとすると，少なくとも，道徳に関わる価値づけを多様な視点から精査し，規範的に論ずる議論とのつながりがあってはじめて，素朴な直観や心理学が提供する「実証的知見」が，よりよいあり方を考える営みに統合されることになるのではないだろうか．その点において，哲学が進めてきた考察は不可欠であり，それとのリンクが実証データに「単なる科学的事実」以上の意味を吹き込むことになる．また，心理学にとっても，哲学が人や社会のあり方につい

て価値づけをもって論じてきた概念を参照することにより，「科学的知見」を実践に生かすことを正当化する道がひらけるかもしれない．

　心理学は様々な概念を生み出しているが，そのすべてがそのまま概念工学に資するわけではない．概念工学のためには，価値に関わり，かつ哲学の知見を参照することで，両者の共通項として議論が成立することが見込めそうなものを選ばねばならない．

　われわれが何らかの価値を見出しているものとしては，幸福，正義，道徳などの「大きな」概念（またはそれに関連する概念）から，人間関係の円滑さや効率のよい運営を説明するというプラグマティックな要請にこたえるような概念まで，様々あるだろう．そして両者を比べるなら，直感的には，「大きな」概念が概念工学の対象に値すると思える．しかし一方で，よりよい生き方や社会を実現することを目指すのであれば，プラグマティック側にあるものも統合していく必要がある．大きな概念を対象としつつ，それを分析して論じる際に，プラグマティックな要請とつながる諸概念との関係，またその関係を構造化して示すための研究が求められる．自由意志を例にとると，自由意志や道徳的責任を解明する中で，具体的な道徳的行動を実現する過程を説明する概念——自由意志信念以前の研究に着目するなら，統制感や原因帰属など——を取り上げ，それらと自由意志や道徳との関係に見られる構造を明らかにしていくということになる．自由意志は，このような検討がうまく機能しているという点で，成功しつつある概念工学の事例だろう．

　ここまでの議論をまとめておこう．自由意志の概念工学は，自由意志概念を用いる以前の研究で発見した概念も統合し，よい生き方や社会のあり方につながりそうな概念構築を提言しつつあるという点で，一つのモデルケースとなる．それは，道徳を基礎づける観点からの議論の歴史を持つ自由意志という概念との連携を見出し，そこに他の関連概念に関わる知見を集約していくことで，成果を挙げたからだ．

　心の概念工学について論じた際には，「よい」生き方や社会に向けての実践的活動に伴う困難を指摘した．一方，自由意志の概念工学は，「道徳的責任を基礎づける」ことを目指してきた哲学と，自由意志信念が道徳的判断や行動に

与える実証的知見を提供する心理学の協働の成果について，前向きで楽観的なパースペクティブを与えるものだ．哲学が人や社会のよい（またはわるい）あり方と関連づけて追求してきた概念を取り込み，そのかさのもとに関連しそうな諸概念を統合していくことで，心理学が語りえることがらの幅は大きく広がり，さらには，概念がまっとうに工学されていくことにつながるのではないだろうか．

4 認知対象としての概念と機能を果たす概念——自己の議論から

4.1 心理学の自己概念研究

自己をどのように捉え，概念化するのか．これは，社会心理学の中にあって，古典的かつ最も重要な問いの一つであり，数多くの研究が重ねられてきたテーマでもある．自分自身が認識する対象としての自己（自己がどのようなものであるのかについての自己理解）に関する研究は，その中心にあり，様々な側面から自己を把握する視点が提示され，また，それを自己報告により評価するための尺度開発がなされてきた．「自分が自分のことをどのような人間であると考えているのか」を「自己概念」とするなら，それを考えるための心理学的知見は，十分すぎるほど蓄積されているといえるだろう．

また，その知見は自己概念研究の枠組みを超えて多方面に広がりを見せている．ある尺度により評価される自己認知が，多様な行動傾向と関連したり，応用的な貢献への可能性が見出せる場合には，当該の自己認知に関わる概念そのものをターゲットとした研究領域が形成されたりもする．その典型例の一つとして自尊心に関する研究をあげることができるだろう．自尊心は，達成行動や自己制御，幸福感，他者との関係のとり方，援助・攻撃などの対人行動と関連する．また，安定的な個人特性としての自尊心（特性自尊心）だけではなく，一時的な自尊心の高低（状態自尊心）も行動に影響するし，性差や文化差についても広く論じられている（e.g., Baumeister et al., 2003；Schimmack and Diener, 2003）．紋切り型の議論を行うのは危険ではあるが，適切な自尊心を維持する

ことは，達成行動や望ましい対人行動を促進するし，本人のウェルビーイングを保つことに貢献することを示した研究は数多くある．

　そうだとすると，これらの知見を基にして，よりよい自己概念のあり方について自尊心維持という点からの回答を提供することで，心理学が概念工学に対して貢献することができそうにも思える．例えば，自己概念の核となる要素として自尊心を位置づけ，自己理解を自尊心の観点から構築すること，また，なるべくポジティブな自尊心を維持できるような環境を整えることを提案するなどだ．もちろん，自尊心以外にも，パーソナリティ特性を含む様々な自己認知，自己理解は，対人行動，達成行動，自己制御行動に影響することを通して，よりよい生き方や社会につながっていく．したがってこれらにも着目し同様の方略で自己概念を構築することも可能だろう．

　しかし，遠藤は，自己の概念工学を論ずるに際して，そのような道筋を選択しない．自尊心のような幸福やウェルビーイングを左右する個人差変数に着目し，それにより自己概念構築のあり方を論ずるというようなやり方からは遠ざかるのである．むしろ自己理解を当事者に尋ねることにより把握する研究を重ねてきたこと，また，自己の確立した概念定義を持つことなく，それを曖昧にしたまま操作や測定が行われてきた歴史を批判し，それを超えたところに自己の概念工学の可能性を見出そうとする．

　もちろん心理学も，自己概念を人に尋ねるという手法で素朴に把握することについて，方法論的な反省を持たずに進んできたわけではない．遠藤が指摘するように，自己報告に頼らず，報告者が意図的に反応を歪める危険の少ない「より客観的」な方法を用いる努力はその一つだ．潜在指標を用いながら無意識的な過程を暴きだそうと試みた研究は，われわれが意識的に認識しえない「自己」の存在とその機能を明らかにしてきた．また，最新の技術を用いた神経科学的研究も進展が目覚しく，自己知識と連合している脳部位を報告する研究が重ねられている．しかしこれらも，知見の一貫性がなく，むしろ「統合されたシステムとしての自己」を示す証拠を得られていないのが現状であり，自己という概念を明らかにするという課題に対して，本質的な解決を示すには至らないと評価されているのである．

では自己の概念工学はどのように進めるべきだと提案されているのか．述べられているのは，自己は心と同義とも言えるほど幅広い心的現象とつながっているという視座のもと，「自己という概念」を人から聞き取った自己と混同することなく，意識や身体問題と関連づけることの必要だ．それは「人間像を作ること」であるとも表現される．また，他領域との連携や自己のインタラクティブな性質を無視することなく，生態学的妥当性のある研究を進める必要も主張されている．

「心は，われわれの知覚の上では存在する」と橋本が述べた視座とは対照的である．自己とは認知されたなにものかではなく，個々人に属する意識と身体が果たす機能の総体からなる，実体を持つ主体としての「私」でなくてはならない．人間としての心の性質に関する一般法則に支配されつつも，「他者」とは身体により明確に区別され，ひとりの人間として独自の機能を持つ．その一方，「私」は他者と共に社会に生き相互作用する中で成立するという，きわめて社会的な存在でもある．概念工学というプロジェクトの中で自己という概念を構築していくためには，これらの事実に迫る必要があるということになる．「私を構成し動かす」心のありようを明らかにしつつ，社会における人間とは何かという非常に大きなレベルの問いに対しても示唆を与えることが要請されている．

心理学における自己概念研究がこの重い要請に対して，現状では部分的にしか応えていないことをまず認めたうえで，それでも自己の概念工学に貢献する役割を果たすには，なにを目指せばよいのだろうか．いわゆる自己概念研究から脱却し，自己という概念を遠藤が述べるように構想し，それを実証的な研究により裏づけ，概念工学へと導いていくには，どうしたらよいのだろうか．

遠藤が置いたキーワードを手がかりに考えると，幅広い心的現象を対象としつつも，心一般ではない「自己に独自の意識（心）と身体（行動）をつなげる機能的なメカニズム」を探すこと，また，その際に，他者と相互作用する自己という視座を見失わないことが必要になる．そうだとすると，自己がその行為を通じて果たす（しかし自己以外では困難であったり想定が不可能な）対人相互作用上の機能に着目し，その背後の心的過程を示すことで，人間像を作り上げ

るための材料となる知見を提供することが，当面の貢献につながる方略ではないだろうか．

遠藤の議論を受けて島村が論ずる自己の概念工学は，このような方略と整合する試みである．言語哲学の観点から「私文」に固有の特徴を明らかにすることで，言語実践の中で「私」のみが果たす機能を探り出すことは，自己に独自の機能に関わる心的過程を探すにあたって，有用な示唆を与えるのではないか．このことを念頭に，以下，島村の議論を検討していく．

4.2 「私」が成しえることをさがすこと

自己の概念工学に向けて島村がとるアプローチは，日常における言葉の使用に着目するというものだ．「私」という一人称を使いこなすときに，われわれが身につける何かを自己の概念と置くところから出発し，「私は〇〇です」という「私文」を分析することで「私」，すなわち自己という概念の特徴と独自性を突き止めようとする．その際，工学のアナロジーを用いて，次の三つが必要だと主張する．まず一つ目は自己という概念の姿を調べることであり，「私文」を収集して「私」の使用規則を抽出することがこれに相当する．二つ目は，自己という概念を加工した結果を調べることであり，「私文」を加工し，そのときに言語実践から何が失われるかを確認することがその目的を果たす．三つ目は，加工から失われたものを手がかりに自己という概念の役割を突き止めること，つまり「私」という一人称がユニークに果たすことが何かを明らかにすることになる．

これら三つの作業から構築される分析は，いっけん，心理学にたずさわるものにとって見慣れないものだと受け止められそうだ．しかし，「私文」を現象の観察から収集したデータと考え，また，私文の加工を，実験的に特定の操作を加えることとみなせば，心理学者が採用する方法論とメタなレベルでは共通性がある．心理学者が変数の操作がもたらす現象の変化を観察，測定し，そのデータをもとに当該の変数がもつユニークな役割を発見しようとするやり方は，島村がとるアプローチと同じであり，また，そのように見ていくことで議論が明らかにすることも理解しやすくなるだろう．

ここで重要なことは，このアプローチが，自己の代わりに「私」という言葉に着目しているものの，その言葉が「どう理解されているのか」を問うものではないということだ．「私」という言葉が日常の言語実践の中でどのように運用されているのかを考察し，それに固有の特徴を引き出すことにより，個人の認知の中にある概念ではなく，運用のされ方や機能という点から，その概念を考察しているのである．

　では，自己の概念工学にむけて進められた三つの作業は，なにを明らかにしたのだろうか．

　一つ目の私文の使用規則から示唆されたことは，「私が～」という文が感覚，感情，態度などの心的状態，また，姿勢や行為，身体の位置に関わる述語を持つときに，それが他の人のことを記述したと疑うことが意味をなさない（誤同定免疫）ということであった．これは心理学者にとっても興味深い指摘である．私の状態をこれらの点から記述したとき，それは本当に私のことを記述していると理解されるべきことなのだから，これらが私（つまり自己）を構成する，または自己が統括するなにものかであるということになる．つまり，遠藤の述べる，「自己が意識と身体の問題」でもあることが，私文の分析からも導かれるのである．

　では二つ目の「私文」の加工から失われたものについてはどうだろうか．加工のやり方として導入されたのは，「私」ではなく，自らの身体に記された他者と共通の記号で自己について語るという状況（アンスコム実践）と，各個体に記された記号で語る状況（矢沢実践）である．このような加工による分析が明らかにしたことは，これらの実践のもとでは，主体用法を欠くこと（指している記号がなにであるかを同定せねばならない），そして，自己定位的知識を表現できないこと（自分が「矢沢」であって他の存在ではないことを表現できない）であった[3]．したがって，自己はそれがまぎれもなく自分であると疑いなく同定

---

　3) これらを心理学の立場から解釈すると，自分のアイデンティティに関する認識や，行為に関する統制感との関連を指摘することができるだろう．また，自由意志概念における主体性や心の概念における自律性との関連も指摘できる．このような関わりを踏まえると，心，自由意志，自己に共通する概念工学的課題として，「主体として」ふるまう私

される主体だということになる．

　さて重要なのは，三つ目の作業，すなわち，これら失われたものを手がかりにして，疑いなく自分である存在が主体的かつユニークに果たすことを突き止めるための考察である．これについて島村は，「私」のみが行い得るとして「動能的コミットメント」を導き出す．約束や決意を引き受けるという行為が具体例として挙げられているが，その本質的な特徴は「それをするかしないか（したがってどのような結果に至るか）が私次第である」という点にある[4]．「パラシュートで降下すれば地面に到着する」というような自然法則ゆえに必然的に起こることではなく，行う，行わない（他の行為を選ぶ）という選択の余地が残ることがらである．

　この導出が示唆することの一つは，自己とは，なにを行うかを自分で選び決める機能であるということだ．この概念定義のもとでの自己は，知覚や認知の対象として心の中に存在する何かではなく，環境内に実在し，他の何者でもない「私」として選択するという機能を果たす何かである．

4.3　選択について心理学が言えること

　ただし，選択は完全に自由ではなく，様々な制約のもとにある．島村は身体的な状態や社会的制約を挙げているが，われわれが社会の中でとる行動は，数多くの社会心理学研究が示すように，行為者の心や身体などの内的な状態と，規範や他者からの圧力といった社会的な状況要因に左右される．そのような中で「私次第」の範囲が拡大することの影響を検討し，適切な範囲を定めていくことで，自己の概念工学が進められていくというのである．

　これを心理学の課題として読みかえるとどのようなことになるだろうか．私

　　の存在をどのように概念化するかということも浮かび上がるかもしれない．
4)　なお，約束や決意は，私が行うべきことを定め，またそれを自分自身や他者に対して明らかにする行為だ．このような行為は主体性や自律性をもって自らを動かすことを必要とする．またそれだけではなく，これらは他者との相互作用の中でこそ意味を持つ行為でもある．これらの特徴は自己の概念工学に求められることとして遠藤が指摘した点と合致していることを，指摘しておこう．

次第の範囲をみきわめていくことは，選択（意思決定といってもよいだろう）が関与する行動に対して，それをなすかなさないかを決めることに関わる諸要因を明らかにしていくことに相当するだろう．だとすると，行動選択に影響する要因を明らかにし，それが作用する心的メカニズムを明らかにすることが「私次第」の内実を記述することになる．

　具体的に必要なのは次のようなことだろう．行動を選択するにあたり「私次第」に由来する概念（意志や意図，性格，態度，認知や感情などの心の機能に属することや脳機能）と環境要因（その中には他者の存在も含まれる）を切り分ける，さらには，「私次第」に由来することが環境要因に影響される様を明らかにする．このような作業を緻密に繰り返す中で，意思決定の主体である「私」に強く属する部分とそうでないものを階層的に示し，環境要因との相互作用でそれぞれが行動の選択へとつながる過程を記述し，選択の機能を持つ自己の姿を統合的に構築していく．実のところ，有名なレビンの公式（B＝f(P, E)：行動は人と環境との相互作用である，Lewin, 1936）にのっとる心理学の諸研究はこれらのうちのある部分を担っている．したがって，行動の規定要因に関わる多様な研究成果を，「私次第」という視点からまとめなおし，「なにを行うかを自分で選び決める機能」としての自己を描き出す作業に関わることが，心理学の貢献となるのではないだろうか．

　ここまでのポイントは次のようなことだ．「私次第」として選ぶ機能と，選択の積み重ねが自己を構築しているという視座から，自己という概念を工学する可能性が示された．そこにおける心理学の役割は，一般の人々が持つ素朴な概念理解を明らかにすることにとどまるのではなく，概念が独自に果たす機能を明らかにし，その機能が発揮される範囲を突き詰めていくことで，概念構築を進めることだ．

　概念が独自に果たしうる機能を突き止めることは，概念が適用される環境の設計への提案にとっても，また，その概念が求めるに値する概念であるかを評価することにとっても不可欠である．ある概念は，空虚な空間の中で機能するのではなく，一定の物理的，社会的環境の中に存在し，その影響を受ける．特定の環境条件のもとで，それらがどのように機能しうるのかを知らずして，環

境を設計することはできない．加えて概念の持つ機能が，よりよい生き方や社会につながるものであるかを，理念レベルで検討し，実証レベルで確認することなくして，概念工学は完成しない．

　概念工学が取り組むべきことは，概念がどのような内容を持つかを検討し，その定義を示すことだけではない．概念の機能に着目し，その機能が発揮されるのはどのような状況下であるかをも明らかにすることが必要なのだ．それにより概念は，人々が心の中で認識し，また，そのことにより判断や行動に影響するだけではなく，よりよい生き方や社会の実現に資するものとして生かされるのである．

5　概念工学と心理学，残された課題

　この章では，心，自由意志，自己に関する心理学と哲学の議論の交換に基づき，「概念を科学する」心理学が担うべき役割を示しつつ，概念工学が考えるべきこと，行うべきことを検討した．各章から導き出されたことをまとめると，次のようになる．

　心の概念工学では，心の知覚と道徳的判断との関係に関する心理学の知見，また，そこでの成果に基づき，概念工学が記述的活動と実践的活動からなることが論じられた．これら両活動の成果がよりよい生き方やよりよい社会を切り開くための提言となるためには，概念を適用する環境の設計についても考えていくことが必要となる．われわれの知覚や認知はバイアスを含むし，それに基づく行動も，環境要因のあり方により左右される．様々な状況下での判断や行動のあり方を検討する心理学の知見は，環境設計についても有用なものとなるが，加えて，社会設計に携わる他の分野とも連携しつつ，概念とそれが適用される環境との関係への考察を深めることが課題となる．

　自由意志の概念工学からは，概念工学が求めるべき概念について考察した．概念をつくる必要が，科学的説明のためという学術的要請ではなく，その概念の存在が，よい生き方，よい社会へとつながることを説得的に示す可能性にあ

るというのがここでのポイントだ．道徳的判断・行動，自己制御行動を説明するために心理学が用いてきた諸概念を，「自由意志」という観点から集約し再構築することで，道徳的実践を基礎づける自由を論じてきた哲学と同じプラットフォームでの議論が可能となる．心理学における自由意志信念の研究は，判断や行動を規定する他の要因の役割を，自由意志という概念の中に組み込んでいったわけだが，その成果として自由意志の概念工学が成功事例として成立したのである．

　自己の概念工学では，概念の知覚や認知のされ方を問うことを手がかりに，その内容を構築していくのではなく，概念が固有に果たしうる機能に着目する必要が指摘された．この指摘を受け，「私文」から「私」を取り除いたことが言語実践に与える影響を分析するという手法により，「私」のみができることとして「動能的コミットメント」が示唆された．心理学の立場からこの示唆について考えると，なにを行うかを自分で選び決める機能を自己が持つ点に焦点を当てることで，自己を選択の積み重ねであると概念化する可能性が開ける．これは自己の概念工学にとって，新しい記述的活動を必要とすることがらだ．また，その成果を実践的活動へと展開する際には，何がよい選択かという新たな問題に直面することになる．しかし，このように概念の機能に着目する研究は，環境のデザインに対しても，さらには，その概念が真に求めるべき概念たりえるのかを考えるにあたっても有用なものとなるだろう．

　以上，三つの概念に対する議論の応答から，概念工学を進めるにあたって重要と思われる論点を引き出し，考察を加えてきた．心理学と哲学のコラボレーションにより，概念の正体がいっそう明らかになるとともに，概念を作るための議論の場が，よりよい生や社会を考える有用なプラットフォームとしてでき上がりつつあることが確認できただろう．また，各概念に関する議論のバリエーションが示すように，概念工学の進め方や手法には様々あり，それぞれに固有の解決課題と成果がある．それは概念工学が，より豊かな営みになることを期待させるものだ．

　ただし，先に述べたように，「よりよい」を目指すとしても，なにが「よりよい」のかをあらかじめ定めることの難しさがあることも事実だ．あらかじめ

定めることをせず，構築された概念とそれが適用される環境での個々の実践を取り上げ，そのつど，その「よさ」を実践結果に基づき評価していくという方略もあるかもしれない．しかし，そのような方略をとったとしても，よさを評価する際には，やはり何がよいのか，その軸が定まる必要がある．それはおそらく唯一つの軸ではなく，多様な価値から構成されるものかもしれない．

「よりよい」をどのように扱うのか，その問題は課題として残されている．心理学は概念の機能や，人々の「よい」ということに対する考え方，価値観を明らかにすることで，この議論に参画することはできる．人に尋ねるという方法であっても，注意深く用いることで有用な知見を生むことは，これまでの章からも示されている．しかし，そのような知見を「何がよいのか」を決めるにあたってどう用いるのかは，引き続き議論と考察を重ねていく中で模索するしかないだろう．これを哲学への「申し送り事項」とした上で，概念工学を進めることが，われわれの幸福やウェルビーイングに資すること，また，そこに心理学が大きく貢献できることを述べて，心理学からの概念工学宣言としたい．

参考文献

Baumeister, R. F., Campbell, J. D., Krueger, J. I., et al. (2003)："Does high self-esteem cause better performance, interpersonal success, happiness, or healthier lifestyles?" *Psychological Science in the Public Interest*, 4, 1-44.

Heider, F. (1958)：*The Psychology of Interpersonal Relations*. New York：John Wiley & Sons. (邦訳：フリッツ・ハイダー『対人関係の心理学』大橋正夫訳，誠信書房，1978年)

Ickes, W. (2011)："Everyday mind reading is driven by motives and goals," *Psychological Inquiry*, 22, 200-206.

Lewin, K. (1936)：*Principles of Topological Psychology*. New York, NY, US：McGraw-Hill.

Schimmack, E. and Diener, E. (2003)："Predictive validity of explicit and implicit self-esteem for subjective well-being," *Journal of Research in Personality*, 37, 100-106.

Surowiecki, J. (2004)：*The Wisdom of Crowds：Why the Many Are Smarter Than the Few and How Collective Wisdom Shapes Business, Economies, Societies, and Nations*. New York：Doubleday. (邦訳：ジェームズ・スロウィッキー『「みんなの意見」は案外正しい』小高尚子訳，角川書店，2006年)

竹村和久 (2017)：「不合理な意志決定について」，第450回KSP例会発表　関西大学梅田キャンパス．

Waytz, A., Gray, K., Epley, N., et al. (2010)："Causes and consequences of mind perception,"

Trends in Cognitive Sciences, 14, 383-388.
Weiner, B. (1995): *Judgments of Responsibility : A Foundation for a Theory of Social Conduct*, New York : The Guilford Press.

第7章
哲学者によるまとめと今後に向けて

戸田山和久

1 はじめに

　心，自由意志，自己の概念をそれぞれ扱う第3章から第5章までの議論については，第6章の「はじめに」において簡潔かつ的確な概要が示された．そこで，本章では同様の「まとめ」を繰り返すことはせずに，いきなり，概念工学の名の下に本書でここまで試みてきたプロジェクトの可能性と課題，そして今後の展開の方向性に関する筆者の見解を示すことにする．というわけで，本章のねらいはあくまで概念工学というリサーチプログラムの全体像についてメタ的な考察を行うことにあるのだが，読みやすさを勘案して，第6章に対応した構成で議論を進めていくことにする．つまり，三つの概念のそれぞれについて与えられた心理学側からと哲学側からの議論を「一つの単位として」議論する．しかし，それぞれの単位（ユニット）から取り出して議論される論点は，他のユニットにも当てはまるものであることを，あらかじめお断りしておく．

　議論の際に，概念工学における哲学の「最良のコラボレーション相手」である社会心理学全体の現状に対する，若干批判的なコメントも含まれることになるかもしれない．それは「お互いさま」ということでご容赦願いたい．概念工学に参画することの第一の意義は，哲学にせよ社会心理学にせよ，既存の研究枠組みを反省・相対化し，それを拡張することにより「生まれ変わる」ことにある，と思うからだ．

2 「心あるもの」の概念をめぐって

2.1 心の知覚に関する社会心理学的知見が概念工学に対してもつ意義

橋本のサーベイを参考にすると，心の知覚に関する知見は次の3カテゴリーに分類することができる．第一に，心の知覚の二次元モデルである．「心ある存在者」として対象を知覚することには，経験性（感じる心）の知覚と行為者性（する心）の知覚という二つの因子が含まれる．第二に，道徳的判断に関する「行為者―被行為者」モデルである．われわれは意図（する心）をもつ行為者が，被行為者（感じる心）に苦しみ等を引き起こす，というテンプレートに照らして行為の道徳性を理解している．第三に，これらの知覚や判断がいかなる機能をもつのか，どのような要因に左右されるのかについての様々な知見．

鈴木は第一と第二の二分法的枠組みを「心の知覚の基本的な図式」と評価した上で，さらなる研究課題として，(1)経験性と行為者性という二つの要因の独立性の問題，(2)二つの枠組みの関係，(3)心の知覚メカニズムの内実の解明，(4)心の知覚メカニズムの機能（むしろ進化的利点，「なぜそんなものがあるのか」と言ったほうがよいと思う）の解明，(5)心の知覚（についての言明）をどの程度文字通りのものとして理解すべきかという問題，を挙げている．このうち，筆者が概念工学にとって特に重要だと考えるのは第三の課題である．この点については 2.3 で述べよう．

心の知覚についての心理学的知見は，心概念の工学にとってきわめて大きな意義をもちうる，と考える点で，橋本，鈴木，唐沢，筆者は一致している．しかし微妙な違いは存在しており，それは，どのように役立たせるかと，役立つためにはどのような問題をクリアすべきか，に関わる．

まず，「する心」と「感じる心」の二次元モデルについて，唐沢はその意義を2点にまとめている．第一に，「心を持たない存在であるロボットなども含めた様々な対象にも二次元モデルを当てはめて，心の知覚の役割を一般化して検討できること」．第二に，責任帰属や非難，非人間化と偏見，環境や人工物への態度など，日常生活での道徳に関わる多様な社会的行動が，統一的枠組み

の中で理解できるようになること．これらが，二次元モデルの理論的な利点であることは論を俟たない，と筆者も思う．しかし，重要なのは次の問いである．二次元モデルがもたらす「利点」は，われわれが何を目的としたときにもたらされる利点なのか．唐沢の語り口では，その点がやや曖昧なままになっている．これについて，第一の意義に関連して，もう少し深めておきたい．

「心ライクなものを持つ存在」の範囲を，成人だけでなく，動物，乳幼児，植物状態患者，死者，ロボット，神にまで拡大して，その心知覚の要因を詳細に区分けして扱うことのできる二次元モデルは，たしかに，動物倫理，ロボット倫理，生命倫理などを統一的道徳心理学の枠組みで再考するために役立つだろう．グレイらの研究では，ロボットは行為者性を動物並みにもつが，経験性はほぼゼロという特殊な存在として知覚される．このような存在者に対して，われわれ人間はどのような態度をとるべきか，どのような道徳的配慮の対象とすべきか，こうした問題を考えて，来たるべきロボット社会を念頭に置いて，予防的に道徳体系を全体として再設計するためには，二次元モデルはきわめて重要な役割を果たす．単に「心を持たないエージェント」と捉えて議論するより，ずっと繊細かつ有効な議論が可能になるはずだ．

しかし，これに筆者が付け加えたいのは，どのようなロボットをつくる（べき）かを考えるというプロアクティブで工学的な場面において，心の知覚に関する心理学的知見が果たす意義だ．グレイらの調査に現れる「ロボット」は特定のものではない．実験参加者のイメージする典型的・一般的ロボットが二次元空間に位置づけられる．しかし，一般的ロボットなるものはこの世に存在しない．ロボットは何らかの特定の目的のために，特定の機能を果たすようにつくられるものだ．工業用ロボット，完全自動運転車，兵士ロボット，ペットロボット，介護ロボット，接客ロボット，廃炉用ロボット．これらをひとくくりにして論じるのは現実離れしている．もしかしたら，まとめて「ロボット」と呼ぶこと自体，問題があるかもしれない（その場合は「ロボット」概念の概念工学が必要になるだろう）．

多様なロボットが生活に入り込んできたとき，それらの目的・用途・機能の違いに応じて，われわれがそれぞれにどのような心を知覚することになるのか，

心知覚の諸次元のうちどれを高めどれを低める方向でロボット（のふるまいと外見＝インターフェース）を設計するのが好都合なのか，そしてそれはやってよいことなのか．例えば接客やカウンセリングのような感情労働を代替するロボットと，原子炉の廃炉作業に従事するロボットでは，自ずと最適な行為者性（の知覚）と経験性（の知覚）の程度は異なるだろう．また，それに応じてわれわれがそれらのロボットに対してとるべき適切な態度も異なるだろう．こうした問題を考える際に，二次元モデルのような「心ライクなもの」を多次元化し，程度の差を許す概念体系を構築し，それを従来の「心概念」を精緻化し拡張したものとして提案することには大きな利点がある．さらに擬人化や脱人間化がどのような文脈で，どのような要因に規定されて，どのようなメカニズムによって生じるのかについての経験的知見は，多様なロボットの設計原理を構築する上で不可欠の知見だと思われる．

　以上の主張について，いくつかのコメントを付け加えておきたい．まず，ここで提案されている概念工学（の一事例）は，たんなる「心理学的知見を生かしたロボット開発」とどこが違うのか．答えはこうである．この事例だけをとれば，それほどの違いはないかもしれない．違いがあるとしたら，新しいロボットの設計・開発にあたって，(1) その設計開発プロセスが同時に「心あるもの」の概念改定をともなうものであることが自覚されていること．そして(2) その改定された概念体系が開発プロセスにおいてたんに暗黙裡に用いられるのではなく，コード化（言語化）された上で明示的に用いられること．(3) そのような概念の改定がどのような道徳的・社会的帰結をもちうるかを十分自覚した上でなされていること．(4) 人々の心知覚（これも人々のもつ心の概念）への介入が意識的に図られていること，となるだろう．

　それにしても，このプロセスで最終的にできあがるのはロボットという物理的実体であって，概念は目指される最終産物ではない．だとしたら，このプロセスを「概念」工学とか概念づくりと呼ぶのはミスリーディングではないか，通常の「モノづくり」に伴う概念変化にすぎないのではないか，と問われるかもしれない．これに対しては次のように答えよう．筆者は，第1章において，従来「哲学」と呼ばれてきた活動の新しい特徴づけ（＝哲学の自己認識）とし

て「概念工学」という語を提案したと同時に，概念工学はシームレスに通常の意味での工学と連接する（するべきだ）ということも主張した．概念づくりもモノづくりも，よりよい社会のための人工物の設計という，より大きな目標に包摂される．さらには，概念工学は工学のもう一つのやり方だとさえ言えるとも主張した．

示唆的な例として，モノづくりにおけるユニバーサルデザインの試みを挙げることができる．ユニバーサルデザインには概念変更の作業が不可欠の要素として含まれていた．専用品によって障害者の抱える不便・困難を解消することが「差別の解消」である，という考えから，健常者も障害者も同じものを同じように使えるような製品を開発することこそが「差別の解消」である，という「差別」概念，あるいは「解消」概念の変更があった．前者を表していた「バリアフリー」という語に代えて，新たに「ユニバーサルデザイン」という語がつくられ，その理念は具体的な設計指針に落とし込まれ，明確に言語的にコード化された．ここまでは典型的に概念工学的な作業である．なるほど，ユニバーサルデザインの最終産物は，左利きも右利きも使えるハサミ（コクヨ：テピタ）であったり，浴槽に入らなくても入浴感の得られる（したがって，健常者も肢体不自由な人も同様に体を温めることができる）シャワー（LIXIL：シャワードバス）であったりする．しかし，最終産物が物理的対象であることは，そのプロセスの概念工学的性格を消去するわけではない．

むしろ，概念工学のプロダクトは様々な形態をとってこの世に存在しうる，というべきだろう．それは例えば，書物のインクの染みであったり，ニューロンの結合状態であったり，人々の社会的相互作用のパターンであったり，制度であったり，組織であったり，「もの」であったりする．技術産品は新しい概念が物理的・具体的な形をとったもの，と言ってもよい．

このように，「モノづくり」と概念工学との類比を超えて，両者の融合までコマを進めることによって，概念工学にはもう一つの重要な性格が加わる．それは，概念工学の目的はその都度の状況に応じたものになるということだ．通常の「モノづくり」の究極目標は人類の幸せかもしれないが，個々の開発プロセスにおいてはその究極目標が直接に目指されることはほとんどない（という

かどうやったらそれを目指すことができるのかわからない）．概念工学においても同様のことが当てはまる．どのような用途のロボットについて考えているのか，その開発フェーズにいるのか，それとも社会的受容を図るフェーズにいるのか，これらによって，どのように「心ライクなもの」の概念を再設計したらよいのかは異なる．われわれがもつべき概念の「よさ」は，目的相対的であると同時に，その目的が多様であるために，概念改定の結果，概念の多様化は避けがたい．かくして，われわれはおそらく「n個の心概念」を使い分けるようになるだろう．もしかしたら，「心」という包括的概念は使い道をなくして消去されるかもしれない．似たようなことは他の概念においてはすでに起きている．

2.2 記述的な概念工学と実践的な概念工学の区別をめぐって

鈴木は，心理学的知見にもとづいて「われわれの心の概念」を工学することの意義は認めた上で，後半部分で，心概念の概念工学には，その実行可能性についていくつかの厄介な問題があり，それをクリアしておく必要があると論じている．そこで問題として指摘されていることがらは，筆者も論じておくべき重要課題だと同意する．ただし，もう少し問題を整理してから論じるのがよいのではないかとも考えている．まず，心概念の概念工学に特有の問題と，概念工学一般に当てはまる問題は区別したほうがよい．ここではまず，鈴木が提起し，唐沢がある仕方で答えた，記述的な概念工学と実践的な概念工学の関係についての問題を取り上げる．筆者の観点から見ると，これは概念工学一般に当てはまる問題である．しかし，心概念の概念工学を扱う文脈で取り上げたために，ある種のひねりが加わり，余計にややこしい問題に見えてしまっていると思われる．

鈴木は，「広義の概念工学」をとりあえず，「われわれが現在持っている概念やその適用の仕方を何らかの形で改変したり，新たな概念を創造したりする営み全般」と特徴づけたうえで，広義の概念工学に含まれる活動は，記述的な活動と実践的な活動に分けることができるとする．記述的な活動の典型例は，自然科学者が「実在そのもの」を「より正確に」捉えるために，概念を創造したり改良したりする営みである．鈴木は，「クォーク」や「包括適応度」という

概念が生み出されたのを，記述的な概念工学の例としてあげている．一方，サッカーというゲームをより面白くするとか，社会をより住みやすくするといった，実在の記述とは異なる実践的な目的のために行われる概念の創造・改定作業が「実践的な概念工学」とされる．「オフサイド」「人権」「セクハラ」といった概念の創造・改定が例としてあげられている．

　この区分についてまず指摘しておくべきことは，<u>概念工学（に含まれる活動）の目的</u>と，<u>概念工学の対象にしようとしている概念の使用目的</u>とを区別してから，この区分を立てた方がよいという点だ．鈴木じしん，「概念工学に含まれる活動」についての区分を提案しておきながら「われわれをとりまく存在を記述する概念」という言い方もしている．さらにまずいのは，「われわれ」という言い方で，概念工学をする主体（概念工学者としておこう）と，その概念を使う主体（概念使用者としておこう）とを一緒にしてしまっている点だ．筆者は，概念工学の実行可能性（できるか）や倫理的正当性（やるべきか）を議論する上で，この主体の区別は重要だと思う．

　そうすると，少なくとも次のケースを分けて考えた方がよい．ただし，科学の目的を「実在の正確な記述」としてよいのかという論点はとりあえず措いておく．

(1) 実在のよい記述という目的のために概念使用者が使っている概念を，目的 X のために概念工学者が工学する
(2) 目的 X のために概念使用者が使っている概念を，実在のよい記述という目的のために概念工学者が工学する
(3) 実践的な目的 Y のために概念使用者が使っている概念を，目的 X のために概念工学者が工学する
(4) 目的 X のために概念使用者が使っている概念を，実践的な目的 Y のために概念工学者が工学する

以上のシェマにおいて，「目的 X」にはなんらかの特定の実践的目的，もしくは「実在のよい記述」が代入されるものとしよう．また，概念使用者と概念工学者がそれぞれ誰であるかによっても，概念工学的活動の正当性と実行可能性

は変化する．どのシェマにもとづいて問いを立て，「X」「Y」に何を代入し，概念使用者と概念工学者をそれぞれ誰と考えるかによって問いへの答えは異なる．

例えば，

(1′) 実在のよい記述という目的のために科学者が使っている概念を，実在のよい記述という目的のために科学者じしん（そして望むらくは科学哲学者）が工学（＝改良）する
(1″) 実在の記述という目的のために素人が使っている概念を，実在のよりよい記述という目的のために科学者が工学する

これらは，望ましいし可能でもある．そのことは科学の歴史が示してきた．(1′) は科学という営みの常態であるし，(1″) は民間理論的概念の科学的概念による置き換えないし洗練である．雷の原因を記述するために素人が使っていた「かみなりさま」の概念は空中放電に取って代わられた．心のしくみについての民間理論は完全に捨てられてはいないが，実在の記述と説明の目的に関しては，科学的心理学の概念がどんどん侵入しつつある．「無意識」あるいは「トラウマ」は，もはや小学生でも用いる日常的語彙である．もちろん，これらの概念には濫用が生じるわけだが，その濫用を防止するのも概念工学的な仕事である．

(3′) 差別の解消ないし低減のために素人が使っている概念を，差別の解消ないし低減という目的のために道徳哲学者が工学する

これも問題はなかろう．現実にうまくやれたかは別問題だが，話が厄介になるのは，概念使用者と概念工学者がずれていて，しかも概念使用者の目的と概念工学者の目的が一致しないとき，さらに厄介なのは二つの目的がトレードオフの関係にあるときだ．たとえば，

(3″) 特定の実践的な目的のために素人が使っている概念を，実在のよい記述という目的のために専門家が工学する

あるいは,

(4′) 特定の実践的な目的のために素人が使っている概念を，別の実践的な目的のために専門家が工学する

ような場合だ．これらの場合には，一般に次の問題が生じる．第一に，素人の目的と専門家の目的という二つの異なる目的の間にどのように順位づけをするべきか．つねに専門家の目的，とりわけ実在の正しい記述という科学的目的が優先されるべきだ，とは言えないだろう．ウディ・アレン監督の映画『マジック・イン・ムーンライト』(2014 年) ではこの状況 (3″) がコミカルに描かれている．舞台は心霊現象や降霊術が流行っていた 20 世紀初頭の南仏，主人公はフーディニをモデルにしたと思しき奇術師スタンレーだ．彼は科学的合理性の信奉者で，オカルトを信じるような者は知性の欠けた愚か者，降霊術や心霊現象はすべてインチキだとみなす懐疑論者（スケプティック）である．ある日，スタンレーのもとに依頼が舞い込む．親族がアメリカからやってきた降霊術師（ソフィー）を信じ込んでしまい，大金を注ぎ込もうとしている．ぜひインチキ降霊術師のトリックを暴いて目を覚まさせてほしい，という依頼だ．この依頼を引き受けたスタンレーはソフィーの降霊術を観察してトリックを見出そうとするがどうしても見つからない．スタンレーはだんだん自信を失っていくと同時に，ソフィーに惹かれていく，という話．二人の論争というか喧嘩が見どころの一つなのだが，その中でソフィーはスタンレーに次のように言う．「嘘もある人生の方が幸せよ」．実際ソフィーは，亡き夫の霊を「呼び出し」，生前の不貞を否定させることで，老婦人の残された人生を前向きなものにしてやったりもしている．

「人生をポジティブに生きる」という目的のために，素人が使っている概念体系（オカルト）を科学的真理という目的のために専門家（この場合奇術師）が工学することが望ましいか，それとも「嘘も方便」の方が望ましいかという問題だ．この問題にはさらに，かりに素人の概念体系の方を改定することが望ましいという結論に至ったとして，それを行う権能が専門家にあるのか，どんな専門家にあるのか，あるとしてその根拠は何かという問題を惹起する．ソ

フィーがスタンレーを傲慢だと罵るとき，論理的推論能力と奇術のトリックを見破る能力にすぐれているというだけで，なぜ他人のそれなりに幸せな生活に介入して「あなたは間違っているから目覚めなさい」と命じることができるのか，と問うている．そしてさらに，専門家が素人の概念体系を介入・操作することが許されるとして，それはそもそも可能なのか，どういう手段で可能なのかという問いが最後に来る．唐沢は鈴木の議論をこれに類するものと理解した上で，「心理学者がわれわれの心に備わったバイアスを修正する試みを概念工学の営みに導入すべきか」という問いを立てている．しかし，以上の分析が正しいなら，唐沢が「バイアス修正の是非」と名づけた問いは，レベルの異なるたくさんの関連した問いの複合体なのである．

これらの問いは，概念工学がまともな営みとして成立するために，避けては通れない問いだと思う．筆者の答えは，3.5 で示すことにする．ここでは，概念工学が考えておかねばならない問題を整理する作業を続けよう．

2.3 「概念を使う目的」の構造

2.2 の分析枠組みはいずれも，ある概念について，概念使用者と概念工学者がそれぞれ特定の（単一の）目的をもっていると想定していた．その上で，両者の目的 X と Y のズレないしトレードオフ関係が概念工学にもたらしうる問題を指摘した．この分析枠組みはいささか現実離れしている．概念使用者は，ある特定の概念あるいは概念体系を単独の目的のために用いる，ということはおそらくほとんどないからだ．概念は複数の目的をもつ．それは二つのケースに分けられるだろう．第一に，概念が複数の独立した目的に同時に役立っているケース．第二に，概念がまず目的 A に役立ち，A が実現することによって高次の目的 B に役立つ，といった具合に目的手段連関の存在によって一つの概念が複数の目的に役立つケース．現実には，この二つが混ざり合ったケースがほとんどだろう．

さて，概念使用者が複数の使用目的をもちうるとするなら，先ほどのように概念使用者と概念工学者の目的が衝突する可能性に加えて，概念使用者の使用目的同士が衝突する，つまりトレードオフの関係に立つという可能性も考慮し

なければならない．鈴木は概念使用者の目的と概念工学者の目的を区別しないで語っていたのでわかりにくくなっているが，記述的概念工学と実践的概念工学の区別によって指摘しようとしていたのは，概念使用者に内的な使用目的のトレードオフ関係があるとき，概念工学はそれをどう扱うべきかという問題だったように思われる．

　鈴木は概略次のように論を進める（筆者の用語にしたがって再構成してある）．(1)「心あるもの」の概念や様々な心的状態の概念（後者には，欲求，信念，意図，性格等々が含まれる．ここでは両者をひっくるめて素朴心理学的概念と呼んでおく）は，われわれが出会う存在者の行動を理解・予測するためのものである．(2)したがって，素朴心理学的概念は，対象となる存在者のあり方をできるだけ正確に記述するという記述的目的をもつ．(3) 一方で，ある対象に素朴心理学的概念を適用するかどうかは，使用者のその対象との関わり方を規定する（心を持たないモノへの関わり方と，心あるものへの関わり方は違う）．(4) したがって，素朴心理学的概念は使用者と様々な存在者との関係をできるかぎり望ましいものにするという実践的目的をもつ．

　で，このように捉えた素朴心理学的概念の記述的目的と実践的目的はときとしてトレードオフ関係に立つ，というのが鈴木の指摘だ．例えば，植物や景観に心を見るアニミズム的な心知覚が環境保護行動を促進するといったように．概念使用者の使用目的にこうしたトレードオフがあると，概念工学者が一方を促進しようとして介入したときに，もう一方の目的はうまく果たせなくなるといったことが起こりうる．植物や景観（や水の結晶）に心を見出すのは誤りだ，と介入したら，自然環境保護という観点から悪い結果になるかもしれない．このとき，概念工学者の目的と概念使用者の目的に齟齬が生じるように見えるが，このズレの原因はあくまでも，そもそも概念使用者に内在していた目的のトレードオフ構造であることに注意しよう．

　筆者は鈴木の指摘それ自体には賛同するが，それを導く議論は修正の余地があると思っている．まず，(1)から(2)は出てこない．対象のあり方を正確に記述していなくても，対象のふるまいの予測の道具として役立つということはいくらでもありうる．プトレマイオスの宇宙モデルは現実の宇宙の姿を正確に記

述したものではなかったが，天体の位置や日食・月食の予測には十分役に立った．また，予測や説明の道具として対象をモデル化するとき，つねに記述的正確さが優先されるわけではない．現実から離れることを承知の上で，大胆な理想化を含んだモデル化をすることが特定の認識論的用途には役に立つこともある．

第二に，概念使用者に内在する目的のトレードオフ関係は，記述的目的と実践的目的の間にだけあるわけではない．実践的目的同士の間にもありうる．さらに，「記述的目的」は最終目的ではない．対象のふるまいをうまく予測するための手段である．そしてうまく予測することは，対象との関わりを望ましいものにするための手段である．だとすると，記述的目的と実践的目的をことさら区別することはポイントを失うだろう．複数の目的同士の一般的なトレードオフ関係の一例にすぎない．プラグマティストだったらこのように考えるはずだ．そうすると，逆に問われなければならないのは，なぜ記述と実践とを分けて考えたくなるのか，ということだ．実は，筆者も 2.2 で実践的目的一般から記述的目的を区別した上で，分析枠組みを提案していた．なぜそういうことをしたくなるのか．それは，二人とも（そして次に見るように太田も）自然主義者だからだと思われる．科学的とか認識論的と呼びたくなるような目的（大雑把に言って，世界のあり方をちゃんと捉えること）を，他の目的と比べて格別な地位に置き，概念工学の営みの中で特権的な地位を与えたいという密かな欲望があるからだ．かくして，概念工学における科学的世界像の位置づけと役割を考えるべき段階に達した．次節ではそれを行うことにしよう．

3 自由意志および責任の概念をめぐって

3.1 プロト概念工学としての「求めるに値する自由意志」の探求

太田の哲学的自由意志論のサーベイはきわめて興味深い，と同時にきわめて野心的なものである．というのも太田は，このサーベイを通じて，自由意志と決定論をめぐる近年の哲学論争が，そのまま概念工学の営みもしくは概念工学に成長しつつある営み（＝プロト概念工学）とみなすことができると主張して

いるからだ．そして，その主張は成功しているように思われる．

　では，哲学的自由意志論はいかなる概念の工学なのか．「求めるに値する自由意志の概念」の，である．求めるに値する自由意志の概念とは，道徳的責任の帰属を根拠づけることのできる自由意志の概念だ．自由と決定論は両立するか，という形而上学的論争に興じているように見えながら，哲学者たちは，この意味で求めるに値する自由概念を目指して，概念の提案と改定を繰り返してきた．だとするなら，確かに概念工学とみなすこともできそうだ．

　「求めるに値する自由意志（free will worth wanting）」は，道徳的責任を基礎づけるような自由意志概念を表すために，ダニエル・デネットが考え出した言葉だ．デネットは，自らの自由意志論を展開した主著である『エルボー・ルーム』の副題にこの表現を用いている（Dennett, 1984）．私見では，「求めるに値する」にはもう一つの意味が隠されていると思われる．求める甲斐があるということは，求めれば手に入るということでもある．つまり，自然科学が明らかにしつつある，この物理的世界の中で手に入るような自由，ということだ．一部のリバタリアンが主張するように，道徳的責任を基礎づけることのできる自由意志には，行為者因果や形而上学的な他行為可能性が不可欠だとするならば，それは求めるに値するかもしれないが，この世界では決して手に入れることはできない自由なのである．これに対して，ハード決定論者は，決定論的な物理世界では自由意志はありえないと主張し，両立論者は，決定論的な物理世界でも道徳的責任を基礎づけることのできる自由意志は可能だと考える．

　現実に行われてきたのは，このように形而上学的立場と前提を異にする，両立論者，ハード決定論者，リバタリアンが入り乱れた「論争」なので，一つの目的を共有して探究が行われたわけではない．しかし，「全体として」見ると，論争を通じて，次の二条件を満たすべく案出された概念のレパートリーが増え，それらが批判に耐えられるよう洗練されてきた．

（1）道徳的責任の基礎づけに使える程度には強く
（2）科学的世界像と両立する程度には弱い

したがって，これら二条件を満たす概念を創造・改定する作業が集団的に行わ

れてきた，とみなすのも，そう的外れなことではない．こうして概念工学として見た哲学的自由意志論は，上記の二条件を満たす自由意志の概念を創造することを目指したプロジェクトであった，と言えるだろう．

3.2　自由意志の概念工学の構造とバラエティ

太田はさらに，ニコルズの指摘した自由意志論に含まれる三つのプロジェクトに，ヴァーガスの「修正主義」を加味することによって，概念工学としての自由意志論の全体的構造を描くとともに，自由意志の概念工学にはいくつかのバラエティがありえることを指摘している．結論を図式的に表現すればこうなる．

(1) 記述的プロジェクト：自由や責任についての素朴な直観の背後にある概念・信念のありようの解明．これにより，かりに人々の自由意志概念が他行為可能性概念を含むことがわかったとする．

(2) 実質的プロジェクト：(1)で明らかになった人々の概念や信念が正しいかの検討．かりに世界は決定論的だとわかったとする．そうすると，人々の自由意志概念は誤りである．

(3) 指令的プロジェクト：(1)(2)を踏まえ，すべての要因を考慮して人々の自由意志概念と責任実践をどうすべきかを検討．ここで取りうる選択肢は二つある．

(3-1) 自由意志概念は誤りなので捨てる．それに伴い責任実践も捨てる．

(3-2) 責任実践を保存できるように，自由意志概念を変更する．

太田の描いてみせる自由意志の概念工学は，記述的プロジェクトと実質的プロジェクトという準備作業のもとに遂行される指令的プロジェクトである．そして，指令的プロジェクトにはいくつもの選択肢がある．(3-1)をとる場合，これまで使われていた概念を捨てる，ということも広義の概念改定とみなすことができる．概念の廃棄は，自然に任せるのでない限りすぐれて概念工学的な営みである．(3-2)をとる場合，どのようにどの程度自由意志概念を変更するかによって様々なバラエティが生まれる．太田は，フランクファート，フィッ

シャーとラヴィッツァ，ヴァーガスの見解を，それぞれ (3-2) に対する回答として解釈し直し，3者の仕事を概念工学の実践例として合理的に再構成しようとする．この箇所の議論はとても見事だ．

ヴァーガスの修正主義を概念改定の一種と位置づけることによって，概念工学の方法に一つ面白い示唆が得られるので触れておこう．フランクファートは自由意志概念から他行為可能性を取り除くことを提案する．自由意志概念の一部修正と言えるだろう．ヴァーガスの提案も一見すると，両立論の変種にすぎないように思われる．しかし，ヴァーガスは（少なくとも当人の理解では）素朴な直観と整合しない指令的理論を提唱しているのであり，そこで提唱されている「道徳的観点から思考をめぐらせ，そしてそれに基づいて自己コントロールを行う能力」は，既存の自由意志概念の修正ではなく，代替品と考えられている．つまり，既存の概念と同じ目的（＝責任実践の保持）に資する別の概念なのである．モノづくり工学との類比で言えば，ガスコンロを改良したのがフランクファート，ガスコンロに代えて電子レンジを提案したのがヴァーガスということになろうか．重要なのは，穏健なものからラディカルなものまで，概念改定のレパートリーを広げておくことも概念工学の重要な作業だという点である．

3.3 概念工学における諸制約のタイポロジー

ここでいったん太田の議論を離れて，前節と本節での議論を結び合わせる形で，概念工学のプロジェクトに課される様々な制約とそのステータスを確認しておこう．というのも，工学は，費用，耐久性，性能，使い心地，環境負荷，法規との適合性等々の様々な（ときに両立しない）制約 (constraints) を全体として最もよく満たす人工物の設計を目指すからであり，同様の制約群充足を目指す営みとして概念工学も記述できるのではないかと考えるからである．出発点となる記述の枠組みとして，前節で提案した次のシェマを用いることにする．

(3) 実践的な目的 Y のために概念使用者が使っている概念を，目的 X のために概念工学者が工学する

自由意志の概念工学の場合，ターゲットとなる概念は「自由意志」とそれに関連する概念である（何が関連する概念であるのかはやってみるまで明らかではない）．目的 Y は「責任実践の基礎づけと保持」としておこう．概念使用者は概念工学者も含む，同じ道徳共同体に属する「みんな」である．目的 X は目的 Y と同一であることもあるし，異なることもある．同一の場合，概念工学を実行する必要がそもそもないと思われるかもしれないが，そうとは限らない．同じ目的をさらによく達成できるように概念を洗練させることも概念工学の重要な役割だからだ．

しかし，いずれにせよ概念工学プロジェクトをスタートさせる段階で，次の制約を課すことは理にかなっていると思われる．

【制約 1】ターゲットとなる概念が概念使用者によって現にどのような目的 Y のために使われているのかが，正確に把握されていなければならない

言い換えれば，記述的プロジェクトを十分に行った上で概念工学を遂行せよ，という制約である．自由意志論の場合，もし，われわれの責任実践において自由意志概念は実際のところなんの機能も果たしていないが，果たしていると思い込んだ上で概念工学的プロジェクトを始めてしまったとするなら，概念工学者は少なくとも自分たちのやっていることを体系的に誤解したまま作業を進めることになる．

次に，目的 X（概念工学者の目的）に関わる制約を考えよう．太田が再構成した現代自由意志論は，とりあえず，(1) 道徳的責任の基礎づけに使える程度には強く（求めるに値する，ということ），(2) 科学的世界像と両立する程度には弱いバージョンの自由意志概念を探し求める．このうち (1) の条件は目的 Y を引き継ぐものである．新しく加わるのは (2) だが，この扱いについては二つの選択肢がありうる．第一に，それも目的 X に加えて，概念工学者の目的 X を，「責任実践の基礎づけと保持＋科学的世界像との両立」としてもよい．第二に，目的 X は「責任実践の基礎づけと保持」のままにしておいて（この場合，目的 Y と X は同じになる），「科学的世界像との両立」を概念工学プロジェクト一般に課される制約に格上げするというやり方も考えられる．筆者は，後

述する理由によって，第二の方針を採用する．つまり，次の制約を概念工学に課すことにする．

【制約2】概念工学プロジェクトが生み出す概念は，できるかぎり科学的世界像と両立可能なものでなければならない

この路線をとった場合，概念工学は，科学的世界像との両立可能性という制約のもとに，目的Xを最もうまく果たすことのできる概念をつくりあげるプロジェクトだということになる．したがって，行為者因果を含む自由意志概念や，心理学や脳科学の知見に反するような強力な自己コントロール能力を前提するような自由意志概念，あるいは，ありとあらゆるものに心を見出すような汎心論的な心の概念は，この制約2を満たさないために，目指す目的をどんなにうまく果たそうとも不適切なものになる．

　制約2を満たそうとすると，まず，概念使用者が用いている現行の概念が科学と整合的かどうかをチェックする必要がある．さらに，概念工学を遂行する過程で提案される概念の候補も，科学との整合性をその都度チェックされる必要がある．こうして概念工学は，太田の言う「実質的プロジェクト」を不可欠のステップとして含むことになる．

　さらに，次の制約が必要になるだろう．

【制約3】概念工学プロジェクトが生み出す概念は，考慮すべきすべての要因を考慮した上で目的Xをよりよく果たしうるものであることが適切な手段でチェックできるものでなければならない

「考慮すべきすべての要因を考慮した上で」というフレーズを加えたのは，目的Xをうまく果たす概念でも，われわれが大切にしている他の価値と衝突したり，それを侵害したりすることがありうるからである（鈴木が指摘した通り）．何が考慮すべき要因になるかは，ケースバイケースである．また，人間の概念操作能力の限界も考慮すべき要因になるかもしれない．誰にも使うことのできない概念を生み出したところで意味はない．しかしながら，概念は脳の中にあるとは限らない．例えば制度という形で存在する概念や複雑なコンピュータプ

ログラムという形で存在する概念もありうる．そこで，この論点を独立させ一般化して，次の制約の形にまとめよう．

【制約4】概念工学プロジェクトが生み出す概念は，社会に実装可能なものでなくてはならない

他にも制約が考えられるかもしれないが，必要不可欠な制約は定式化できたのではないかと考えられる．概念工学とは，目的 Y のために概念使用者が使っている概念を素材にして，目的 X のために「最適」な概念を上記の制約のもとで設計する営みである．

3.4 目的の概念工学

　概念工学は，特定の概念をターゲットとし特定の目的を設定した上で行われる，という意味で状況に応じたローカルな営みだと言える．漠然と「いいもの」をつくろうとする工学がありえないのと同様である．とりあえず，目的は所与のものとして概念工学は始まる．ところが，3.3 のように定式化すると，概念工学の興味深い展開の可能性が見えてくる．

　科学的世界観との整合性という制約のもとで，できるかぎり目的 Y を満たす概念をつくるという作業は，見方を変えると，科学的世界観と目的 Y と概念（目的を果たす手段）との均衡を図っているとも言える．そうすると，目的 Y を満たす，科学と整合的な概念が見つからない場合，目的の方を変えるということもありうる（科学的世界観を変えるという選択肢は，概念工学にはありえない．概念工学は科学そのものではないからだ．科学的世界観を変えるのは科学である）．そうすると，「指令的プロジェクト」には，目的を保存して概念を変更するという選択肢に加えて，概念を保存して目的を変えるという選択肢もありうるだろう．

　自由意志概念の場合を例にとって，この選択肢が具体的にどういうことになるかを考えてみよう．出発点として，道徳的責任の根拠になるほど強力でしかも科学的世界像と整合的な自由意志概念はどうしてもつくれないことが明らかになったと想定する．このとき，残る選択肢は三つである．道徳的責任と自由

意志のどちらも消去するか，強い自由意志をときに役に立つが本当は存在しないフィクションとして（霊魂みたいに）残すか，科学と整合的な限りでの自由意志概念を残して，責任実践という目的をやめるか，である．第三の選択肢を取ろうとする哲学者も少数ながら存在している．ブルース・ウォーラーや何を隠そう筆者である．

　道徳的責任と自由意志の概念はずいぶん性格を異にしている．自由意志は（弱いものなら）われわれは持っていそうな気がする．実在する能力ないし心的機能を意味しようとする概念である．というのも，われわれは漠然と「自分がやったこと」と「させられたこと／自分に起こったこと」の区別ができるからだ．おそらく動物も萌芽を持つだろうし，自分がやったことと自分に起きたことが区別できることには利点があるだろう．第一，両者は何か違った「感じ」をもって体験される．道徳的責任の支えになるほど強いものでなくてよいから，こうしたわれわれの体験を説明してくれる心的なメカニズムとしてミニマルな自由意志の概念は残しておいてよいと思われる．道徳的責任は，これに比べるとはるかに自然に根ざしていない人工物（フィクション）の色彩が強い．

　そこで，ミニマルな自由意志概念を保存しつつ，その概念が奉仕する目的（＝責任実践の基礎づけと保持）を消去（変更の一種）するという戦略が考えられる．そのためには，レベルを一つ上昇させて，道徳的責任の概念工学が必要になる（第1章参照）．それは，道徳的責任の概念は何をやっているのか，どのような目的に仕えているのかを明らかにすることから始まるだろう．おそらく，道徳的責任は，行為の悪さから，行為主体を罰することの正当化を導き出すために使われている．では，なぜ罰という概念があり，それは何に使われているのだろうか．報復感情，応報感情を満足させて社会を安定化させるためか．それとも，被害者へのつぐないを誰に求めるかを決めるためか．いずれにせよ，これらの目的のためにもっとよい代替手段を与える概念システムがあるかもしれない．

　このようにして，目的手段の連関構造を上昇していくことにより，われわれは相対的ではあるが，目的を概念工学することが可能になる．究極目的（そんなものがあるとして）を工学することが可能か，可能だとしたらどうやって，

という問いは別途考察する必要があるだろうが．

3.5 概念工学における科学の役割，そして概念工学の倫理

制約1，3，4を満たそうとすると，概念工学は「事実はどうなっているのか」と「事実はどうでありうるか」という問いに取り組まざるをえなくなる．特定の概念がどのような目的のために使われているのかという問いは，概念が現に果たしている機能の解明ということである．特定の概念が特定の目的をうまく果たしえるかどうかのチェックにも，概念の実装可能性を考えるにも，人間の心理，集団のダイナミズム，社会の仕組みの理解を背景にしたシミュレーションが不可欠だ．これらは，科学的方法と知見に基づいて進めるのがいまのところ最良の方策だろう．「最良の」という表現を選んだが，それは，科学なら楽々とこうした作業を遂行できるという保証を与えているわけではない．こうした課題を果たすには科学を援用するのが最も有望だし，科学に頼っても概念工学の目標が果たせないなら，おそらく概念工学の目標はいかなる方法でも果たすことができないだろう，という意味である．その場合は，概念工学の夢は「絵に描いた餅」だったことになる．

こうして，概念工学者は太田の言うところの「認識論的な自然主義」を採用することになる．つまり，哲学的方法（それが何であれ）と科学的方法の間に境界線を設けず，使えそうなものは何でも使う方法論的雑種性を引き受ける立場である．ここで重要なのは，自然主義者だから概念工学をやる，のではないということだ．概念工学を本気でやろうとするなら，ひとは自然主義者にならざるをえない，ということだ．太田も指摘するように，カントは自然主義者ではないが，概念工学的なプロジェクトにとりくんでいた．自然主義者でなくても概念工学に従事することはできる．しかし，概念工学をうまく成し遂げようとするなら，自然主義を採用することは有望な方略なのである．

以上が，概念工学において科学が果たす第一の役割である．ところが制約2は，科学に，概念づくりの有用な手段以上のものであることを求める．概念工学が生み出す概念に，じかに科学的世界像との両立可能性を要求するのであるから．3.3で，自由意志の概念工学を，責任実践を保持し科学的世界像と両立

する自由意志概念の探求ではなく，科学的世界像との両立という制約条件のもとで責任実践を保持する自由意志概念を求めること，と定式化したのは，責任実践の保持は自由意志の概念工学に特化した目的だが，科学的世界像との両立は，およそいかなる概念の工学にも求められる普遍的な要件だと考えたからに他ならない．その理由は次の通りだ．

　概念工学は科学を援用するべきだと述べた．その方がうまくやれるからである．そうすると，例えば，疑似科学やオカルトにひっかかりやすい心理的傾向性や認知バイアスに関する心理学的知見（たくさん蓄積されている）をフルに利用して，人心を操作する概念工学もありうることになる．実際，「安全保障研究」の名の下にそうした研究はあちこちでなされているのだろう（日本ではなされていないと信じたいが）．モノづくり工学が，人をより効率的に殺すテクノロジーを開発するのと同じことである．モノづくり自体にはそれを避ける装置は内蔵されていない．概念工学にも同じことが当てはまる．

　より事態を複雑にするのは，社会の安定とか人生に対する前向きな姿勢といった，それ自体は「よい」と思われる目的のために，世界の実相とはかけ離れた概念体系（オカルト，偽史，陰謀論など）を工学し，社会に実装してよいか，ということだ．それを防止するために制約2はある．だが，制約2を課す理由はこれだけではない．概念工学は手段として科学的知識を援用する．科学的知識を活用して，科学的世界像と不整合な概念を創造し実装するという態度は，少なくとも首尾一貫していない．概念工学という知的営みのまっとうさを担保するためにも，科学的世界像との整合性という制約を課しておく必要がある．さらに，筆者の観察では，科学的世界像と不整合な概念システムは，結局のところ維持されにくいのではないかと思われる．

　ここで，2.2で提起した，ソフィーのスタンレーに対する問いかけに答えておこう．降霊術を信じることで残された時間を前向きに生きられるなら，それでよいではないか．答えはイエスだ．ただし，その老女という個別ケースにどのような概念システムを与えるかという状況依存的な判断に関してである．老い先短いなら，強いて概念の変更を迫る必要はない．概念工学の産物を個別事例に適用するか否かの判断は，特定の医療技術を個別の患者に使うかどうかと

同じく，きわめて状況に依存した判断になる．ときには，オカルト的な概念体系を保存しておく方が望ましいと判断すべきケースはあるだろう．しかし筆者は，小学校の教育で，水にも意識があり人間の言葉によって喜んだり傷ついたりするというアニミズム的な心概念を，たとえいじめを撲滅するというそれ自体正当な目的のためとはいえ，与えることには与しない．なぜなら，児童はこれから科学的世界観も身につけるべき存在であり，科学的世界観と思考力を身に付けることは，全体として彼らの人生をよりよいものにするからである．それと干渉するような概念システムを与えることには正当性はない．ようするに，概念工学が創造・改定する概念は社会の公共財である．スマホを使うことを拒否する人がいるように，それを使わない人がいても構わないが，総体として社会がよりよくなるような概念を案出することが務めなのである．

4 自己の概念が概念工学に投げかける問題

4.1 「ナントカそのもの」の研究と「ナントカについての概念」の研究

　橋本は第 3 章を「心は存在する．実体としてではなく，あくまでもわれわれの知覚の上の概念として，である」と始めている．このパッセージをどう理解するべきだろうか．おそらく「実体としての心は存在しない」という形而上学的事実を述べた命題として理解することは，橋本の意図を歪めることになるだろう．むしろ，この言明は方法論的宣言として理解すべきだと思う．つまり，「社会心理学では，とりあえず心そのもののあるなしやその本性の探究を棚上げする．その上で，人々が心を知覚するという現象は確かに存在するので，その特徴やメカニズムを探究しよう」という宣言だ．これは方法論的選択として正当だと思う．

　だが，人々の心知覚とは独立の，心そのもののあるなしについての「正解」が存在しているという前提が，この宣言に暗黙裡に含まれているということに注意しよう．さもないと，擬人化を「ホントウは心のないものを心あるものと知覚すること」と定義することができなくなる．もっとも，橋本はこの点につ

いて慎重であり，「通常の条件下では心なきものと知覚される対象が，特定の条件下で心あるものと知覚されること」という趣旨の定義を用いている．しかし，何をもって「通常の条件」と「特定の条件」とを区別するのか．心あるものを心あるものとして，心なきものを心なきものとして知覚できるのが通常の条件だとしてしまうと，ふりだしに戻ることになる．

　また，鈴木の場合はもっとストレートに，「正しい心の知覚」と「間違った心の知覚」との区別，あるいは「心を持つ対象」と「心を持たない対象」の区別を端から前提して議論を進めている．つまり，ときにバイアスの餌食になる「人々の心知覚」と，それとは独立に存在する「心のあるなしについての正解」との二本立てを採用した上で論じている（表3-2-1に明らか）．というわけで，二人は（というか，本書の著者全員は）社会構成主義者や観念論者ではないわけである．

　こうした選択に異議を唱えているのではない．概念工学や社会心理学が，人々の持つ概念の「特徴的傾向」や「バイアス」を研究主題としようとする場合，どこかで，人々が現に持つ概念とは独立の「正しい概念使用」という規範を担保しておかないと，そもそも研究をスタートさせることができない，ということを指摘したいのだ．例えば，人々が生きものを分類する特徴的な仕方（素朴分類学）について研究しようとしているとしよう．例えば蛇とムカデを区別しない人々がいるとする．これを「注目すべき特徴」とみなすためには，蛇は脊索動物門であり，ムカデは節足動物門であって，両者はかなり離れているという「正解」を前提しなければならない．これを提供するのは科学的分類学（生物学）である．つまり，概念工学のためには，「ナントカそのもの」の研究と「ナントカについての人々の概念」の研究とが，(1) きちんと区別された上で，(2) 両方とも遂行されている必要がある．

　生物分類の場合はこの二条件，とくに第一条件が満たされやすい．それぞれ違う人々がやっているからだ．「そのもの」の方は生物学者が，「についての」の方はおそらく文化人類学者が遂行している．話がややこしくなるのは，「ナントカ」が「心あるもの」とか自己といった心理的なサムシングになったときだ．このときは，逆に条件（2）は満たされやすい．どちらも心理学者がやること

になっている．しかし，条件（1）が満たされにくくなる．とりわけ，社会心理学においては．

4.2 自己そのものの研究と自己についての人々の概念の研究が混同される理由

なぜなら，人々に聞いてみよう，という方法論を中核に据える社会心理学では，「ナントカそのもの」の研究と「ナントカについて人々が持つ概念」の研究とがもともと混同されやすく，しかもこの混同を促進する要因が，その方法論と理論的概念の構成法に深く根ざしているからだ．自己についての社会心理学的研究では，この傾向が，自己についての人々の捉え方の研究をもって「自己の研究」とみなされ，それゆえ，自己そのものの研究がなおざりになるという結果を生んでいる．この事態について社会心理学者自身が深い「自己」批判を展開しているのが，第5章の遠藤論文である．この論文に筆者は極めて深い感銘をうけた．というのも，社会心理学の方法論が抱える問題点について，社会心理学者自身がこれほど率直で徹底した反省的考察を行っているのに筆者は出会ったことがなかったからである．

ここで遠藤の議論を要約しなおすのも芸がないので，社会心理学において自己そのものの研究と自己についての人々の概念（捉え方）の研究が混同され，自己とは何かという問いが等閑に付されがちになるのはなぜかを，筆者の観点から整理し直してみよう．

実は，混同されているのは二つの問いではなく，次の三つの問いが混同されているように思われる．

(1) 自己（そのもの）とは何か（自己はあるのか，あるとして，単一のエンティティーなのか，その機能は何か，その機能を果たすメカニズムは何か，その神経基盤は何か）

(2) 自己なるものを人々はどういうものと捉えているか（＝人々の持つ「自己の概念」，例えば単一の司令塔のごときものと捉えているか否か）

(3) 人々は自分がどんなひとであると捉えているか，自分がいまどんな状態にあると捉えているか

(2) と (3) は本来別物のはずだ．(3) は人によって千差万別であるのに対し，(2) はもう少し共通しているように思われる．遠藤は (2) を「自己という概念」，(3) を「自己概念」と呼びわけることで暗黙のうちに区別しているように思われる．島村は 5-2 の 1 節において「自己の概念」という概念の概念分析（ややこしい！）を行い，明示的に両者を区別して，(2) を「自己という概念 (the concept of self)」，(3) を心理学で「自己概念 (self-concept)」と呼ばれているところのもの，という具合に定義し直している．

　しかし現実には，これらは「人々は自分をどのように理解しているか」という名の下に一緒くたにされやすい．まず，社会心理学は，心とその働きについての人々の理解（素朴心理学）を対象とする．そのため，人々が用いている素朴心理学的概念が社会心理学の研究対象になる．したがって，(2) の問いに取り組む際に，素朴心理学的語彙を用いることは必須である．一方，社会心理学は，人々の心のメカニズムについて科学的に探究する．つまり (1) の問いにも取り組む．この際に用いられるべき概念は，科学的理論概念であるべきだ．しかし，社会心理学は (1) の問いに取り組む際にも素朴心理学的語彙を（操作的定義などを施しながらも）用いる．かくして「自己」は人々が用いる素朴心理学的語彙であると同時に，心理学者が科学的目的のために用いる理論的語彙でもある，ということになる．これは，他の分野でもありうることだが，社会心理学ではその程度が甚だしい．「勢い」は物体の運動について語るための素朴な民間語彙だが，物理学には現れない．「速度」「加速度」「慣性」「運動エネルギー」「運動量」「慣性モーメント」「角運動量」などの理論語に分けて語られる．

　以上の点は，社会心理学の理論語一般に当てはまる．「心」「行為者 (agency)」「経験」「自由意志」などは，研究対象となっている人々が持つ概念も表すし，それを研究するために研究者が用いる理論概念も表す．自己概念の場合，遠藤の指摘するように，研究者も自分の心の中で起きていることのモニタリングの能力において人々と大差がないために，人々の自己の捉え方と類似した捉え方に陥りがち，という事情が加わる．こうして「科学的心理学の研究者が理論的にも方法論的にも自己という概念をあまり深く考えず，なんとなく

ある種の素朴概念を受け入れている」という事態が招来される．

　（3）も（1）ないし（2）と混同されやすい．これはおそらく「自己」に特有の事情だ．自己というものがもしあるなら，その機能として，自分の状態のモニタリングと，自分はどんなものであるかについてのモデル（自己像？）を含んでいるだろう．このため，自己報告法などで本人から聞き取った結果（自己の機能が働いた結果の産物）を調べることがその人の自己そのものを調べることになる，という錯覚に陥る．

4.3　心理学者による心理学者のための概念工学としての「自己の概念工学」

　遠藤の問題意識は，心理学は自己そのものを研究できているか，というものだが，概念工学の観点からは，心理学の「自己」は十分に科学的概念になっているか，と言い直すことができる．社会心理学はその理論概念を日常語彙から引き継ぐ．したがって，そのように引き継いだ日常的概念を科学研究を遂行するのに有効な概念へと工学することが重要なのである．遠藤が 5-1 でスケッチしているのは，そうした心理学内部での「自己」の概念工学の試みである．第 4 章までは，社会心理学的知見を生かして，人々の素朴概念をどのように工学できるかが論じられてきた．「自己」に関しては，人々の自己概念をどうこうするまえに，まず心理学内部の企てとしての，心理学者の自己概念の概念工学が必要なのだ．

　そのために遠藤が示した戦略は，自己研究を他の心理学領域と心理学以外の領域に向かって開き，それらとの関連性のうちで理論概念としての「自己」概念を構築することである．そこで注目すべきは，自己（もしくは自己らしきもの）の系統発生と個体発生についての知見の重要性が指摘されていることだ．筆者はこれに，「人々のもつ自己概念」の系統発生と個体発生，というテーマを付け加えたい．なぜなら，われわれがおよそ自己なるものをどのようなものとして捉えているかは，おそらく自己そのものを正しく捉えていないにせよ，「自己そのもの」が深く関与して生み出した産物であり，多くの人々が同じような自己についての素朴概念を持っているということは，説明を要求すると同時に自己そのものの果たす機能について重要なことを教えてくれる可能性があ

るからだ．

4.4 自己という概念は何をやっている？

　自己そのものの科学的研究を可能にする自己の理論的概念を工学しようとする遠藤とは対照的に，島村は普通の人々の持つ自己の概念を工学することは可能か，可能だとすればいかにしてか，という問いに関心を集中させる．4.2 の分類を用いれば，これは概念 (2) の概念工学に相当する．理論的概念を工学することはおそらく可能だ．現に科学者たちは（ときに科学哲学者とともに）それをやってきた．(3) を工学する（操作する・いじる）ことも可能だろう．もっとポジティブな自己像を持てるように，教育する，カウンセリングする，自己啓発する，洗脳する．効果のほどはどうあれ，また島村が躊躇するように，こういうことをやってよいか，やりたいかということとは別に，こうしたことが原理的に可能なのは確かだ．

　その可能性が疑われるのは (2) を工学することだ．人々の「自己という概念」をいじろうにも，その正体もありかもわからない．素朴な「心あるもの」の概念は，様々な対象に対する態度の使い分けに現れる，あるいはそれをコントロールしている，頭の中にある何かとして指定されていた．では，自己という概念は，われわれのどのようなふるまいに現れる，どこにある何なのだろうか．このことから考え直さないと自己の概念工学は始めることができない．「いっちょ自己を概念工学してよ」という執筆依頼がいかに無茶なものであったかがわかる．この無茶な要求に正面から答えようとしてくれた遠藤と島村に敬意を表したい．

　自己という概念はわれわれのどのようなふるまいに現れるものなのか．これに対する島村の答えが，自己の概念とは，「私」という一人称単数の代名詞を使いこなすようになるとき，われわれが身につける何かである，というものだ．この「仮説」を置くことで，島村は自己という概念の機能の分析を，「私は○○です」という「私文」の機能の分析にいったんは還元し，曖昧模糊とした問いを，どうにか解答可能な問いへと再定式化する．

　このように定式化しなおした上で，島村は自己という概念を工学するための

（準備）作業に着手する．その手続きを，太田が示した自由意志概念の工学とパラレルな仕方で整理しなおして提示すると次のようになる．

(1) 記述的プロジェクト：私文の使用パターンに現れる素朴な「自己についての概念」のありようを解明するため，「私」という語の用法がもつ特質を取り出す．島村は，指示に関する指標性と述定に関する主体用法という二つの特質に注目する．

自由意志の場合はこれに「実質的プロジェクト」が続くことになるが，島村の場合は，科学的世界像と素朴な概念とのすり合わせが目的ではないので，代わりに次のプロジェクトが来る．

(2) 比較プロジェクト：(1) で明らかになった「私」の用法がもつ特質がいかなる機能を果たしているかの検討．そのために，「私」の用法からこれらの特質を取り去った反事実的状況（矢沢実践やアンスコム実践）を想定して，われわれに何ができなくなるかを調べる．そのできなくなることがらこそが，指標性と主体用法という特質が果たしている機能である．島村によれば，「自己定位的知識」の表現と「動能的コミットメント」がその機能（＝目的）であるとされる．

「実質的プロジェクト」とされていたものも「比較プロジェクト」の一種としてみることができる．そこでは科学的な世界観と素朴な自由意志概念との比較が行われているからである．ただ，比較の目指すところは異なる．自由意志概念の場合は，その機能（目的）は所与のものだった（責任実践の基礎づけと保持）が，島村のケースでは，その機能（目的）こそが探索されているからだ．

4.5 自己という概念を工学すべき日はやってくるのか

太田のモデルによれば，この後，さらに「指令的プロジェクト」が行われることになるわけだが，島村はそこまでは踏み込んでいない．自己についての概念を改定すべき差し迫ったニーズはいまのところ存在していないように思われるので，これは当然のことだろう．島村が示したのは，もしその必要が生じた

ときに，まずどのような準備作業が必要になるか，である．しかし，動能的コミットメントが「私」に固有の機能だという島村の結論は，もしかしたら「その必要」は案外早くに表面化するのではないかと思わせる．「私はφする」を主体用法で用いることで，われわれは動能的コミットメントを引き受ける．動能的コミットメントとは，φすることを「私次第（up to me）」のこととして扱うということである．島村が指摘するように，「私次第のこと」とみなされるφの範囲は定まったものではない．「私次第のこと」と「私が自己コントロールできること」を島村は同一視しているように思われるが，そうだとすると，われわれの自己コントロール能力がどの程度のものなのかについての科学的知見は，何が「私次第のこと」なのかの理解に影響するだろう．この場合，自由意志や責任の概念の変更が必要になるとともに，「私次第」概念を経由して自己についての概念の改定も必要になる可能性がある．これらの概念は運命をともにしている．

さらに「私次第」の「私」の範囲も変わりうる．人工知能技術の発展により，われわれの行為に関わる判断や意思決定，プランニングの多くの部分が機械によってサポートされる，ないし代替，コントロールされるようになるのはおそらく避けがたい．その場合，「私」はどの範囲なのか．古典的私と機械のハイブリッドなのか．そうでないのか．どちらをとるかによって「私次第」概念は変化し，それは自己についての概念に波及する．島村の議論は，波及せざるをえないということを主張しているように解釈できる．

その場合，われわれは本格的に，自己という概念についての指令的プロジェクトに取り組むことになるだろう．つまり，記述的プロジェクトと比較プロジェクトの結果を踏まえ，すべての要因を考慮して人々の自己についての概念と「私」を用いる言語実践をどうすべきかを検討する，という作業だ．

5 「概念」概念の概念工学の必要性（何のこっちゃ？）

島村が提案した，「言語使用パターンを身につけたときに身についた何か」

という，概念の暫定的定義は，いっけんすると，心というブラックボックスの中にあるかのように語られがちな概念を，言語コミュニケーションの公共空間に引きずり出して言語哲学的考察の俎上に載せるための戦略にすぎないように思われる．しかし，そうではない．島村の定義は，概念と言葉の関係をどう考えるかという問いを背後に隠し持っており，この問いは概念工学の基礎にとっておそらく最も重要な問いにダイレクトに関わっているからだ．すなわち，概念とは何か，どこにあるのか，という問いである．

　本書では「心あるもの」「自由意志」「自己」の概念を概念工学の対象として選んだ．実はこれは，これらが哲学の研究対象であると同時に，コラボレーションの相手である心理学の研究対象でもあったからだ．この選択は，われわれ筆者の概念観にある種の偏りを生むことになる．つまり，これらの概念は心理学の研究対象になるので，まず第一に心理的な何か（心の中にある何か）だろう，と考える傾向だ．しかし，それは自明ではない．もしかしたら，自己についての概念なるものは，心理的実体としては存在せず，われわれの「私」という語の使用パターンの中にしかないのかもしれない．筆者はそうは思わないが，少なくともこの可能性を考慮に入れるべきだ，ということを島村論文は教えてくれる．

　心理的な何かとしても概念はこの世界に存在しうる．私は情報倫理の授業で著作権の一種の「送信可能化権」を扱おうか扱うまいかを考えている，としよう．送信可能化権について思考しているので，私は送信可能化権の概念を頭の中で操作しているとみなしてもよさそうだ．しかし，頭の中がその概念の第一義的なありかだ，と言われたら，ちょっと待てと言いたくなる．送信可能化権の概念はまず法律の条文の中にあり，その条文を使ってなされる判例の積み重ねや，解釈作業の中にあるのではないか，と言いたくなる．

　概念使用を記述し，評価し，改定する，と言うのは簡単なのだが，記述され評価され改定される概念とはどんな存在物であり，どこにどんな形であるのか．これに答えようとすると，われわれは途端に口ごもることになる．それでも，筆者のとりあえずの答えは次のようなものになる．第一に，概念はおそらく一枚岩のカテゴリーではない．第一義的に個人の心に実現されるものもあれば，

社会的相互作用のパターンの中に分散的に実現されているものもある．概念は自然種ではない．存在論的な雑種性が特徴である．第二に，一つの概念を取り出したとしても，それは様々な仕方で世界のうちに実現される．言語も心的表象もその実現方式の一つにすぎない．したがって，概念が外化したものが言葉なのか，言葉が内面化したものが概念なのかという問いは意味をなさない．概念は，心の内と外，個人と社会をまたぐ往還運動のうちにある．そのダイナミズムの詳細を粗視化して眺めたときに，概念はあたかも一つの対象であるかのように見えてくる．

　概念が自然種でないのは当然だ．それは人工物だからである．しかし，石器も，蒸気機関も，法も，制度も，組織も人工物だ．人工物というカテゴリーはその雑種性を特徴としている．しかし，概念はどんな人工物に似ているかという問いに強いて答えるなら，ウィトゲンシュタインに倣って，概念は都市に似ていると答えよう[1]．都市には，その発生と発展（衰退）の歴史が刻み込まれている．東京大手町の現代的オフィス街の片隅に平将門の首塚がある．皇居をめぐる幹線道路はいまだに内堀通り，外堀通りと呼ばれている．概念も，その内に発生，進化，改定の歴史をもち，それらのそれぞれがいまだに機能している．こうしたハイブリッド的で階層的なアーキテクチャは心にも共通している．われわれは心あるものか否かの判断をするのに，システム 1 を使うこともできるし，システム 2 を使って「よく考えた上で」判断することもできる（p. 102 の注 12 を参照）．外部の情報源を援用して「科学的知見」を生かして判断することもできる．さらには，専門家にその判断を委ねることすらできる．われわれ（私）の使っている「心あるもの」の概念は，こうした階層にまたがって存在する何かである．来たるべき「概念工学の立場」から，心理学に望みたいのは，ある測定方法で切り取ったレベルでのみ意味を持つ変数間の相関を調べるのもよいけれど，古い心の層の上に新しい心が次第に積み重なる形でできているはずの，われわれの心全体のアーキテクチャを明らかにしてほしい，という

---

[1] ウィトゲンシュタインが「新旧様々な区画が入り混じった古い都市」に喩えたのは，言語である（『哲学探究』第 18 節）．

ことだ．そうしてはじめて，われわれは改定のターゲットとしている概念が世界のどこにどのように存在しているのかを知ることができる．

というわけで，概念工学をたんなる哲学者の夢想に終わらせないためには，概念そのものを科学し工学することを可能にする，「概念」という理論的概念の構築，すなわち「概念」概念の概念工学が必要なのである．

6 おわりに

以上，心，自由意志，自己の概念を対象とした概念工学の試みを振り返り，概念工学の構造・手続きを定式化し，概念工学が遂行可能で実り豊かな企てであるために満たすべき要件と前提条件を取り出した．本書はこうして，概念工学といういまはまだない（あるいは常に存在してきたが，あらためて再発見されるべき）学問的営みのためのマニフェストであると同時にプロレゴメナでもある．

「概念の創造と改定」という概念工学的活動はつねに哲学の核心にあった．そして，哲学以外の人文社会科学系諸学問においても重要な位置を占めてきた．自然科学系学問にもこれはある程度当てはまる．それらに「概念工学」という名を与えることには，そうした重要な知的活動を分野横断的な共同作業として可視化しようという狙いがあった．しかし，概念工学マニフェストの狙いはそれだけではない．「工学」とのアナロジーを用いることによって，概念の創造・改定という作業が資する，より上位の目的の存在を明確化することも目論んでいる．工学が「人類の豊かで幸せな生活のため」という価値を自らの究極目的として標榜しているように，概念工学としての哲学も，その上位目的が何であるのか（何のために哲学をするのか，すなわち何のために概念の創造・改定作業を続けるのか）を明確にし，それを堂々と掲げるべきだ，と筆者は考える．

その上位目的とは，「人類の幸せな生存」であるだろうし，「われわれの社会を少しでも良好な状態にもたらし維持すること」であるだろう（あるべきだろう）．そして哲学がその役におおいに立ってきたことは現に歴史が示している．社会を良好な状態にもたらそうとすることには，「いまの世の中はおかしい」

と気づき，それを批判することが含まれる．その気づきと批判のためには概念が必要だ．できあいの概念がそれに十分でなければ，新たに作るか改良するかしなければならない．このように，概念工学がその究極目的を果たすための一つのルートが「現実の批判のための武器となる概念を生み出す」ということなのである．こうした仕方で概念工学的活動は人々の幸福な生存の役に立つ．

ところで，現実批判のための概念の供給という役立ち方こそ，「哲学は役に立たない」と主張したがる者や文系学問不要論者にとって，「そういう風に役立ってもらっては困る学問の役立ち方」の最たるものなのだ．「哲学は人々の役に立つ．ただし，あなたのお望みの仕方ではなく」．このように答え，かつて哲学と呼ばれてきた重要な知的営みを守るための武器として，筆者は「概念工学」という言葉を用いたい．これが，工学とのアナロジーのもつ第二のポイントだ．すなわち，われわれが工学から借りようとしているのは「現実を変える力能」のイメージである．工学技術は世界を変えてきた（良くも悪くも）．概念も世界を変える．概念工学は，概念の創造と改定という活動の重要性と潜在的力能を自覚し，その活動を人々の幸せの実現という目標のために振り向けていくための運動なのである．

参考文献

Dennett, D. (1984)：*Elbow Room : The Varieties of Free Will Worth Wanting*, The MIT Press.

あとがき

　最初に本書の企画を議論したのは，いまはもう歴史の彼方に過ぎ去ってしまったが，2015年頃だったと思う．実験哲学なるものが日本でも認知され始め，「一般の人たちの概念理解を明らかにすること」の意義が哲学，心理学の各領域であらためて論じられることになった頃だ．そのうち戸田山が「哲学はいっそのこと概念工学になってしまえばいいのだ」という，あいも変わらず乱暴な構想を語りだした．これまた例によっていずれかの飲み会の席で，その話を聞いた唐沢は，「社会心理学も概念工学的側面を持つんじゃないの」と答え，以降，有意義な接点と健全な行き先を見つけるために，それぞれの専門領域の方法論批判も行いつつ，まずはやってみましょうか，という話になった．しかも，哲学と心理学が「ガチ」で議論し共にこの領域を作ることが必要だ，などといきまき，①まず，戸田山，唐沢が哲学，心理学の立場から，概念工学の理念について論じる，②それをふまえ，心理学者が個別の概念について，概念構築の歴史，成果，問題点などを論じる，③心理学者の議論を踏まえた上で，哲学者が個別概念の工学に向けた道を示すための論考を行う，④唐沢，戸田山が，それら個別概念に関する心理学者と哲学者のコラボレーションの成果を総括して今後の展望を描く，という，えらく手間隙のかかる企画を立ち上げてしまったわけだ．

　この営みに参加してくださった6名の哲学者，心理学者各位には，執筆にあたって，相当なご苦労をかけたと思う．そもそも，異分野が何を目指し，どのような研究を進めているのか理解することだけでも簡単ではない．何度か編集会議の場をもち，自分の執筆内容について，その内容を説明しあい，調整が必要な箇所を同定し，その議論を持ち帰って原稿を書き直すことを何度か繰り返し，ようやくたどり着いた最終稿のファイルには，おおむねVer.6とかVer.7とかがつくことになった．加えて，「コラボの成果を総括して概念工学の展望

を描く」って，言うは易く行うは難し．難渋する編者 2 名の原稿は遅れに遅れ，出版までかなりお待たせすることになってしまった．それを辛抱強く待って下さった共著者のみなさんに，あらためて感謝とお詫びを申し上げます．

　構想から 4 年間という長い時間がかかりながらも，挫折することなく出版に至ったのは，締め切りの催促，および原稿の不備の指摘と書き直し要求を忍耐強く繰り返してくださった，名古屋大学出版会の神舘健司さんのお力に負うところが大きい．本書の完成を支えていただいたことに感謝申し上げる．

　さて，読者各位は，概念工学という「概念」について，どのような理解を持ち，またその目指す方向について，どのような評価を下されたのだろうか．もとより，「概念工学」という新領域を華々しく立ち上げて，そこにみんなで移ってきてちょうだいと呼びかけるような大仰な話ではない．まず望むのは，哲学と心理学の自己理解を拡大しつつ，日常的な研究の中で，概念工学的な視点を踏まえた検討が増えることだ．それらの蓄積は，やがて「よりよい生き方・社会のあり方」に関する考察と，その実現に向けた営み，つまり統合領域としての概念工学への確立へとつながっていくだろう．概念工学の「宣言」はそのようなビジョンのもとになされている．

2019 年 2 月

戸田山和久
唐沢かおり

索　引

A-Z

FAD＋　112
FWDS　112
FWI　112
FWIS　112
vMPFC　→副内側前頭前野
we　172

ア　行

アクターネットワーク理論　21
アンスコム実践　195, 236, 270
意識過程　160
意識的意志的自己像　161
意思決定研究　225
因果　140
ヴァーガス　134, 256, 257
ウィトゲンシュタイン　273
ウェルビーイング　66, 109
ウォーラー　25, 261
英雄アピール　81, 223
エクルンド　6
応報感情　27

カ　行

改定プロジェクト　7
概念
　——と操作・測定との対応　→操作・測定
　——の拡張的な構築　53
　——の真なる姿　51-53
　——のポイント　185
　——を科学する　38, 39, 58
　心理学における——　45
　求めるべき——　228, 239
概念工学
　——の実践的課題　59
　悪しき——　28
　記述的な——　97, 221, 239, 248
　実践的な——　97, 221, 239, 248

概念実在論　34
概念的直観　9
概念分析　9, 19, 185
概念倫理　7
解明　7
改良プロジェクト　7
科学的知見との整合性　229
カッペレン　6, 32
神　69, 74, 83
環境工学／設計　101, 224
カント　140
帰結主義　144
記述的プロジェクト　133, 256, 270
擬人化　71, 73, 74, 264
気づき　158
客我　179
客体用法　194
共通感覚　168
共通部分の抽出　157
近代心理学　152
クリティーク　29
グレイ　67, 245
経験性　67-69, 88-90, 92, 220, 244
経験のリアリティ　158
形而上学　110
ケイン　129
決意　203
決定論　107
ゲティア　12
言語実践　236
源泉性　129
行為者　77, 88, 89, 92, 96, 100, 244
行為者因果　129, 255
行為者性　24, 67-69, 88-90, 92, 109, 130, 220, 244
工学　3, 183
公正世界信念　76
功績　144
効用　144

ゴールドマン　15
心の知覚の二次元モデル　68, 244
心の理論　91
誤同定免疫　191, 236
孤独感　74, 75
固有名　187
コントロール　138
　──欲求　74

サ 行

作用者　21
ジェームズ　152
自己　24, 176
　──の個別性　157
　──の特権的地位　158
　──の脳マッピング　162
　統合されたシステムとしての──　164
　捉えられる者としての──　153
　捉える者としての──　153
　インタラクティブ性　171
　私秘性　170
　神経科学的実験　163, 233
　身体との関係　170
　生態学的妥当性　170
　生物学的基盤　171
　定義　149
　認知的実験　163
自己概念　166, 178, 232
事後言（postdiction）　161
自己研究　154
自己高揚動機　54, 55
自己コントロール／制御　68, 119, 143, 150, 226, 227
自己参照効果　162
自己実現　154
自己定位的知識　200, 236, 270
自己という概念　165, 180, 234
自己認知　232, 233
自己の概念　177
自己報告法　155
自己理解の正確性　159
システム 1　102
システム 2　102
自然種　35
自然主義　142, 254, 262
自尊心　39, 40, 45, 53, 232, 233
実験哲学　30, 42, 43

実質的プロジェクト　133, 256
実証主義　152
質問紙尺度　109
自動運転　22
指標詞　188
指標性　189
社会心理学　266
社会的自己　153
社会への適合　121
尺度構成／構築　40, 49
謝罪　77
自由意志　24, 107, 230, 260
　──概念の素朴理解　227
　道徳的責任を基礎づける──　127, 228, 231
　求めるに値する──　128, 255
自由記述　109
修正主義　7, 134, 256
主我　179
主体感覚　161
主体用法　194, 236
述定　190
証拠　11
常識　225
指令的プロジェクト　133, 256, 260
神経生理学　209
人工知能　23
人工物　3
信頼性主義　17
信頼性と妥当性　44
真理の供給源　15
ステレオタイプ内容モデル　70
性格の認知次元　49
精神的自己　153
正当化　9
　──された真なる信念　9
　──の供給源　15
制約　257
制約からの自由　110, 130
責任帰属　117, 131
セルフ・スキーマ　162
潜在過程　160
潜在指標　233
操作・測定
　心の状態の──　39, 40
　概念との対応　44, 46-48
操作的定義　48, 50, 168

素引　281

素朴心理学　93, 167, 253, 267　(→フォークサイコロジー)
素朴理解　50, 220, 226, 230

タ行

タイプキャスティング　→道徳的タイプキャスティング
他行為可能性　109, 129, 130, 209, 255
魂　114
単称名　187
知識の因果説　15
知識の外在主義　16
知識の古典的定義　9, 12
知識の必要十分条件　9
超越論　142
つぐない　28
定義的構造説　33
デネット　128, 255
同定　190
道徳的責任　24, 78, 79, 108, 229, 230
道徳的タイプキャスティング　79-81, 89, 90, 92, 95, 96, 100-102, 104
道徳的判断　77, 220, 226, 227
道徳的保護　78, 79
動的コミットメント　204, 237, 240, 270
トレードオフ　250, 252
ドレツキ　19

ナ行

内集団ひいき　45-47
　──の測定　46
内省的観察　153
ナッジ　101, 105
二項関係補完　82, 83, 89, 92, 96
ニコルズ　132, 256
二重過程理論　102
人間性心理学　154
人間像を作る　234
認識論　8

ハ行

バイアス　56, 222, 252
被害者アピール　81, 223
被害者なき道徳違反　83
被害者非難　75, 76
比較プロジェクト　270
ピコ・デラ・ミランドーラ　26

被行為者　77, 88, 89, 92, 96, 99, 101, 244
「人に尋ねる」という手法　43, 156
非人間化　69-71, 76, 77, 95, 99
ヒューム　141
ヒューリスティック　103
表現デバイス　32
表象デバイス　32
非両立論　108, 127
フィッシャー　138, 256
フォークサイコロジー　54-56　(→素朴心理学)
不確実性　72, 74
副内側前頭前野 (vMPFC)　73, 76
物質的自己　153
ブラックバーン　6
プラトニズム　34
フランクファート　136, 256
プロトタイプ説　33
ペレブーム　25
報復感情　27
方法論的雑種性　29

マ・ヤ行

民間理論的概念　250
無意識　160
無責任倫理　26
メタ哲学　7
モノづくり　21, 246
約束　202
矢沢実践　197, 236, 270
ユニバーサルデザイン　247

ラ・ワ行

ラヴィッツァ　138, 257
リバタリアニズム／リバタリアン　127, 255
量刑判断　118, 131
両立可能性　107
両立論　108, 127
理論説　33
レーラー　18
レビンの公式　238
ロボット　23, 27, 69, 95, 245
私　185
私次第　204, 207, 237, 238
私文　178, 235
私文集合　184

執筆者一覧 （執筆順，＊印は編者）

＊戸田山和久（とだやまかずひさ）　名古屋大学大学院情報学研究科教授（はじめに，1章，7章）

＊唐沢かおり（からさわかおり）　東京大学大学院人文社会系研究科教授（はじめに，2章，6章）

橋本剛明（はしもとたかあき）　東京大学大学院人文社会系研究科助教（3章 3-1）

鈴木貴之（すずきたかゆき）　東京大学大学院総合文化研究科准教授（3章 3-2）

渡辺　匠（わたなべたくみ）　北海道教育大学大学戦略本部 IR 室特任准教授（4章 4-1）

太田紘史（おおたこうじ）　新潟大学人文学部准教授（4章 4-2）

遠藤由美（えんどうゆみ）　関西大学社会学部教授（5章 5-1）

島村修平（しまむらしゅうへい）　日本大学理工学部助教（5章 5-2）

《編者紹介》

戸田山和久（とだやまかずひさ）

1989 年　東京大学大学院人文科学研究科博士課程単位取得退学
現　在　名古屋大学大学院情報学研究科教授
編著書　『知識の哲学』（産業図書，2002 年）
　　　　『誇り高い技術者になろう』（共編，名古屋大学出版会，2004 年，第 2 版 2012 年）
　　　　『哲学入門』（筑摩書房，2014 年）
　　　　『科学的実在論を擁護する』（名古屋大学出版会，2015 年）
　　　　『恐怖の哲学』（NHK 出版，2016 年）他

唐沢かおり（からさわ）

1992 年　UCLA Department of Psychology 博士課程修了（Ph. D），
　　　　京都大学大学院文学研究科中途退学
現　在　東京大学大学院人文社会系研究科教授
編著書　『心と社会を科学する』（共編，東京大学出版会，2012 年）
　　　　『新　社会心理学』（編，北大路書房，2014 年）
　　　　『人文知 I　心と言葉の迷宮』（共編，東京大学出版会，2014 年）
　　　　『なぜ心を読みすぎるのか』（東京大学出版会，2017 年）他

〈概念工学〉宣言！

2019 年 3 月 15 日　初版第 1 刷発行

定価はカバーに表示しています

編　者　戸田山　和　久
　　　　唐　沢　かおり

発行者　金　山　弥　平

発行所　一般財団法人　名古屋大学出版会
〒 464-0814　名古屋市千種区不老町 1 名古屋大学構内
　　　　　　電話（052）781-5027 / FAX（052）781-0697

Ⓒ Kazuhisa Todayama, et al., 2019　　　　　　Printed in Japan
印刷・製本　亜細亜印刷㈱　　　　　　ISBN978-4-8158-0942-3
乱丁・落丁はお取替えいたします。

JCOPY 〈出版者著作権管理機構　委託出版物〉
本書の全部または一部を無断で複製（コピーを含む）することは，著作権法上での例外を除き，禁じられています。本書からの複製を希望される場合は，そのつど事前に出版者著作権管理機構（Tel：03-5244-5088, FAX：03-5244-5089, e-mail：info@jcopy.or.jp）の許諾を受けてください。

戸田山和久著
科学的実在論を擁護する A5・356 頁 本体 3,600 円

黒田光太郎／戸田山和久／伊勢田哲治編
誇り高い技術者になろう［第 2 版］ A5・284 頁
―工学倫理ノススメ― 本体 2,800 円

伊勢田哲治／戸田山和久／調麻佐志／村上祐子編
科学技術をよく考える A5・306 頁
―クリティカルシンキング練習帳― 本体 2,800 円

戸田山和久著
論理学をつくる B5・442 頁 本体 3,800 円

M・ワイスバーグ著　松王政浩訳
科学とモデル A5・324 頁
―シミュレーションの哲学 入門― 本体 4,500 円

E・ソーバー著　松王政浩訳
科学と証拠 A5・256 頁
―統計の哲学 入門― 本体 4,600 円

小林傳司著
誰が科学技術について考えるのか 四六・422 頁
―コンセンサス会議という実験― 本体 3,600 円

伊勢田哲治著
認識論を社会化する A5・364 頁 本体 5,500 円

広瀬幸雄著
環境と消費の社会心理学 A5・250 頁
―共益と私益のジレンマ― 本体 2,900 円

速水敏彦編
教育と学びの心理学 A5・332 頁
―基礎力のある教師になるために― 本体 2,800 円